Therese Martin . *Ich gehe ins Leben ein*

Therese Martin

Ich gehe ins Leben ein

Letzte Gespräche der Heiligen von Lisieux

Johannes-Verlag Leutesdorf

Herausgegeben vom Theresienwerk e.V., Augsburg

Sechste Auflage 2003

Mit kirchlicher Druckerlaubnis
Copyright by Johannes-Verlag Leutesdorf, Germany
Deutsche Lizenzausgabe von
J'ENTRE DANS LA VIE (Sainte-Thérèse),
EDITIONS DU CERF ET EDITIONS DESCLEE
DE BROUWER. PARIS

Satz: Johannes-Verlag Leutesdorf
Druck und buchbinderische Verarbeitung:
Görres-Druckerei, Koblenz

ISBN 3-7794-0718-3

Zu beziehen durch die *KSM*
Katholische Schriften-Mission, D-56599 Leutesdorf
Telefon: 0 26 31/9 76-1 92, Telefax: 0 26 31/9 76-2 50

Ich sterbe nicht,
ich gehe ins Leben ein

Brief der heiligen Theresia
(9. Juni 1897)

Zum Geleit

Die letzten Aussagen der heiligen Karmelitin von Lisieux waren bisher als Taschenbuch *„Die letzten Worte der Theresia Martin"* auf dem Markt. Die authentische Neuauflage erscheint nun mit dem Titel *„Ich gehe ins Leben ein"*. Der innere Aufschwung der Heiligen zu den Werten der Ewigkeit und die Glut ihrer lebendigen Sehnsucht nach Gott wird so viel deutlicher zum Ausdruck gebracht. Etwa drei Monate vor ihrem Tod schrieb Theresia an Abbé Bellière: *„Ich möchte Ihnen tausend Dinge sagen, die ich verstehe, weil ich am Tor zur Ewigkeit stehe. Doch ich sterbe nicht, ich gehe ins Leben ein."* Von allen so reichen und ganz von Glaube und Liebe durchtränkten Erkenntnissen ihrer letzten Wochen und Tage geht uns in dieser Neuausgabe nun nichts mehr verloren.

Bereits die um mehr als die Hälfte kleinere ehemalige Ausgabe, die seit Jahren vergriffen ist, fand einen großen und aufnahmefreudigen Leserkreis. Der Wunsch nach einer Neuausgabe ist seither bei vielen Verehrern der heiligen Theresia vorhanden. Wie den französischen Lesern seit 1973, so wird nun auch den deutschen Lesern vieles zugänglich gemacht, was ihnen bisher unbekannt war, was jetzt aber manch freudige Überraschung auslösen wird.

Alle großen Gedanken und Einstellungen, von denen das Leben der heiligen Theresia vom Kinde Jesus und vom Heiligsten Antlitz getragen war, kehren in diesem Buch wieder: Ihr tiefer Glaube an das ewige Leben, der trotz aller harten Anfechtungen siegreich blieb; ihr unermüdliches Ringen um das Heil der Seelen, das ihr selbst in diesen Tagen als Erklärungsgrund für die schrecklichen Leiden diente, die sie durchzumachen hatte: *"Niemals hätte ich geglaubt, daß es möglich wäre, so viel zu leiden. Niemals! Niemals! Ich kann mir das nicht anders erklären als durch das glühende Verlangen, das ich hatte, die Seelen zu retten";* ihre ständig wachsende Gottesliebe bis hin zum letzten, unüberbietbaren Wort: *"Oh, ich liebe ihn! Mein Gott, ich liebe dich!"* Wie bei großer Orgelmusik das Finale die vorausgehende Thematik zusammenfaßt und durch Hinzufügung immer neuer, bereichernder Elemente alles zu letztmöglicher Eindruckskraft steigert, so haben wir in diesem Band das gewaltige Finale eines unvergleichlichen Lebens vor uns, eine geistliche Hinterlassenschaft, die sowohl allen Suchenden weiterhilft, wie auch all jene bereichert, die bereits auf dem Weg zu Gott sind, aber nach innerer Vertiefung und nach letzter Glaubwürdigkeit verlangen.

"Komm und sieh!" muß man jedem sagen, der skeptisch bleiben möchte. An der Genauigkeit und Wahrhaftigkeit der Wiedergabe aller Aussagen Theresias kann kein Zweifel sein, weil die Zeugen, vor allem die leiblichen Schwestern der Heiligen, durch das Ungewöhnliche der Aussagen selbst in Staunen versetzt wurden, und weil sie gerade dies in seiner ursprünglichen Frische festzuhalten suchten. In jedem unbefangenen Leser wird die Sehnsucht wach, das eigene Streben dem der heiligen Theresia irgendwie nachgestalten zu können; ja, sogar der Wunsch, wie sie bereit zu sein, viel zu leiden, um dadurch geläutert zu werden und der großen Liebe Gottes näher zu kommen. Wer alles aufmerksam liest, versteht, wie wahr das ist:

"Nur wer den Tod bedacht,
Trinkt voller Dankbarkeit.
Erst in der tiefsten Nacht
Wird dir das Herz befreit."

Ein großes Ziel des Theresienwerkes liegt darin, alle Schriften der heiligen Theresia im deutschen Sprachraum vollständig zugänglich zu machen; es freut mich, daß durch die vorliegende Ausgabe *„Ich gehe ins Leben ein"* ein neuer Schritt in dieser Hinsicht getan werden konnte. Dem Johannes-Verlag in Leutesdorf gebührt aller Dank für den Mut und die Sorgfalt, mit denen er diese Ausgabe veröffentlicht; ebenso der Übersetzerin, Schwester Theresia Renata aus dem Karmel Mariazell.

                      P. Maximilian Breig SJ
                      Vorsitzender des Theresienwerkes e. V.
                      D-8900 Augsburg, Sterngasse 3

Vorwort

Im vorliegenden Buch findet der Leser das Testament der heiligen Theresia vom Kinde Jesus — einen sachlichen Bericht und zugleich eine Lehre über das Thema: Wie leidet, lebt und stirbt eine Heilige. Eine zärtliche Heilige, die sich nicht scheut, ihre Familie und ihre Schwestern zu lieben; eine Heilige, die es versteht, auch in den schwierigsten und qualvollsten Augenblicken ihren Humor nicht zu verlieren und immer noch zu scherzen; eine Heilige wiederum, die schwache Stunden kennt und manchmal mit der ganzen „Armseligkeit" des Menschen leidet; vor allem aber eine Heilige von staunenswerter Gottesliebe und ebensolchem Heroismus. Dabei tritt dieser Heroismus in Lebensumständen zutage, die man nicht in allen Punkten als heroisch bezeichnen kann. Sprechen wir das ruhig aus, denn gerade darin liegt ja zum Teil die Größe der Heiligen und auch ihre Vorbildlichkeit für uns. Tatsächlich dürfte es wenigen Menschen, und vor allem wenigen Karmelitinnen, beschieden sein, in Krankheit und Sterben mit so viel Liebe und Fürsorge umhegt zu werden wie Theresia vom Kinde Jesus in der Krankenwärterei des Karmels von Lisieux im Jahre 1897.
Das ist die Botschaft dieser „Letzten Gespräche", eine Botschaft voller Realismus und Optimismus, eine Botschaft, die uns viel zu sagen haben wird — vor allem im Leiden, aber auch im Alltag. Ist es doch unser aller Los, die Prüfung des Lebens und die Prüfung des Glaubens in unserer alltäglichen Existenz zu bestehen. Das Los der Heiligen ist es, die gleichen Prüfungen zu leben — heroisch, wohlverstanden —, vor allem aber mit einer großen zärtlichen Liebe. Das ist es vielleicht,

worin sie sich von uns unterscheiden, gleichzeitig aber macht sie gerade das zu Leuchten für unser Leben.
Und darum ist Theresia vom Kinde Jesus und vom Heiligsten Antlitz durch ihre letzten Äußerungen auch heute noch, rund 80 Jahre nach ihrem Tod, für uns ein „Wort Gottes", wie Pius XI. sie nannte.

P. Bernard Delalande
Provinzial OCD

Einleitung

„Ich liebe die Heiligenleben sehr ... Aber ich gestehe, es ist mir manchmal passiert, das glückliche Los ihrer (der Heiligen) Angehörigen zu beneiden, denen es geschenkt war, in ihrer Gesellschaft zu leben und heilige Gespräche mit ihnen zu führen"[1]. Für uns erfüllt sich heute dieser Wunsch, was Theresia von Lisieux anlangt. Wir können alles lesen, was sie während ihrer letzten Krankheit gesagt hat, soweit es aufmerksame Zeuginnen Tag für Tag aufgeschrieben haben.
Ein guter Teil dieser Äußerungen wurde der Öffentlichkeit in Frankreich bereits in dem 1927 erschienenen und 1960 vergriffenen kleinen Buch *Novissima Verba* vorgelegt, doch hatte man damals bei dieser Auswahl absichtlich ungefähr die Hälfte dieses Schatzes von der Veröffentlichung ausgeschlossen. Mutter Agnes von Jesus (Pauline Martin) war es zwei Jahre nach der Heiligsprechung ausschließlich darum gegangen, den Leser zu erbauen. Dagegen hielt sie es nicht für angebracht, die an sie persönlich gerichteten vertraulichen Äußerungen ihrer kleinen Schwester der Öffentlichkeit preiszugeben.
Heute, vierzig Jahre später, da keine der Zeuginnen mehr am Leben ist, walten andere Gesichtspunkte. Die nunmehr in Frankreich erschienene kritische Ausgabe der „*Derniers Entretiens*"[2] („Letzte Gespräche") enthält sämtliche Aufzeichnungen von Mutter Agnes und ihren Schwestern. Damit liegt endlich ein Dokument vor, dem man den Wert eines Testaments zusprechen kann, weil es in keiner Weise überarbeitet worden ist. Die vorliegende deutsche Lizenz-Ausgabe bringt diesen

vollständigen Text, der unsere Kenntnis der heiligen Theresia bereichert, vertieft und nuanciert.
Warum aber hat man so viele Worte und Äußerungen einer jungen lungenkranken Karmelitin aufgezeichnet und bewahrt, die nichts anderes gewünscht hat, als *„unbekannt"* zu leben und *„in Vergessenheit"* zu sterben? Wer war diese Schwester Theresia an der Schwelle ihrer letzten Krankheit?

Die letzten Gespräche

Anfangs 1897 wird Schwester Theresia vom Kinde Jesus vierundzwanzig Jahre alt. Vor nicht ganz neun Jahren ist sie in den Karmel von Lisieux eingetreten, wo sie nun mit 23 Schwestern zusammenlebt. In wenigen Jahren hat sie den *„Lauf eines Riesen"* zurückgelegt, ohne daß ihre Gefährtinnen, von denen die meisten sie lieben und schätzen, etwas davon bemerkt haben. Nur ihre drei leiblichen Schwestern, die das Manuskript ihrer Kindheitserinnerungen (Manuskript A der *Geschichte einer Seele*) und den im Jahre 1896 an ihre Schwester Maria vom Heiligen Herzen gerichteten Brief (Manuskript B) gelesen haben, ahnen etwas von dem intensiven geistlichen Leben, das sie verzehrt. Hat sie sich nicht am 9. Juni 1895 der Barmherzigen Liebe als Opfer geweiht? Hat sie nicht 1896 entdeckt, daß es ihre Berufung ist, im Herzen der Kirche die Liebe zu sein?
Aber abgesehen von einer stets lächelnden Nächstenliebe, von Selbstbeherrschung und einer Aufgeschlossenheit für die anderen, die jedem einzelnen Menschen gilt, scheint nichts von jenem inneren Feuer außen sichtbar zu sein, das auch Theresia selber verborgen bleibt, lebt sie doch gewöhnlich im Zustand geistlicher Trockenheit. Ja, seit Ostern 1896 sind „dichteste Finsternisse in ihre Seele eingedrungen", und der „so beseligende Gedanke an den Himmel" ist für sie „bloß noch Anlaß

zu Kampf und Qual". Seit langem ahnt sie, daß sie jung sterben wird.

Tatsächlich treten 1894 die ersten Zeichen einer Verschlechterung ihrer Gesundheit auf. Mehrmals ist sie wegen Bronchitis und Halsentzündungen in Behandlung. Erste Anfälle von Blutspucken am 3. und 4. April 1896 werden nur der Krankenwärterin und der Priorin Mutter Maria von Gonzaga zur Kenntnis gebracht. Theresia verkleinert die Bedeutung dieses Vorfalls nach Möglichkeit, fühlt sich aber doch gleichzeitig in ihrer Vorahnung bestärkt.

Während der ersten Monate des Jahres 1897 geht es mit Theresias Gesundheit dauernd bergab. Am Ende der Fastenzeit wird sie so schwer krank, daß sie bei all ihrer Energie nach und nach allen Akten **des Gemeinschaftslebens** fernbleiben muß. Im Karmel erregt Theresias Zustand natürlich vor allem bei ihren leiblichen Schwestern Besorgnis. Mutter Maria von Gonzaga erlaubt, daß Mutter Agnes Theresia während der Matutin betreut. Am Abend des 5. Juni nimmt das „Mütterchen" aus den Buisonnets ihre Funktion als Hüterin der Kranken auf. Am 8. Juli bringt man Theresia in die Krankenwärterei. Seither bleibt Mutter Agnes während des Chorgebetes, während der Rekreationen und immer dann, wenn die Krankenwärterinnen anderwärts beschäftigt sind, an ihrem Krankenbett. Die künftige „Historikerin" schreibt, ohne Zweifel hastig, Notizen auf lose Blätter, von denen nur eines erhalten ist, und überträgt diese Notizen später in ein Heft.

Während Mutter Agnes ihre Aufzeichnungen machte, konnte sie offenbar nicht wissen, daß Theresia eines Tages heiliggesprochen werden würde. Wohl aber ist sie sich bewußt, daß ihre Aufzeichnungen nützlich sein werden, einmal um die Erinnerung an alle diese Aussprüche voll Weisheit und Erfahrung für sie selbst und ihre Familie lebendig zu erhalten, zum andern als

Material für den Nachruf, den man nach dem Tod einer Schwester an alle andern Karmel auszusenden pflegt.
Was immer Mutter Agnes dazu bewogen haben mag, es steht fest, daß sie in der Krankenwärterei eine Information von unvergleichlichem Wert gesammelt hat, eine wahre Fundgrube, aus der die erste Ausgabe der Geschichte einer Seele (1898 in Frankreich, 1900 in Deutschland) und die Aussagen bei den beiden Kanonisationsprozessen (1910 und 1915) zehren werden und die als Grundlage für die *Novissima Verba*[3] („Die letzten Worte der Theresia Martin") dienen wird.
Schwester Genoveva (Céline Martin), die als Krankenwärterin Gelegenheit hatte, täglich mit Theresia zusammenzusein, hat ihrerseits einige Äußerungen ihrer Schwester aufgeschrieben. Die „liebe Patin" Schwester Maria vom Heiligen Herzen hat ihr kleines Patenkind nicht so oft besucht, aber auch ihr haben wir einige Erinnerungen zu danken. Theresias Kusine, Schwester Maria von der Eucharistie, hat uns in den „Krankheitsberichten", die sie an ihre Eltern schrieb und die ihr als Tochter eines Apothekers alle Ehre machen, viele sehr wertvolle Äußerungen der Kranken überliefert[4]. Auf Grund aller dieser Dokumente sind wir in der Lage, den Verlauf der Krankheit fast Tag für Tag zu verfolgen.
Nur wenn wir diesen medizinischen Tatbestand kennen, können wir den Wert der Worte, der Haltung, der Gesten Schwester Theresias voll ermessen. Gewiß, man wußte, daß sie viel gelitten hatte, aber ihre Leiden waren gleichsam in einen sanften Glorienschein gehüllt, der das Bild Epinals zu rechtfertigen scheint: Eine „junge Schwindsüchtige" stirbt lächelnd, während sie über einem Kruzifix Rosen entblättert. Die Wirklichkeit war ganz anders. Schwester Theresia vom Kinde Jesus hat einen richtigen Kreuzweg durchlitten.
Wir haben nun versucht, diese „Passion" Schritt für Schritt zu verfolgen[5]. Der Leser sei besonders auf die Einleitungen zu den einzelnen Monaten verwiesen und

auf die Chronologie der wichtigsten Stationen dieses Kreuzwegs (S. 325). Seit dem 9. Juni weiß Theresia, daß sie verurteilt ist zu sterben. In den ersten Tagen des Juli ist sie zwar noch nicht bettlägerig, aber am Ende ihrer Kräfte. Am 6. Juli beginnt die Periode des Blutspuckens, die bis zum 5. August dauern wird. Am Abend des 8. Juli bringt man sie in die Krankenwärterei. In diesem kleinen im Erdgeschoß liegenden Zimmer wird sie die ihr noch verbleibenden drei Monate zubringen. Von ihrem eisernen Bett mit seinen hohen braunen Vorhängen, an die sie ihre Lieblingsbilder anstecken ließ, kann sie die Statue der Jungfrau des Lächelns sehen, die man mit ihr in diesen Raum gebracht hat. Der 56jährige Hausarzt des Karmels, Dr. de Cornière, stattet ihr regelmäßig seine Visiten ab. Die wechselnden Phasen der Krankheit verwirren ihn. In diesem so jungen Körper flackert das Leben immer wieder mit erstaunlicher Kraft auf.

Am 27. Juli setzen die großen Leiden ein, die am Vormittag des 30. einen Höhepunkt erreichen. Am Abend erteilt Kanonikus Maupas der Kranken die Letzte Ölung[6]. Über Phasen von „Schmerzen zum Schreien", die mit Phasen scheinbarer Besserung abwechseln, verschlimmert sich die Krankheit fortschreitend bis zum Todeskampf und Tod am 30. September.

Das Testament eines Lebens

Im Juni 1897 hat Theresia mit ihrer feinen Schrift ein kleines Heft vollgeschrieben. Es ist das Manuskript C der *Geschichte einer Seele*, ihr schriftliches — unvollendetes — Testament, das mit ihrem gelebten Testament, den *Letzten Gesprächen*, vollkommen übereinstimmt. Man muß die beiden zusammen lesen. In dieser Übereinstimmung liegt der Beweis für die Glaubwürdigkeit des Lebens der Karmelitin, die gesagt hat: „Ich kann mich nur von der Wahrheit nähren."

Liest man die „*Letzten Gespräche*" in einem Zug, so gewinnt man den Eindruck, daß man den langen Kreuzweg der Krankheit der heiligen Theresia mit ihr zusammen durchlebt, so erstaunlich nah und lebendig tritt sie aus dem Buch hervor. Erbringt das nicht den letzten Beweis für die Glaubwürdigkeit der Notizen von Mutter Agnes?[7] Ist es nicht überraschend, daß kurze, scheinbar nicht miteinander verbundene Aussprüche das Geheimnis einer Person offenbaren können, deren unerklärlicher Liebreiz aus jeder Seite aufleuchtet? Aus diesem gewöhnlichen und monotonen Text, der hin und wieder durch eine gewisse fromme Sentimentalität oder gekünstelte Ausdrucksweise irritieren mag, entsteht nach und nach ein lebendiges Porträt der Theresia von Lisieux, die von sich selber gesagt hat: „Was für Gegensätze finden sich doch in meinem Charakter vereinigt!"

Die Liebe zum Kleinen und der Sinn für das Große, kindliche Unbefangenheit und Erfahrung einer reifen Frau, Liebe zur Natur und Sehnsucht nach dem Himmel, ein „engelhaftes" Wesen und der im normannischen Erbe wurzelnde sichere Sinn für die Wirklichkeit, kühne Hoffnung gepaart mit sehr menschlichen Ängsten, Heroismus im Alltag — alle diese Gegensätze verbinden sich in Theresia. Im Angesicht des Todes entfalten sich die Grundzüge ihres Wesens in einer von Gnade durchdrungenen Unmittelbarkeit.

Bernanos hat gesagt: „Aus den Tiefen jedes Todeskampfes steigt als erstes die süße Kindheit auf." Und tatsächlich scheint sich Theresia ihres kurzen Lebens voll bewußt zu werden. Deshalb vermittelt die in den *Letzten Gesprächen* geschilderte fortschreitende Zerstörung eines 24jährigen Körpers gleichzeitig die Entfaltung einer Persönlichkeit, ähnlich wie die letzte Ekstase der im Todeskampf liegenden Theresia die strahlenden und friedlichen Züge der Kindheit zurückgibt.

Obwohl die Kranke von den verschiedensten Leiden

gequält ist, legt sie fast ununterbrochen durch Scherze, Wortspiele und schalkhafte Gesten eine Fröhlichkeit und einen Humor an den Tag, die wahrhaftig verblüffen. Immer wieder gelingt es ihr, ihre Umgebung, die ihren bevorstehenden Tod beweint, durch Worte und Gesten zum Lachen zu bringen und abzulenken. Die ihre Persönlichkeit seit jeher kennzeichnenden Grundzüge ihrer „glücklichen Veranlagung" kommen mit dieser Liebe zur Natur (Blumen, Früchte, Himmel, Sterne, Tiere ...) in aller Freiheit wieder zum Durchbruch.

Nun, da Theresia durch jahrelange Treue zur *Liebe*, die sich bis zu ihr herabgelassen hat, geläutert und frei geworden ist, kann sie alle Gaben ihrer erlesenen Natur sich frei entfalten lassen. Auf diesem Wesensgrund befreiten Seins, der sich in Freude und staunender Kontemplation der Schöpfung Bahn bricht, tritt vor allem eine Liebe in Erscheinung, die mit solcher Intensität gelebt wird, daß sie alle Lebewesen und alle Menschen umschließt. Und das beweist, daß es sich bei den Gedanken über die Nächstenliebe, die sie im Juni niedergeschrieben hat, nicht bloß um fromme Literatur handelt. Theresia wird wirklich „allen alles". Eine unnachahmliche Unbefangenheit läßt sie immer wieder neue Weisen finden, um ihre Zuneigung zum Ausdruck zu bringen, Gesten und Worte voller Liebreiz für jede ihrer Schwestern und Novizinnen, für ihre Ärzte und geistlichen Brüder. Ihrem „Mütterchen" gegenüber, das so sehr nach Trost verlangt, legt sie eine feine Zärtlichkeit an den Tag, in der sich Einfühlung und Festigkeit paaren. Denn obgleich sie sich ganz bewußt umsorgen läßt wie ein „*bébé*" (kleines Kind), verfällt sie nie in das kindische Wesen, das ihre Mitschwestern bedroht. Ist sie also ein *bébé*? Mit großem Ernst antwortet sie: „Ja ... aber ein *bébé*, das schon lange darüber nachdenkt! Ein bébé, das ein Greis ist."

Ihr Herz ist übrigens viel zu weit, um sich auf den so engen Kreis ihrer Familie und ihrer Mitschwestern zu beschränken. Es ist weit genug, um die ganze Welt einzuschließen. Als „Tochter der Kirche" opfert Theresia alle ihre Leiden für die „Seelen" auf, insbesondere für die Sünder und die Atheisten, mit denen sie weiterhin „am Tisch der Bitternis sitzt" und „das Brot der Schmerzen teilt".

Als Schwester aller Menschen liegt ihr die Verkündigung des Evangeliums auf der ganzen Erde unaufhörlich im Sinn. Auf geheimnisvolle Weise ahnt sie, daß ihre posthume Sendung diese weltumspannende Dimension haben wird, daß für sie der Himmel nicht ein Hafen der Ruhe sein wird, sondern im Gegenteil der Ort eines intensiven, weder in Raum noch in Zeit begrenzten Heilswirkens. Diese Überzeugung äußert sich wiederholt in Verheißungen wie: „Ich werde wiederkommen", „Ich werde herunterkommen", „Ich werde meinen Himmel auf der Erde verbringen bis zum Ende der Welt".

Mit einem Wort, die *Letzten Gespräche* zeigen uns Theresia Aug in Aug mit dem Tod. Zur Zeit, als sie das letzte Manuskript abgefaßt hatte, war noch nichts geschehen. In einer Betrachtung über Christus in Getsemani schrieb Péguy: „Wenn aber der Tod nicht mehr bloß Literatur ist, sondern wirklicher Tod, wenn es sich darum handelt umzukommen, dann versteht der Leib sehr wohl, daß es jetzt nicht mehr um Großtun geht. Eure Heiligen, wie sollten eure Heiligen den Schlag nicht verspürt haben? Hatten sie keinen Leib? Hat doch sogar Gott den Schlag gespürt. Wie sollten sie ihn nicht gespürt haben, wenn Jesus, der erste Heilige, der erste eurer Heiligen, ihn gespürt hat? Der Heilige auf seinem Totenbett; die Heilige auf dem Scheiterhaufen, auf ihrem Todesscheiterhaufen; Christus am Ölberg."

Ja, Theresia „mußte" wie ihre Schwester Jeanne d'Arc die letzte Prüfung in Gemeinschaft mit Christus ihrem *Vielgeliebten*, dessen Schicksal sie teilen wollte, auf sich nehmen. „Unser Herr ist in Todesängsten am Kreuz gestorben, und doch war es der schönste Liebestod — der einzige, den man gesehen hat: den Tod der Heiligen Jungfrau hat niemand gesehen. Aus Liebe sterben bedeutet nicht in Verzückung sterben. Offen gestanden glaube ich, das ist es, was ich erlebe."

In ihrer objektiven Nüchternheit zeigen die Aufzeichnungen der Zeuginnen, daß der „kleine Weg" Theresia siegreich über das letzte Hindernis hinweggeführt hat, und zwar nicht etwa in stoischer Haltung, sondern durch Hingabe, durch Vertrauen, durch Liebe zu Jesus, dem leidenden Knecht.

Vergessen wir nicht, daß die intensiven körperlichen und seelischen Leiden (Furcht, der Kommunität zur Last zu fallen, Verdemütigungen, die ihr aus ihrer Schwäche erwuchsen, seit dem 19. August die Unmöglichkeit, die Kommunion zu empfangen, verschiedene Versuchungen, sogar die Versuchung zum Selbstmord ...) auf dem Hintergrund jener Glaubensprüfung durchlebt wurden, die „man unmöglich begreifen kann". „Die Mächte der Finsternis scheinen mich zu verhöhnen, indem sie die Stimme der Sünder annehmen und mir zurufen: '— Du träumst von Licht, von einer von süßesten Wohlgerüchen durchwehten Heimat; du träumst von dem ewigen Besitz des Schöpfers aller dieser Herrlichkeiten; du wähnst eines Tages den Nebeln, die dich umfangen, zu entrinnen! Nur zu, nur zu! Freu dich auf den Tod, der dir nicht geben wird, was du erhoffst, sondern eine noch tiefere Nacht, die Nacht des Nichts' "[8].

Theresia mußte zwar nicht das Los des anonymen Kranken kennenlernen, der in einem modernen Spital im Todeskampf liegt, aber trotz aller Liebe, die sie in der Krankenwärterei umgab, ist ihr doch die Einsamkeit des Menschen im Angesicht des Todes nicht erspart geblieben. Nachdem sie den Tod ersehnt und mit einer Freude begrüßt hatte, die zweifellos als ungewöhnlich bezeichnet werden muß, wenn man bedenkt, wie nahe

er bevorstand, ist sie durch wechselnde Phasen von Angst und friedlicher Erwartung hindurchgegangen. Sie liefert sich aus, sie wird an dem Tag und zu der Stunde sterben, die Gott bestimmt. Herzzerreißende Fragen: „Wie soll ich es nur machen, um zu sterben? Nie werde ich zu sterben verstehen! ..." wechseln ab mit scherzhaften Bemerkungen über die Vorbereitungen zur Beerdigung, die ihr nicht entgehen.
Noch bleibt der Todeskampf zu bestehen. Er war furchtbar, wie jene bezeugen, die dabei waren. Verzweiflungsschreie begleiten ihn. „Wenn das der Todeskampf ist, was wird dann der Tod sein?" Aber in der Tiefe des Willens bleibt das Vertrauen: „Gerne will ich noch mehr leiden ... Weiter! Weiter! ... Oh! Ich möchte nicht weniger lange leiden ..."
Das letzte Wort wird das Leben Theresias zusammenfassen und in die Aureole jenes plötzlichen Friedens kleiden, der im letzten Augenblick diesem so heiß ersehnten, der Passion Christi gleichgestalteten Liebestod den Stempel der Echtheit aufdrückt: „Mein Gott — ich liebe Dich!"

Guy Gaucher

Zur Herstellung der vorliegenden Ausgabe

In Frankreich wurden die *Derniers Entretiens* (Letzte Gespräche) der heiligen Theresia vom Kinde Jesus und vom Heiligen Antlitz 1971 in Form einer kritischen Ausgabe in zwei Bänden herausgegeben[1]. Die vorliegende für die breite Öffentlichkeit bestimmte Ausgabe enthält alle wesentlichen Elemente dieser kritischen Ausgabe, nämlich

1. den vollständigen Text der von den drei Hauptzeuginnen (Mutter Agnes von Jesus, Schwester Genoveva und Schwester Maria vom Heiligen Herzen) gesammelten Aussprüche der Heiligen;

2. die von verschiedenen anderen Zeuginnen berichteten Aussprüche, sofern sie nicht die unter 1 angeführten Texte verdoppeln;

3. die in Briefen aus den letzten sechs Lebensmonaten Theresias angeführten Worte der Heiligen.

Der Leser findet somit im vorliegenden Band sämtliche Aussprüche Theresias aus ihren letzten sechs Lebensmonaten, soweit sie von ihrer Umgebung überliefert wurden.

Im Zusammenhang mit diesen Texten erhebt sich die Frage nach ihrer Glaubwürdigkeit[2], denn sie sind ja nicht von Theresia selber aufgeschrieben, sondern von ihren Schwestern berichtet worden. Sie müssen deshalb nach den Methoden der internen Kritik von Zeugenaussagen beurteilt werden. Wie P. Francois de Sainte-Marie schon 1956 geschrieben hat, „dürfe man keinesfalls (sämtlichen Äußerungen Theresias, die von den Zeugen im Prozeß oder in Aufzeichnungen ihrer Zeitgenossen berichtet werden) einen historischen Wert beimessen, der jenem der von ihr eigenhändig aufgeschriebenen Texte vergleichbar wäre. Nichtsdestoweniger besitzen wir in ihnen eine Art von Weisheitslehre in einer sehr unmittelbaren Formulierung, und es wäre ein großer Fehler, uns ihrer begeben zu wollen" (Introduction à l'édition en fac-similé des *Manuscrits autobiographiques*, S. 30).

Die Texte

Die Texte der (unserer Übersetzung zugrundeliegenden französischen) Ausgabe sind mit jenen der kritischen Ausgabe identisch. Um dem interessierten und des Französischen kundigen Leser die Möglichkeit zu bieten, Erläuterungen und Belege zu den einzelnen Dokumenten in der kritischen Ausgabe einzusehen, haben wir die entsprechenden Hinweise auch unter die Anmerkungen der Herausgeber in der deutschen Ausgabe aufgenommen.

1. Letzte Gespräche mit ihren drei Schwestern

a) *Mutter Agnes von Jesus*. — Mutter Agnes von Jesus hat von den Notizen, die sie von April bis September 1897 von Tag zu Tag auf losen Blättern gemacht hatte, später Abschriften hergestellt. Davon sind vier mehr oder weniger selektive Hauptkopien erhalten, nämlich die *Grünen Hefte* (1909), die sogenannte Version des Ordinariatsprozesses (1910), das *Gelbe Heft* (1922—1923) und die *Novissima Verba* (1927).

Aus diesen vier Quellen hat man das *Gelbe Heft* als grundlegenden Text für die vorliegende Ausgabe gewählt. Mit seinen 714 Aussprüchen stellt es vom quantitativen Gesichtspunkt tatsächlich die bedeutendste Fassung dar (gefolgt von den *Novissima Verba* mit 32 Aussprüchen). Obgleich das *Gelbe Heft* erst 25 Jahre nach dem Tod der Heiligen verfaßt wurde, besitzt es doch den Vorzug der größten chronologischen Übereinstimmung mit den Ereignissen, denn es stellt im wesentlichen eine Wiedergabe eines ersten, um 1904—1905 geschriebenen, nicht mehr vorhandenen Heftes dar. Diese für den persönlichen Gebrauch von Mutter Agnes angefertigte Abschrift scheint im großen und ganzen die ihren Quellen treueste Version zu sein, die das glaubwürdigste Bild von der kranken Theresia vermittelt. Im vorliegenden Band nimmt das *Gelbe Heft* die Seiten von 33 bis 232 ein.

b) *Schwester Genoveva.* — Als Novizin und Krankenwärterin Theresias hat Schwester Genoveva es Mutter Agnes von Jesus überlassen, die Aussprüche der Kranken aufzuschreiben, während sie selber nur Worte auf losen Blättern notierte, die an sie persönlich gerichtet waren. Von 1898 an überträgt sie ihre Notizen zum Teil in ein kleines Notizbuch, und 1925 stellt sie in einem großen gebundenen Notizbuch eine vollständigere Abschrift her, die den Titel trägt: „Letzte Worte Theresias an Céline." Diese Fassung ist im vorliegenden Band (S. 233 bis S. 255) wiedergegeben.

c) *Schwester Maria vom Heiligen Herzen.* — Von Schwester Maria vom Heiligen Herzen besitzen wir ein dünnes, 1925 datiertes Notizheft, das den Titel „Letzte Worte Sr. Theresias vom Kinde Jesus, gesammelt von Sr. Maria vom Heiligen Herzen" trägt und 25 Aussprüche enthält (zu denen noch jene vom 30. September kommen). Dieser Text erscheint auf S. 257 bis S. 267).

Diese drei grundlegenden Dokumente werden in den beiden folgenden Kapiteln des Buches durch Texte ergänzt, die aus verschiedenen Quellen stammen.

2. Andere Worte

Unter diesem Titel findet sich auf S. 269 bis S. 291 eine Auswahl von Aussprüchen der Heiligen, die entweder von den bereits genannten drei Zeuginnen oder von anderen Zeuginnen berichtet werden, nämlich von Schwester Maria von der Eucharistie, Schwester Maria von der Dreifaltigkeit, Schwester Theresia vom Heiligen Augustin, Schwester Maria von den Engeln und Schwester Amata von Jesus.

Texte, die bereits im *Gelben Heft* oder in den Notizheften Célines oder Maries enthalten sind, wurden nicht ein zweites Mal angeführt.

Die Aussprüche wurden nach Zeuginnen gruppiert und innerhalb jeder Gruppe nach Möglichkeit chronologisch geordnet.

Die Quellen der einzelnen Aussprüche sind in den Anmerkungen S. 346 angegeben, die auf die kritische Ausgabe verweisen, wo der Zusammenhang der verschiedenen Zeugenaussagen eingesehen werden kann.

3. Briefe

Die kritische Ausgabe der *Derniers Entretiens* (tome I, S. 665 ff.) enthält eine Sammlung von 75 Briefen aus der Zeit vom 3. April bis zum 30. September 1897, ein historisches Dokument aus erster Hand über die letzten sechs Monate Theresias. Die vorliegende Ausgabe bringt 26 Auszüge aus diesen Briefen (S. 293). Maßgebend für die Auswahl war der Wunsch, sämtliche Aussprüche Theresias, von denen einige nur in den Briefen enthalten sind, wie auch die aufschlußreichsten Stellen über den Verlauf der Krankheit und über das Verhalten der kranken Theresia zu veröffentlichen.

Transkription

Die kritische Ausgabe nahm den Text der Originalmanuskripte so genau wie möglich auf. Dasselbe gilt für die französische Ausgabe der *Derniers Entretiens*, bei der jedoch, um die Lektüre zu erleichtern, gewisse Anomalien der Interpunktion und Orthographie berichtigt wurden. Phonetische oder syntaktische Wendungen, die den Zweck verfolgen, die von Theresia gesprochene Sprache wiederzugeben, wurden respektiert.
Die von Mutter Agnes nachträglich „wiedergefundenen" und am Schluß ihres Heftes angefügten „Worte" wurden im vorliegenden Band im *Gelben Heft* an ihrem chronologischen Platz eingereiht und durch ein Sternchen neben der Nummer des Ausspruchs kenntlich gemacht.

Jedem Monat ist eine kurze Einleitung vorausgestellt (Seite 35, 40, 56, 74, 136, 197). Die Numerierung der Aussprüche der einzelnen Tage entspricht jener der kritischen Ausgabe.

Anmerkungen und Anhang

Abgesehen von einigen von Mutter Agnes oder ihren Schwestern in ihren Heften eingefügten erläuternden Anmerkungen, die im vorliegenden Band entweder am Fuß der Seite (. B. S. 57) oder unmittelbar nach dem betreffenden Ausspruch (z. B. S. 23) angebracht sind, findet der Leser zwei weitere Arten von Anmerkungen nämlich
1. durch Buchstaben bezeichnete, am Fuß der Seite angebrachte Ergänzungen, die parallelen Fassungen (den *Grünen Heften,* den *Novissima Verba* usw.) entnommen sind und interessante Entwicklungen beisteuern.
2. als Anhang mit arabischen Zahlen fortlaufend numerierte Anmerkungen der Herausgeber für jeden Monat.

Eine *Chronologie* (S. 325) faßt in chronologischer Ordnung die hervorstechenden Ereignisse in den letzten Monaten Theresias und im Verlauf der Krankheit kurz zusammen. In einem *Eigennamenverzeichnis* (S. 332) finden sich kurze Angaben über die wichtigsten in den letzten Gesprächen genannten Personen.

Zur Übersetzung

Ziel der Übersetzung war eine möglichst wortgetreue Wiedergabe des französischen Textes in einer einfachen, natürlichen, spontanen Sprache, wie sie eine Schwerkranke mit ihren leiblichen Schwestern und in ihrer vertrauten Umgebung spricht. Die zahlreichen Interjektionen, besonders das im Französischen so gebräuchliche emphatische „Ah!", das auch die Heilige sehr häufig verwendet, wurden daher ins Deutsche übernommen. Ebenso im wesentlichen die sehr reichlichen Interpunktionszeichen, vor allem die vielen Punkte, Rufzeichen usw. Unregelmäßigkeiten in der Interpunktion, Klein- und Großschreibung usw., die der französische Text aus den Originalnotizen der Schwestern übernommen hat, wurden, von gewissen unerläßlichen Anpassungen an deutsche Sprachregeln abgesehen, gleichfalls im Deutschen wiedergegeben. Dagegen haben wir in den meisten Fällen davon abgesehen, die nicht sehr häufig vorkommenden mundartlichen Ausdrücke und die kindlichen Verstümmelungen von Worten ins Deutsche zu übertragen. Auch haben wir es absichtlich vermieden, die Zitate aus Gedichten der Heiligen in Reimen zu übersetzen, weil dadurch der Gedankengang meist viel an Klarheit und Überzeugungskraft einbüßt. Die sehr freien Zitate der Heiligen aus der Schrift und anderen Quellen mußten in vielen Fällen nach ihren Worten übersetzt werden, um den Sinnzusammenhang zu wahren.
In die Anmerkungen der Herausgeber (Anhang) wurden, wo es zum Verständnis nötig war (zum Beispiel Erklärung französischer Wortspiele), an entsprechender Stelle Anmerkungen der Übersetzung eingefügt.

Karmelitanische Ausdrücke

Für den mit dem Ordensleben nicht vertrauten Leser bringen wir nachstehend eine Erklärung gewisser im Text vorkommender Fachausdrücke, die in der französischen Ausgabe nicht erklärt werden.

1. *Offizium (Göttliches Offizium, Brevier- oder Stundengebet)*: das tägliche Gotteslob der Kirche, das in beschaulichen Orden gemeinsam im Chor rezitiert und teilweise gesungen wird (daher auch Chorgebet). Es zerfällt in die folgenden Teile, die zu gewissen Stunden gebetet und daher „Horen" oder „Tagzeiten" genannt werden: Laudes, Terz, Sext, Non, Vesper, Komplet, Matutin.

2. *Innerliches Gebet*: Stille persönliche Zwiesprache mit Gott. Im Karmel je eine Stunde am Morgen und am Nachmittag gemeinsam im Chor.

3. *Krankenwärterei*: Als Krankenwärterei bezeichnet man im Karmel ein Zimmer, in dem die Hausapotheke untergebracht ist und wo die Krankenwärterin ambulante Behandlungen vornimmt. Es ist gewöhnlich direkt mit einer Zelle für die Krankenwärterin verbunden und kann auch, wie im Karmel von Lisieux, mit einer Krankenzelle verbunden sein. In der Regel werden kranke bettlägerige Schwestern in ihren Zellen gepflegt. Wenn aber eine besonders intensive Pflege erforderlich ist, werden die Kranken ausnahmsweise in der Krankenzelle oder auch, wo diese fehlt, in der Krankenwärterei selber untergebracht.

4. *Rekreation*. — Erholungsstunde nach dem Mittag- und Abendessen, in der sich die Schwestern mit einer leichten Handarbeit zusammensetzen und plaudern.

Abkürzungsverzeichnis

Abkürzungen der deutschen Ausgabe

B	Briefe Theresias mit Angabe der Nr. des Briefes.
c. d. i.	carmélite déchaussée indigne — unwürdige Unbeschuhte Karmelitin (im französischen Karmel gebräuchliche Unterschriftsformel).
Ms A, B, C	Die drei Manuskripte der Selbstbiographischen Schriften.
r. c. i.	religieuse carmélite indigne — unwürdige karmelitanische Nonne (im französischen Karmel gebräuchliche Unterschriftsformel).
Sr.	In den Orden gebräuchliche Abkürzung für Schwester (aus dem lateinischen „soror").
SS	Selbstbiographische Schriften, Johannes Verlag, Einsiedeln, 1958.

In der deutschen Ausgabe verwendete Abkürzungen der französischen Ausgabe

CMG I, etc.	Quatre carnets manuscrits de soeur Geneviève.
CV, I, etc.	Cinq „Cahiers verts" de Mère Agnès de Jésus, 1909.
DE	Sainte Thérèse, *Derniers Entretiens*, édition critique, 1971.
DE *Annexes*	*Derniers Entretiens*, tome II, *Annexes*, édition critique, 1971.

LC	Lettres des correspondants de Thérèse, publiées dans la *Correspondance générale* de Sainte Thérèse, tome I : 1972 ; tome II : 1973.
NPPA	Notes préparatoires au Procès Apostolique.
NPPO	Notes préparatoires au Procès de l'Ordinaire.
PA	Procès Apostolique, 1915—16.
PO	Procès de l'Ordinaire, 1910—11.

Das „Gelbe Heft"
von Mutter Agnes

Aus Gesprächen mit unserer heiligen kleinen Theresia in ihren letzten Monaten

Sr. Agnes von Jesus
c. d. i.

April

Die acht von April 1897 datierenden Äußerungen geben vor allem Zeugnis von der Erfahrung, die sich Theresia bei der Ausbildung der Novizinnen erworben hatte. Sie weisen eine gewisse Verwandtschaft mit den in der Geschichte einer Seele veröffentlichten „Ratschlägen und Erinnerungen" auf.
In den wenigen Briefen der Familie ist von der wiederholten Anwendung von Zugpflastern die Rede, die jedoch den Husten nicht einzudämmen vermochten. Gegen Ende des Monats wird Blutspucken am Vormittag erwähnt. Das Allgemeinbefinden wird als sehr unbefriedigend bezeichnet.

Anmerkungen für den Monat April siehe S. 337

6. April 1897

1

Wozu sich verteidigen und Erklärungen abgeben, wenn man uns nicht versteht und ungünstig beurteilt? Lassen wir es dabei bewenden, sagen wir nichts, es ist so wohltuend, nichts zu sagen, wie immer man über uns urteilen mag! Im Evangelium steht nicht, daß die heilige Magdalena Erklärungen abgegeben hätte, als ihre Schwester ihr vorwarf, sie sitze untätig zu Füßen Jesu[1]. Sie hat nicht gesagt: „O Martha, wenn du wüßtest, welche Seligkeit ich genieße, wenn du die Worte hörtest, die ich höre! Und übrigens hat Jesus selbst mir gesagt, daß ich hier bleiben soll." Nein, sie hat lieber geschwiegen. O seliges Schweigen, das der Seele solchen Frieden schenkt!

2

„Möge das Schwert des Geistes, welches das Wort Gottes ist, immer auf unseren Lippen und in unserem Herzen sein"[2]. Wenn wir mit einer unangenehmen Person zu tun haben, lassen wir uns nicht abschrecken, ziehen wir uns nie zurück. Führen wir stets das „Schwert des Geistes im Mund", und halten wir ihr ihr Unrecht vor; lassen wir nicht um unsrer Ruhe willen die Dinge laufen, kämpfen wir auf jeden Fall, auch wenn wir keine Hoffnung haben, die Schlacht zu gewinnen. Auf den Erfolg kommt es nicht an. Der liebe Gott verlangt von uns nur, daß wir die Mühe des Kampfes nicht scheuen, daß wir uns nicht entmutigen lassen und sagen: „Um so schlimmer! Es schaut nichts dabei heraus, man muß sie lassen." Oh! Das ist Feigheit! Man muß seine Pflicht bis zum Letzten tun.

3*

Ah! Wie wichtig ist es, auf Erden nie über etwas zu urteilen. Vor einigen Monaten ist mir in der Rekreation

folgendes passiert³ — ein Nichts, aber ich habe viel daraus gelernt:
Es ertönten zwei Glockenschläge, weil aber die Dispensatorin⁴ nicht da war, brauchte man eine Dritte⁵ als Begleiterin für Sr. Theresia vom heiligen Augustin. Für gewöhnlich geht man nicht gerne als Dritte. Diesmal aber hätte ich es gern getan, weil es sich darum handelte, die Tür zu öffnen, um Zweige für die Krippe hereinzunehmen.
Neben mir saß Sr. Maria vom heiligen Joseph, und ich erriet, daß sie meinen kindlichen Wunsch teilte. „Wer wird als Dritte mit mir kommen?" fragte Sr. Theresia vom heiligen Augustin. — Sogleich begann ich unsere Schürze abzulegen, aber ich tat es langsam, um Sr. Maria vom heiligen Joseph die Chance zu geben, vor mir fertig zu werden und den Gang zu übernehmen, was denn auch geschah. Da schaute mich Sr. Theresia vom heiligen Augustin lachend an und sagte: „Nun ja, diese Perle wird Sr. Maria vom heiligen Joseph in ihrer Krone haben. Sie waren zu langsam." Ich antwortete nur mit einem Lächeln und nahm meine Arbeit wieder auf. Dabei sagte ich zu mir selber: „O mein Gott, wie sind doch deine Urteile verschieden von jenen der Menschen! So täuschen wir uns hier auf Erden oft und halten bei unseren Schwestern etwas für Unvollkommenheit, was in Deinen Augen ein Verdienst ist!"

7. April

Ich fragte sie, auf welche Weise ich wohl sterben würde, und ließ mir dabei meine Ängste anmerken. Mit einem Lächeln voller Zärtlichkeit erwiderte sie:
„Der liebe Gott wird Sie ansaugen wie einen kleinen Tautropfen..."⁶

18. April

1

Soeben hatte sie mir erzählt, wie Mitschwestern sie bei verschiedenen Gelegenheiten auf sehr empfindliche Weise gedemütigt hatten.

„So gibt mir der liebe Gott alles, was ich brauche, um ganz klein zu bleiben; und das ist notwendig; ich bin immer zufrieden; selbst mitten im Sturm kann ich es mir so einrichten, daß ich meinen inneren Frieden vollkommen bewahre. Wenn man mir von Ärger mit Schwestern spricht, trachte ich, mich nicht meinerseits gegen die eine oder die andere aufbringen zu lassen. So muß ich zum Beispiel aus dem Fenster schauen, während ich zuhöre, und mich innerlich über den Anblick des Himmels, der Bäume ... freuen können. Verstehen Sie? Vorhin während meines inneren Kampfes wegen Sr. X schaute ich mit Freude zu, wie die schönen Elstern sich auf die Wiese niederließen, und dabei war ich in Frieden wie beim innerlichen Gebet ... Dabei habe ich sehr wohl gekämpft mit ... ich bin richtig müde! Aber ich fürchte den Krieg nicht. Der liebe Gott will, daß ich kämpfe bis zum Tod. O Mütterchen, beten Sie für mich!

2

... Wenn ich für Sie bete, sage ich nicht etwa Vaterunser und Ave-Maria auf, sondern ich sage ganz einfach von ganzem Herzen: „O mein Gott, überschütte mein Mütterchen mit allem erdenklichen Guten, liebe sie noch mehr, wenn Du kannst."

3

Ich war noch sehr klein, als Tante mir eine Geschichte zu lesen gab, über die ich mich sehr wunderte. Ich las dort nämlich, daß man in einem Pensionat eine Lehrerin lobte, weil sie es so gut verstand, sich aus der Affäre zu ziehen, ohne jemanden zu verletzen. Besonders fiel

mir der Satz auf: „Sie sagte zu dieser: Sie haben nicht unrecht, und zu jener: Sie haben recht." Da dachte ich bei mir, das ist wirklich gar nicht gut! Diese Lehrerin hätte nichts fürchten und es ihren kleinen Mädchen sagen sollen, wenn sie wirklich nicht recht hatten.
Und auch jetzt bin ich immer noch derselben Ansicht. Ich gebe zu, daß mir das viel Ungemach einbringt. Es ist ja immer so leicht, die Schuld auf die Abwesenden zu schieben, das beruhigt die sogleich, die sich beklagen. Ja aber ... ich mache genau das Gegenteil. Liebt man mich dann deshalb nicht, so nehme ich das in Kauf. Ich sage immer die volle Wahrheit. Wenn man sie nicht hören will, soll man nicht zu mir kommen.

4
Die Güte darf nicht in Schwäche entarten. Wenn man mit gutem Grund getadelt hat, muß man dabei bleiben. Man darf sich nicht rühren lassen und sich quälen, wenn man sieht, wie eine Schwester leidet und weint, weil man ihr weh getan hat. Läuft man ihr nach und tröstet man sie, so schadet man ihr mehr, als man ihr nützt. Überläßt man sie dagegen sich selber, so zwingt man sie, ihre Zuflucht zum lieben Gott zu nehmen, und da muß sie ihre Fehler einsehen und sich verdemütigen. Sonst wird sie sich in solchen Fällen immer benehmen wie ein verwöhntes Kind, das mit den Füßen stampft und schreit, bis seine Mutter kommt, um seine Tränen zu trocknen, weil man sie daran gewöhnt hat, nach einem verdienten Tadel getröstet zu werden.

Mai

Die Briefe vom Mai 1897 sagen uns nichts über den Gesundheitszustand Theresias. Aus den spärlichen Hinweisen im gelben Heft erfahren wir, daß der Husten andauert bis zur Erschöpfung — vor allem in der Nacht.
Zu den Zugpflastern kommen Behandlungen mit glühenden Stiften. Die Widerstandskraft der Kranken läßt nach. Seit Mitte Mai muß Theresia mehr und mehr auf die Teilnahme am Gemeinschaftsleben verzichten.
Aber noch ist nicht alle Hoffnung auf Genesung geschwunden. In dieser Ungewißheit erreicht die Hingabe der Heiligen ihr volles Maß. Sie wird in diesem Monat zu einem der beherrschenden Züge.
Theresia schreibt im Mai acht Briefe, beziehungsweise Zettel, und vier Gedichte, darunter ihr marianisches Testament: „Warum ich dich liebe, o Maria."

Anmerkungen für den Monate Mai siehe S. 337

1. Mai

1

Nicht „der Tod" wird mich holen kommen, sondern der liebe Gott. Der Tod ist nicht ein Gespenst, ein grausiger Knochenmann, wie er auf Bildern dargestellt wird. Im Katechismus steht, „der Tod ist die Trennung von Seele und Leib". Das ist alles!

2

Heute war mein Herz von himmlischem Frieden erfüllt. Als mir gestern abends einfiel, daß nun der schöne Monat der Heiligen Jungfrau anfängt, habe ich innig zu ihr gefleht.
Sie waren gestern abends nicht bei der Rekreation. Unsere Mutter hat uns gesagt, daß einer der Missionare[1], die sich zusammen mit P. Roulland[2] eingeschifft hatten, noch vor seiner Ankunft in seiner Missionsstation gestorben ist. Dieser junge Missionar hatte auf dem Schiff mit den Hostien kommuniziert, die der Karmel P. Roulland gegeben hatte ... Und jetzt ist er tot ... ohne irgendein Apostolat ausgeübt zu haben, ohne irgendeine Anstrengung auf sich genommen zu haben, zum Beispiel Chinesisch zu lernen. Der liebe Gott hat ihm die Palme des Verlangens verliehen. Da sehen Sie, daß Er niemanden braucht.
Damals wußte ich nicht, daß Mutter Maria von Gonzaga ihr P. Roulland zum zweiten geistlichen Bruder gegeben hatte. Die Worte, die ich hier wiedergegeben habe, hatte ihr P. Roulland selber geschrieben, aber da unsere Mutter ihr verboten hatte, mich ins Vertrauen zu ziehen, sagte sie mir nur das, was sie in der Rekreation gehört hatte.
Es bedeutete für sie ein großes Opfer, fast zwei Jahre lang über ihre Beziehung zu diesem Missionar Stillschweigen zu bewahren ...
Unsere Mutter hatte sie gebeten, für ihn ein Bild auf

Pergament zu malen. Sie hätte sich den Umstand, daß ich ihr als erste das Malen beigebracht hatte, zunutze machen können, mich um Rat zu fragen und dadurch alles erraten zu lassen. Aber im Gegenteil, sie verbarg sich vor mir, so gut sie konnte; wie ich später erfuhr, hatte sie das Werkzeug zum Polieren des Goldes, das ich auf unserem Tisch aufhob, heimlich geholt und während meiner Abwesenheit zurückgebracht.
Erst drei Monate vor ihrem Tod erlaubte ihr unsere Mutter, über diese Sache und überhaupt über alles offen mit mir zu sprechen.

7. Mai

1
Heute ist Rekreationstag[3], und während ich mich ankleidete, habe ich „Meine Freude"[4] gesungen.

2
Unsere Familie wird nicht lange auf Erden bleiben ... Wenn ich im Himmel bin, werde ich Euch sehr bald rufen ... O wie glücklich werden wir sein! Wir sind alle mit Kronen geboren ...

3
Ich huste! Ich huste! Es klingt, wie wenn eine Lokomotive in den Bahnhof einfährt. Auch ich komme auf einem Bahnhof an, auf dem Bahnhof des Himmels, und ich rufe ihn aus!

9. Mai

1
Ohne uns zu rühmen, dürfen wir wohl sagen, daß uns ganz besondere Gnaden und Erleuchtungen zuteil geworden sind. Wir sind in der Wahrheit; wir sehen die Dinge in ihrem wahren Licht.

2

Sie sprach über die Gefühle, gegen die man manchmal nicht aufkommt, wenn man einen Dienst erweist und keinerlei Dank dafür erntet.
Auch ich kenne dieses Gefühl, von dem Sie sprechen, glauben Sie mir. Aber es kränkt mich nicht, weil ich auf Erden keinerlei Belohnung erwarte. Ich tue alles für den lieben Gott, so kann ich nichts verlieren und bin immer reichlich belohnt für alle Mühe, die ich im Dienste des Nächsten auf mich nehme.

3

Würde der liebe Gott meine guten Werke nicht sehen — was unmöglich ist — so würde mich das ganz und gar nicht betrüben. Ich liebe Ihn so sehr, daß ich Ihm Freude machen möchte, auch wenn Er nicht weiß, daß ich es bin. Weiß Er es und sieht Er es, so ist Er gleichsam verpflichtet, „es mir zu vergelten", und diese Mühe möchte ich Ihm nicht machen...

15. Mai

1

Ich freue mich sehr darüber, daß ich bald in den Himmel komme. Aber wenn ich an das Wort des lieben Gottes denke: „Und mit Mir kommt mein Lohn, um einem jeden nach seinen Werken zu vergelten"[5], dann sage ich mir, daß Er bei mir in großer Verlegenheit sein wird. Ich habe keine Werke! Er wird mir also nicht „nach meinen Werken" vergelten können... Was weiter! Er wird mir eben „nach Seinen eigenen Werken vergelten"...

2

Meine Vorstellung vom Himmel ist so erhaben, daß ich mich manchmal frage, wie es der liebe Gott wohl anstellen wird, um mich bei meinem Tod zu überraschen. Meine Hoffnung ist so groß und erfüllt mich mit solcher Freude — nicht im Gefühl, wohl aber im Glauben — daß etwas alle Gedanken Übersteigendes notwendig sein wird, um mich ganz zufriedenzustellen. Lieber als enttäuscht werden, möchte ich ewig bei meiner Hoffnung bleiben.

Ja, ich denke sogar schon daran, mich überrascht zu zeigen, auch wenn ich es in Wirklichkeit nicht sein sollte, um dem lieben Gott Freude zu machen. Auf keinen Fall werde ich mir meine Enttäuschung anmerken lassen. Ich werde mich schon so zu benehmen wissen, daß Er sie nicht bemerkt. Übrigens werde ich es immer so einrichten, daß ich glücklich bin. Dafür habe ich meine kleinen Kunstgriffe, die Sie kennen. Sie sind unfehlbar... Außerdem genügt es für mich vollkommen, den lieben Gott glücklich zu sehen, um selber glücklich zu sein.

3
Ich hatte ihr von gewissen Andachts- und Tugendübungen gesprochen, die von den Heiligen empfohlen werden, mich aber entmutigen.

Für mich finde ich nichts mehr in den Büchern außer im Evangelium. Dieses Buch genügt mir. Mit Entzücken lausche ich auf jenes Wort Jesu, das mir alles sagt, was ich zu tun habe: „Lernet von Mir, denn Ich bin sanftmütig und demütig von Herzen"[6]. Dann finde ich den Frieden nach seiner beseligenden Verheißung: „... Und ihr werdet Frieden finden für eure Seelen."

Während sie den letzten Satz aussprach, nahmen ihre Augen einen himmlischen Ausdruck an. Sie hatte in das Wort des Herrn das Wort „kleinen" eingefügt und dadurch seinen Charme noch erhöht:

„... und ihr werdet Frieden finden für eure kleinen Seelen..."

4
Man hatte ihr einen neuen Habit gegeben (den, der aufbewahrt ist). Zu Weihnachten 1896 hatte sie ihn zum ersten Mal angezogen. Dieser Habit — es war der zweite seit ihrer Einkleidung — paßte ihr sehr schlecht. Ich frage sie, ob ihr das unangenehm sei:
Nicht im geringsten! Das stört mich genauso wenig, wie wenn er von einem Chinesen 2000 Meilen von uns wäre.

5
Ich werfe die guten Körner, die mir der liebe Gott in meine kleine Hand gibt, rechts und links meinen Vöglein[7] zu. Dann mag es gehen, wie es will. Ich kümmere mich nicht mehr darum. Manchmal ist es, als hätte ich nichts ausgestreut; andere Male bringt es Nutzen; aber der liebe Gott sagt zu mir: „Gib, gib immerzu, ohne dich um das Ergebnis zu kümmern."

6
Gerne möchte ich nach Hanoi[8] gehen, um für den lieben Gott viel zu leiden. Ich möchte hingehen, um ganz allein zu sein, um auf Erden keinerlei Trost zu haben. Aber der Gedanke, ich könne dort nützlich sein, kommt mir nicht einmal in den Sinn. Ich weiß sehr wohl, daß ich gar nichts vollbringen würde.

7
Letzten Endes ist es mir gleichgültig, ob ich lebe oder sterbe. Ich sehe nicht recht, was ich nach dem Tod noch über das hinaus bekommen sollte, was ich schon in diesem Leben habe. Ich werde den lieben Gott sehen, das ist wahr! Aber mit Ihm vereinigt, das bin ich schon vollkommen auf dieser Erde!

18. Mai

1
Man hat mich aller Ämter enthoben; da habe ich mir

gedacht, mein Tod wird für die Gemeinschaft keinerlei Störung bedeuten.
Schmerzt es Sie, daß die Schwestern in Ihnen ein unnützes Mitglied sehen werden?
Oh, das ist meine geringste Sorge, das ist mir wirklich gleichgültig!

2

Als ich sie so krank sah, tat ich alles, was ich konnte, um für sie bei der ehrwürdigen Mutter Dispens von den Totenoffizien[9] zu erlangen.
O bitte, hindern Sie mich nicht, meine „kleinen" Totenoffizien zu beten. Das ist alles, was ich für die Schwestern im Fegfeuer tun kann, und es strengt mich wirklich nicht an. Manchmal habe ich am Ende eines Stillschweigens[10] einen kleinen Augenblick; es ist eher eine Entspannung für mich.

3

Ich brauche immer eine Arbeit, dann mache ich mir keine Sorgen und verliere nie meine Zeit.

4

Ich hatte den lieben Gott gebeten, Er möge mich bis zu meinem Tod an den Kommunitätsakten teilnehmen lassen, aber Er will es nicht! Ich bin überzeugt, ich könnte sehr gut zu allen Tagzeiten gehen: ich würde deswegen nicht eine Minute früher sterben. Manchmal scheint mir, wenn ich nichts gesagt hätte, würde man mich nicht für krank halten.

19. Mai

Warum sind Sie heute so fröhlich?
Weil ich heute früh zwei „kleine" schmerzliche Erlebnisse hatte. Wirklich sehr schmerzlich ... Nichts ist besser geeignet, mir „kleine" Freuden zu verschaffen, als solche „kleine" Leiden ...

20. Mai

1

Man sagt mir, ich werde mich vor dem Tod fürchten. Das kann wohl sein. Niemand hier mißtraut seinen Gefühlen mehr als ich. Ich stütze mich nie auf meine eigenen Gedanken; ich weiß, wie schwach ich bin; aber ich will das Gefühl auskosten, das der liebe Gott mir jetzt gibt. Es wird noch genug Zeit sein, am Gegenteil zu leiden.

2

Ich zeigte ihr eine Photographie von ihr:
Ja aber ... das ist der Umschlag; wann wird man den Brief sehen? O wie gerne möchte ich den Brief lesen! ...

Vom 21. bis zum 26. Mai

1

Mir gefällt Théophane Vénard[1] noch besser als der heilige Aloisius von Gonzaga, weil sein Leben ganz gewöhnlich war, das des Heiligen dagegen außergewöhnlich. Außerdem ist er selbst es, der spricht, während beim Heiligen ein anderer erzählt und ihn sprechen läßt; deshalb weiß man von seiner „kleinen" Seele fast nichts.
Théophane Vénard liebte seine Familie sehr, und auch ich liebe meine „kleine" Familie sehr. Ich verstehe die Heiligen nicht, die ihre Familie nicht lieben. ... Wie sehr liebe ich meine jetzige Familie! Wie sehr, wie sehr liebe ich mein Mütterchen.

2

Ich werde bald sterben. Aber wann? O wann? ... Es kommt nicht! Ich bin wie ein kleines Kind, dem man immer einen Kuchen verspricht. Man zeigt ihn ihm von ferne, aber sobald es näher kommt, um ihn zu ergreifen, zieht sich die Hand zurück ... Aber im Grunde bin ich bereit zu leben, zu sterben, gesund zu werden und nach Kochinchina[12] zu gehen, wenn der liebe Gott es will.

3
Nach meinem Tod soll man mich nicht mit Kränzen umgeben wie Mutter Genoveva[13]. Sagen Sie allen, die mir welche geben wollen, es wäre mir lieber, sie würden mit diesem Geld Negerkinder loskaufen. Das ist es, was mich freuen würde.

4
Früher habe ich sehr darunter gelitten, daß ich teure Medikamente nehmen muß; jetzt aber macht mir das nichts mehr aus — im Gegenteil. Ich habe nämlich im Leben der heiligen Gertrud gelesen, daß sie es gerne tat, weil sie sich sagte, es wird denen nützen, die uns Gutes tun. Dabei dachte sie an das Wort unseres Herrn: „Was ihr einem der geringsten meiner Brüder getan habt, das habt ihr Mir getan"[14].

5
Zwar bin ich überzeugt, daß die Medikamente mich nicht gesund machen werden, aber ich habe mich mit dem lieben Gott dahin verständigt, daß Er sie den armen kranken Missionaren zugutekommen läßt, die weder Zeit noch Mittel haben, sich zu pflegen. Ich bitte Ihn, Er möge ihnen durch die Medikamente, die ich einnehme, und durch die Bettruhe, die ich genießen muß, an meiner Statt die Genesung schenken.

6
Man hat mir so oft gesagt, ich sei tapfer, und das ist so wenig wahr, daß ich mir sagte: Schließlich kann man doch nicht alle Welt Lügen strafen! Und so habe ich mich mit Hilfe der Gnade daran gemacht, diese Tapfer-

keit zu erwerben. Ich habe es gemacht wie ein Krieger, den man zu seiner Kühnheit beglückwünscht, der aber sehr gut weiß, daß er ein Feigling ist; schließlich werden ihm diese Komplimente so peinlich, daß er sie wirklich verdienen will.

7

Wie viele Gnaden werde ich für Sie erbitten, wenn ich im Himmel bin! Oh, ich werde dem lieben Gott so lange in den Ohren liegen, bis Ihn meine Zudringlichkeit zwingt, meine Wünsche zu erfüllen, wenn Er mich zunächst auch eigentlich abweisen wollte. Diese Geschichte steht im Evangelium...[15]

8

... Wenn die Heiligen mir nicht so viel Zuneigung bezeugen wie meine Schwesterchen, so wird das sehr hart sein für mich ... Dann werde ich mich in einen kleinen Winkel stellen und weinen ...

9

Die Unschuldigen Kinder sind im Himmel nicht kleine Kinder, sie haben nur den unbeschreiblichen Liebreiz der Kindheit. Man stellt sie als „Kinder" dar, weil wir Bilder brauchen, um die geistlichen Dinge zu begreifen ... Ja, ich hoffe, mich zu ihnen zu gesellen! Wenn sie wollen, werde ich ihr kleiner Page sein. Ich werde ihre kleinen Schleppen tragen ...

10

Hätte ich nicht diese seelische Prüfung[16], die nicht zu begreifen ist — ich glaube, ich würde vor Freude sterben bei dem Gedanken, die Erde bald zu verlassen.

Zwischen 21. und 26. Mai
(An das genaue Datum erinnere ich mich nicht mehr.)

11*
Als ich mich heute abends fragte, ob der liebe Gott wirklich mit mir zufrieden war, wurde ich ein wenig traurig. Ich dachte darüber nach, was jede einzelne Schwester über mich sagen würde, wenn sie gefragt würde. Die eine würde sagen: „Sie ist eine gute kleine Seele, sie kann eine Heilige werden." — Eine andere würde sagen: „Sie ist wohl sanft und fromm, aber das ... und das ..." Andere würden wieder etwas anderes denken. Mehrere würden mich recht unvollkommen finden, und sie hätten recht ... Was mein Mütterchen betrifft, so liebt sie mich sehr, das macht blind, und so kann ich ihr nicht glauben. Ach, wer wird mir sagen, was der liebe Gott denkt? Mitten in diesen Überlegungen drang Ihr liebes Wort an mein Ohr. Sie sagten zu mir, Ihnen gefalle alles an mir, ich sei der besondere Liebling Gottes. Mich habe Er nicht auf dem steilen Weg zur Vollkommenheit geführt, wie die andern, sondern Er habe mich in einen Aufzug gestellt, damit ich **schneller zu Ihm hinaufkomme.** Das hat mich schon berührt, aber der Gedanke, daß Ihre Liebe Sie sehen läßt, was nicht ist, ließ keine uneingeschränkte Freude in mir aufkommen. So nahm ich denn mein Evangelium und bat den lieben Gott, Er möge mich trösten, Er selber möge mir antworten ... und siehe da, ich schlug eine Stelle auf, die ich noch nie bemerkt hatte: „Der, den Gott gesandt hat, spricht die Worte Gottes, der ihm den Geist gibt ohne Maß"[17]. Oh, da vergoß ich Tränen der Freude, und heute früh beim Erwachen war ich noch immer ganz in sanften Trost gehüllt. Denn Sie sind es, Mütterchen, die Gott mir gesandt hat, Sie haben mich erzogen, Sie haben mich bewogen, in den Karmel einzutreten; alle großen Gnaden meines Lebens sind mir durch Sie gekommen; und so sind Sie es auch, die die

Worte Gottes spricht, und jetzt glaube ich, daß der liebe
Gott sehr zufrieden ist mit mir, weil Sie es mir sagen.

26. Mai
— Vigil von Christi Himmelfahrt —

Heute morgen während der Prozession[18] war ich in der
Einsiedelei vom heiligen Joseph und schaute durch das
Fenster von ferne der Kommunität im Garten zu. Die
Prozession der Schwestern in den weißen Mänteln bot
ein vollendetes Bild. Unwillkürlich mußte ich an den
Zug der Jungfrauen im Himmel denken. Als sie dann
von der Kastanienallee zurückkamen, sah ich sie alle
halb verborgen vom hohen Gras und den gelben Blüten
der Wiese. Der Anblick wurde immer bezaubernder.
Und siehe da, inmitten der Schwestern sehe ich eine der
reizendsten, die zu mir herschaut, die sich lächelnd vor-
neigt und mir durch ein Zeichen zu verstehen gibt, daß
sie mich erkannt hat. Es war mein Mütterchen! Sogleich
fiel mir mein Traum ein, das Lächeln, die Liebkosungen
der Mutter Anna von Jesus[19], und das gleiche Entzük-
ken durchströmte mich. Ich sagte mir: So also kennen
und lieben mich die Heiligen, so lächeln sie mir aus der
Höhe zu und fordern mich auf, zu ihnen zu kommen.

Da kamen mir die Tränen ... Seit vielen Jahren habe
ich nicht mehr so geweint. Ach, es waren süße Tränen!

27. Mai
— Christi Himmelfahrt —

1
Ich möchte schon gerne einen „Nachruf"[20], denn ich
habe mir immer gedacht, daß ich das Totenoffizium, das
jede Karmelitin für mich beten wird, bezahlen muß. Ich

verstehe nicht recht, warum manche Schwestern keinen Nachruf wollen; es ist doch so schön, einander zu kennen, ein wenig zu wissen, mit wem man ewig zusammenleben wird.

2
Ich fürchte mich nicht vor den letzten Kämpfen und auch nicht vor den Schmerzen der Krankheit, mögen sie auch noch so groß sein. Der liebe Gott hat mir immer beigestanden; seit meiner frühesten Kindheit hat Er mir geholfen und mich an der Hand geführt ... Ich zähle auf Ihn. Ich bin sicher, Er wird mir beistehen bis zum Schluß. Es mag wohl sein, daß ich einmal nicht mehr können werde, aber es wird mir nie zuviel werden, ich bin sicher.

3
Ich weiß nicht, wann ich sterben werde, aber ich glaube, es wird bald sein; aus vielen Gründen erwarte ich das.

4
Ich wünsche nicht mehr zu sterben als zu leben; das heißt, wenn ich die Wahl hätte, so möchte ich lieber sterben; da aber der liebe Gott für mich wählt, so ziehe ich das vor, was Er will. Was Er tut, das liebe ich.

5
Man soll nicht glauben, es wird mich aus der Fassung bringen und meine kleinen Pläne stören, wenn ich gesund werde. Durchaus nicht! In den Augen des lieben Gottes zählt das Alter nicht, und ich werde es mir immer so einrichten, daß ich ein kleines Kind bleibe, auch wenn ich sehr lange leben sollte.

6
Ich sehe immer die gute Seite der Dinge. Es gibt Menschen, die nehmen immer alles so, daß es ihnen

möglichst schwerfällt. Mit mir ist es das Gegenteil. Auch wenn es für mich nichts mehr gibt als reines Leiden, auch wenn der Himmel so schwarz ist, daß ich keinen Lichtstrahl sehe, nun, dann mache ich eben daraus ... meinen Ruhm[21], so wie aus den Prüfungen Papas[22]: sie machen mich strahlender als eine Königin.

7
Ist Ihnen bei der Tischlesung im Refektorium die Stelle aus dem Brief an die Mutter des heiligen Aloisius von Gonzaga aufgefallen, wo es heißt, er hätte nicht mehr lernen und nicht heiliger werden können, wenn er auch das Alter Noes erreicht hätte?

8
Im Gedanken an ihren Tod:
Ich bin wie jemand, der ein Lotterielos hat und deshalb mehr Chancen zu gewinnen als jemand, der kein Los hat. Aber sicher ist ihm ein Treffer noch nicht. Ich besitze ein Los, nämlich meine Krankheit, und so darf ich hoffen.

9
Ich erinnere mich an ein kleines dreijähriges Mädchen aus der Nachbarschaft in den Buisonnets: Als es hörte, wie andere Kinder nach ihm riefen, sagte es zu seiner Mutter: „Mama! Sie wollen mich dort! Bitte laß mich gehen! ... Sie wollen mich dort haben! ..."
So kommt mir heute vor, daß die Engelchen mich rufen, und ich sage zu Ihnen wie das kleine Mädchen: „Lassen Sie mich doch gehen, sie wollen mich dort!"
Zwar höre ich sie nicht, aber ich spüre sie.

10
Erinnern Sie sich noch, wie man eine Novene zu Théophane Vénard um ein Zeichen vom lieben Gott begann, als meine Abreise nach Tonking für November[23] geplant

war? Damals machte ich wieder alle Gemeinschaftsakte mit, sogar die Matutin. Aber gerade während der Novene begann der Husten von neuem, und seither geht es mir von Tag zu Tag schlechter. Er ruft mich! Wie gerne möchte ich doch ein Bild von ihm haben. Das ist eine Seele, die mir gefällt. Der heilige Aloisius von Gonzaga war ernst, sogar in der Rekreation. Théophane Vénard war immer fröhlich.
Wir lasen damals im Refektorium gerade das Leben des heiligen Aloisius von Gonzaga.

29. Mai

Zum zweiten Mal glühende Spitzen. Am Abend war ich traurig, und, um mich zu trösten, schlug ich in ihrer Gegenwart das Evangelium auf. Ich stieß auf die folgende Stelle, die ich ihr vorlas: „Er ist auferweckt worden, Er ist nicht hier. Seht da die Stelle, wo sie Ihn hingelegt hatten"[24].
Ja, genau das ist es! Jetzt hat nicht mehr jeder Schmerz Gewalt über mich wie in meiner Kindheit: ich bin gleichsam auferstanden, ich bin nicht an der Stelle, wo man mich wähnt ... Oh, machen Sie sich um mich keinen Kummer, ich bin dahin gekommen, daß ich nicht mehr leiden kann, denn alles Leiden ist mir süß.

30. Mai

1
Am heutigen Tag hatte man ihr erlaubt, mir zu sagen, daß sie am Karfreitag 1896 Blut gespuckt hatte. Da ich ihr meinen großen Schmerz darüber zeigte, daß man mich nicht sogleich benachrichtigt hatte, tröstete sie mich, so gut sie konnte, und schrieb mir am Abend folgenden Zettel:

„Grämen Sie sich nicht darüber, liebes Mütterchen, daß es so *aussieht,* als hätte *Ihr* Töchterchen Ihnen etwas verheimlicht. Sie wissen wohl, wenn sie auch ein kleines Eckchen des *Briefumschlags* vor Ihnen verborgen hat, so hat sie Ihnen doch nie auch nur eine einzige Zeile des *Briefes* verborgen. Und wer kennt wohl diesen kleinen Brief besser als Sie, die Sie ihn so sehr lieben? Den andern kann man gerne den Umschlag von allen Seiten zeigen, sie sehen ja nichts anderes. Aber Sie!!!...
O Mütterchen, Sie wissen jetzt, daß es der Karfreitag war, an dem Jesus begann, den Umschlag *Ihres* kleinen Briefes ein klein wenig einzureißen; sind Sie nicht glücklich, daß Er sich anschickt, diesen Brief zu lesen, an dem Sie seit 24 Jahren schreiben? Ah, wenn Sie wüßten, wie gut der Brief die ganze Ewigkeit hindurch zu Ihm von Ihrer Liebe sprechen wird!"

2
Vielleicht werden Sie sehr viel leiden müssen, bevor Sie sterben!...
Oh, grämen Sie sich nicht, ich wünsche es so sehr!

3
Ich weiß nicht, wie ich im Himmel ohne Sie auskommen werde!

Juni

In den ersten Junitagen tritt eine rasche Verschlechterung im Befinden der Kranken ein. Am 5. Juni, der Pfingstvigil, herrscht große Sorge im Kloster. Die Mutter Priorin beginnt zusammen mit der bestürzten Kommunität eine Novene zu Unserer Lieben Frau vom Sieg.
Um die ganz und gar unzureichende Nahrungsaufnahme zu ergänzen, verordnet der Arzt eine Milchdiät. Bis zum 15. Juni spricht Theresia an die zwanzig Mal von ihrem nahe bevorstehenden Tod. Dann wird ihr Zustand wieder stationär. So wird der Juni zum Monat schmerzlicher Erwartung.
Auf Betreiben von Mutter Agnes von Jesus erlaubt Mutter Maria von Gonzaga Theresia, ihre Selbstbiographie fertigzuschreiben. Und so wendet die Kranke vom 4. Juni an den Rest ihrer Kräfte für die Abfassung von Manuskript C auf. Ihre Umgebung ahnt nicht, daß es sich bei dieser Niederschrift um ihr geistliches Testament handelt, das schon vom nächsten Jahr an die Welt erobern wird.
Am 7. Juni, Pfingstmontag, hat Schwester Genoveva für das Fest von Mutter Maria von Gonzaga und „im Hinblick auf meinen baldigen Tod" (Brief Theresias, B. 258) nacheinander drei verschiedene Aufnahmen von ihrer Schwester gemacht, drei unvergleichliche historische Dokumente (vgl. Therese von Lisieux, wie sie wirklich war, Nr. 41, 42, 43). Im Juni schreibt die Heilige 16 Briefe, beziehungsweise Zettel.

    Anmerkungen für den Monat Juni siehe Seite 338

4. Juni

1

Sie verabschiedete (¹) sich von uns in der Zelle von Sr. Genoveva vom Heiligen Antlitz. Sr. Genoveva war in die Zelle neben dem Kapitelzimmer gezogen, die auf die Terasse hinausgeht. Theresia lag auf Sr. Genovevas Strohsack. Sie schien heute nicht mehr zu leiden, und ihr Gesicht war wie verklärt. Wir wurden nicht müde, sie anzuschauen und ihre lieben Worte zu hören.
Ich habe die Heilige Jungfrau gebeten, mir zu gewähren, nicht mehr so schläfrig und benommen zu sein wie in all diesen Tagen. Ich fühlte wohl, daß ich Euch Kummer machte. Heute abend hat sie mich erhört.
O Schwesterchen! Wie glücklich bin ich! Ich fühle, daß ich bald sterben werde. Jetzt bin ich ganz sicher.
Wundert Euch nicht, wenn ich Euch nach meinem Tod nicht erscheine und wenn Ihr nichts Außergewöhnliches wahrnehmt als Zeichen meiner Seligkeit. Wie Ihr wißt, besteht mein „kleiner Weg" gerade darin, daß man nicht begehrt, etwas zu sehen. Ihr wißt sehr wohl, was ich dem lieben Gott, den Engeln und den Heiligen so oft gesagt habe:
Daß ich kein Verlangen trage,
Sie hienieden zu sehen...¹
Die Engel werden Sie holen kommen, sagte Sr. Genoveva. O doch! Wir möchten sie so gerne sehen!
Ich glaube nicht, daß Ihr sie sehen werdet, aber das bedeutet nicht, daß sie nicht da sind...
Aber um Euch Freude zu machen, möchte ich schon einen schönen Tod haben. Ich habe die Heilige Jungfrau gebeten.
Den lieben Gott habe ich nicht gebeten, denn ich möchte Ihn machen lassen, was Er will. Die Heilige Jungfrau

---

(¹) Das war während der Novene, die wir für Theresias Genesung zu Unserer Lieben Frau vom Sieg hielten.

bitten ist nicht dasselbe. Sie weiß genau, was sie mit meinen kleinen Wünschen machen soll, ob sie sie weitersagen soll oder nicht ... mit einem Wort, es ist ihre Sache, es so einzurichten, daß der liebe Gott sich nicht gezwungen fühlt, mich zu erhören, sondern daß Er frei bleibt, in allem seinen Willen zu tun.

Heute abend ist mir gewährt worden, daß ich Euch ein wenig trösten und lieb zu Euch sein darf, aber Ihr dürft nicht erwarten, daß Ihr mich im Augenblick des Todes so sehen werdet ... Ich weiß nicht! Vielleicht hat die Heilige Jungfrau das ganz schnell von sich aus gemacht, ohne es dem lieben Gott zu sagen, und darum will es nichts besagen für später.

Ob ich ins Fegfeuer komme, weiß ich nicht. Das macht mir auch durchaus keine Sorge. Aber wenn ich hineinkomme, werde ich es nicht bedauern, daß ich nichts getan habe, um es zu vermeiden. Nie werde ich bereuen, daß ich einzig für die Rettung der Seelen gearbeitet habe. Wie froh war ich, als ich erfuhr, daß auch unsere heilige Mutter Teresa so gedacht hat![2]

Machen Sie sich keine Sorgen, Mütterchen, wenn Sie eines Tages wieder Priorin sind[3]. Sie werden sehen, Sie werden sich's nicht mehr so schwer machen wie das erste Mal. Sie werden über allem stehen. Sie werden die andern denken und sagen lassen, was sie wollen. Sie werden Ihre Pflicht in Frieden tun ... usw. ... usw.

Tun Sie nie etwas, um Priorin zu werden, und ebensowenig, um es nicht zu werden ... Übrigens, ich verspreche Ihnen, ich werde nicht zulassen, daß man Sie mit diesem Amt betraut, wenn es zum Schaden Ihrer Seele wäre.

Nachdem ich sie umarmt hatte:

Ich habe alles gesagt: Besonders meinem Mütterchen für später ...

Grämt Euch nicht, Schwesterchen, wenn ich viel leide und wenn Ihr, wie ich schon sagte, im Augenblick des

Todes an mir kein Zeichen von Glückseligkeit seht. Unser Herr ist als Opfer der Liebe gestorben, und seht, was für einen Todeskampf Er durchleiden mußte! ... All das sagt gar nichts.

2
Etwas später, als ich mit ihr allein war und sah, daß sie wieder sehr litt, sagte ich zu ihr: „Nun ja, Sie wollten leiden. Der liebe Gott hat es nicht vergessen."
Ich wünschte zu leiden, und ich bin erhört worden. Seit einigen Tagen leide ich viel. Eines Morgens während meiner Danksagung nach der Kommunion fühlte ich gleichsam Todesängste ... und das ohne jeden Trost!

3
Ich nehme alles aus Liebe zu Gott an, sogar alle möglichen ungereimten Gedanken, die mir in den Sinn kommen.

5. Juni

1
(Während der Matutin)
Mütterchen, ich habe gesehen, daß Sie mich mit selbstloser Liebe lieben. Nun ja! Wie ich weiß, daß Sie mein Mütterchen sind, so werden Sie eines Tages wissen, daß ich Ihr Töchterchen bin! Oh, wie sehr liebe ich Sie!

2
Ich habe das Stück über die heilige Jeanne d'Arc wieder gelesen, das ich verfaßt habe[4]. Dort können Sie alles lesen über die Gefühle, die der Tod in mir hervorruft. Dort ist alles darüber gesagt. Es wird Ihnen Freude machen. Aber glauben Sie nicht, daß ich Jeanne d'Arc gleiche, wie sie einen Augenblick Angst hatte ... Sie

raufte sich die Haare![5] ... Ich, *ich* raufe *mir* nicht meine „kleinen" Haare ...

3
Mütterchen, Sie haben mich auf meine erste Kommunion vorbereitet, bereiten Sie mich jetzt auf das Sterben vor ...

4
Seien Sie nicht traurig, wenn Sie mich eines Morgens tot auffinden; dann ist eben Papa, der liebe Gott, ganz einfach gekommen und hat mich geholt. Ohne Zweifel ist es eine große Gnade, wenn man die Sakramente empfängt; wenn aber der liebe Gott es nicht zuläßt, dann ist es auch so gut, alles ist Gnade.

6. Juni

1
Danke, daß Sie gebetet haben, man möge mir nur ein kleines Stück von der Hostie reichen. Auch das habe ich nur mit Mühe schlucken können. Aber wie selig war ich, den lieben Gott im Herzen zu haben! Ich habe geweint wie am Tag meiner ersten Kommunion[6].

2
Wegen meiner Versuchungen gegen den Glauben hat Herr Youf[7] gesagt: „Halten Sie sich nicht dabei auf, das ist sehr gefährlich." Das hört sich nicht gerade tröstlich an, aber zum Glück lasse ich mich nicht beeindrukken. Seien Sie ohne Sorge, ich werde mir nicht meinen „kleinen" Kopf zerbrechen, indem ich mich abquäle.
Herr Youf hat auch gesagt: „Haben Sie sich ins Sterben ergeben?" Ich habe ihm erwidert: „Ah! Hochwürden, ich finde, Ergebung braucht es nur fürs Leben. Beim Gedanken ans Sterben freue ich mich."

3
Ich frage mich, wie ich es machen werde, um zu sterben.
Ich möchte es doch „mit Würde" tun! Aber ich glaube,
das hängt nicht von einem selber ab.
(Sie dachte an uns.)

4
In meiner Kindheit kamen mir die großen Ereignisse
meines Lebens vor wie unübersteigbare Berge. Wenn
ich die kleinen Mädchen zu ersten Kommunion gehen
sah, dachte ich: Wie werde ich nur meine erste Kommunion machen? ... Und später: Wie werde ich es
machen, um in den Karmel einzutreten? ... Und dann:
um eingekleidet zu werden?, um Profeß zu machen?
Und jetzt geht es ums Sterben!

5
„Ich werde Sie photographieren lassen, um unserer
Mutter eine Freude zu machen"[8]. Mit einem schelmischen Lächeln erwiderte sie:
„Sagen Sie lieber, daß es für Sie ist! ... Kleine *Bise*,
hör auf zu blasen! Nicht meinetwegen, sondern weil
mein Kamerad keine Jacke hat..."
Damit erinnerte sie mich an eine kleine Geschichte aus
der Auvergne, die Papa uns erzählte. Sie traf damit ins
Schwarze, denn der scheinbar so mitleidige Kamerad
plädierte ja in Wirklichkeit für sich selber.

6
Wir wollten ihr nicht sagen, daß es Schneckensirup war,
was sie einnahm, aus Angst, sie könne sich ekeln. Sie
merkte es aber und lachte über unsere Befürchtungen.

Was macht es mir schon aus, Schneckensirup zu nehmen,
solange ich die Hörner nicht sehe?! Jetzt esse ich Schnecken wie die kleinen Enten! Gestern aß ich rohe Eier
wie die Strauße!

7
Ich hab' Sie sehr, sehr lieb!

8
Ich sagte zu ihr: „Die Engel werden Sie auf Händen tragen, damit Sie sich nicht weh tun, damit Ihr Fuß nicht an einen Stein stößt"[9]. Sie erwiderte:
Hm! Das gilt für jetzt gleich, denn später, nach meinem Tod wird es für mich kein Hindernis mehr geben!!!

9
Nach der Visite von Herrn de Cornière[10], der eine Besserung festgestellt hatte, fragte ich sie: „Sind Sie traurig?"
O nein, ... Ich habe das Evangelium befragt und die Stelle aufgeschlagen: „Bald werdet ihr den Menschensohn auf den Wolken des Himmels sitzen sehen"[11].
Da fragte ich: „Wann Herr?" und las auf der gegenüberliegenden Seite die Worte: „Heute noch"[12].
Aber all das ... wichtig ist einzig und allein, daß man sich durch nichts beunruhigen läßt, daß man nichts wünscht, weder zu sterben noch zu leben.
Und nach einer kurzen Pause:
Und doch habe ich große Lust fortzugehen! Ich habe es der Heiligen Jungfrau gesagt, sie macht damit, was sie will.

7. Juni
— Sonntag[13] —

1
Sie saß eine Zeitlang neben mir auf der Bank hinten im Friedhof. Schließlich legte sie ihren Kopf zärtlich an mein Herz und sang halblaut:
Ich dich vergessen, allerliebste Mutter?
Nein, nein, niemals![14]

Während sie die Stufen hinunterging, erblickte sie rechts unter dem Mispelbaum die kleine weiße Henne, die all ihre Küchlein unter ihren Flügeln barg. Von einigen sah man nur das Köpfchen. Theresia blieb stehen und betrachtete sie, in tiefes Nachdenken versunken. Nach einem Augenblick bedeutete ich ihr, es sei Zeit hineinzugehen. Ihre Augen waren voller Tränen. Ich sagte: „Sie weinen!" Da bedeckte sie ihre Augen mit der Hand, weinte noch mehr und sagte:
Ich kann Ihnen jetzt nicht sagen, warum; ich bin zu bewegt ...
Am Abend in ihrer Zelle sagte sie mit einem überirdischen Ausdruck zu mir:
Ich habe geweint bei dem Gedanken, daß der liebe Gott diesen Vergleich gewählt hat, damit wir an seine Zärtlichkeit glauben[15]. Genau das hat Er mein ganzes Leben lang für mich getan! Er hat mich ganz und gar unter seinen Flügeln geborgen! ... Als ich Sie vorhin verließ, weinte ich, während ich über die Treppe hinaufging; ich konnte meine Tränen nicht mehr zurückhalten und wollte schnell in unsere Zelle zurückkommen; mein Herz floß über vor Liebe und Dankbarkeit.

2
Heute vor 10 Jahren hat Papa mir diese kleine weiße Blume gegeben, als ich ihm zum ersten Mal von meiner Berufung sprach[16].
(Sie zeigte mir die kleine Blume.)

3
Wenn Sie mich nicht so gut erzogen hätten, hätten Sie traurige Dinge erlebt ... Ich hätte nicht geweint heute beim Anblick der kleinen weißen Henne ...

8. Juni

1
Bald werdet Ihr alle mit mir kommen, es wird nicht lange dauern, Ihr werdet sehen!
Und zu Sr. Maria von der Dreifaltigkeit, die sie bat, im Himmel an sie zu denken:
Bis jetzt haben Sie nur die Eierschale gesehen; bald werden Sie das Küchlein sehen.

2
Ich sagte ihr, ich sei ohne Stütze auf Erden.
Aber ja, Sie haben eine Stütze, ich bin Ihre Stütze!

3*
Wir hatten darüber gesprochen, daß die Krankenwärterinnen bei langdauernden Krankheiten oft unlustig werden, was für die Kranken, wenn sie es bemerken, sehr schmerzlich ist.
Ich bin gerne bereit, bis zum Ende eines sehr langen Lebens in meinem jetzigen Zustand zu bleiben; ja ich will es gerne ertragen, daß man mich nicht mag, wenn es dem lieben Gott gefällt.

9. Juni

1
Im Evangelium steht, der liebe Gott wird kommen wie ein Dieb[17]. Er wird kommen und mich ganz sanft stehlen. O wie gerne möchte ich dem Dieb dabei helfen!

2
Wie glücklich bin ich heute!
— Ist Ihre Prüfung[18] vorbei?
Nein, aber sie ist wie vorübergehend aufgehoben. Die bösen Schlangen zischen mir nicht mehr ins Ohr ...

3
Wie unberührt bleibt mein innerer Friede, wenn ich höre, wie man rings um mich feststellt, daß es mir besser geht! In der vergangenen Woche war ich auf, und man fand mich sehr krank. Diese Woche kann ich mich nicht mehr auf den Beinen halten, ich bin erschöpft, und jetzt glaubt man, ich sei gerettet! Aber was liegt schon daran!
— Sie hoffen also doch, bald zu sterben?
Ja ich hoffe, bald hinüberzugehen; sicher ist, daß es mir nicht besser geht; die Seite tut mir sehr weh. Aber ich werde nie aufhören zu sagen, daß es keine Enttäuschung für mich sein wird, wenn der liebe Gott mich gesund werden läßt.
Zu Sr. Maria vom Heiligen Herzen, die zu ihr sagte: „Welch ein Schmerz wird es für uns sein, wenn Sie uns verlassen!"
O nein, Sie werden sehen, es wird sein wie ein Rosenregen.

4
Ich fürchte den Dieb nicht ... Ich sehe ihn von ferne, und ich hüte mich zu schreien: Haltet den Dieb! Im Gegenteil, ich rufe ihn und sage: Hierher bitte, hierher bitte!

5
Ich bin wie ein kleines Kind, das auf dem Bahnsteig wartet, bis Vater und Mutter kommen, um es in den Zug zu setzen. Aber ach! Sie kommen nicht, und der Zug fährt ab! Aber es gibt ja noch andere Züge, alle werde ich nicht versäumen ...

10. Juni

Es ging ihr besser, und das wunderte sie. Sie mußte sich zusammennehmen, um nicht traurig zu werden.
... Die Heilige Jungfrau erledigt meine Aufträge gut, ich werde ihr ein andres Mal wieder einen geben!
Immer wieder sage ich ihr:
„Sag' Ihm, auf mich braucht Er nie Rücksicht zu nehmen"[19].

Er hat es gehört und hält sich daran. Ich kenne mich mit meiner Krankheit nicht mehr aus. Mit einem Mal geht es mir besser! Aber ich schicke mich darein und bin trotzdem glücklich. Was würde aus mir werden, wollte ich die Hoffnung auf einen baldigen Tod nähren! Wie viele Enttäuschungen! So aber bin ich nie enttäuscht, weil ich mit allem zufrieden bin, was der liebe Gott tut; mein ganzes Begehren ist nur sein Wille.

11. Juni

1
Sie hatte dem heiligen Joseph im Garten (am Ende der Kastanienallee) Blumen gestreut und dabei in ihrer reizenden kindlichen Art gesagt: „Nimm!"
Warum streuen Sie dem heiligen Joseph Blumen? Weil Sie eine Gnade erlangen wollen?
Aber nein! Ich möchte ihm Freude machen! Ich will nicht geben, um zu empfangen.

2
Wenn ich mein „kleines" Leben[20] schreibe, zerbreche ich mir nicht den Kopf; ich mache es wie beim Angeln: Was heraufkommt, das schreibe ich nieder.

12. Juni

1
Man hält mich nicht für so krank, wie ich es bin. Das macht es noch schmerzlicher, von der Kommunion, vom Offizium ausgeschlossen zu sein. Aber um so besser, daß sich niemand mehr Sorgen macht, denn darunter litt ich sehr. Ich habe die Heilige Jungfrau gebeten, es so einzurichten, daß sich niemand mehr beunruhigt. Sie hat mich erhört.
Was kümmert's mich, was man über mich denkt oder sagt. Ich sehe keinen Grund, warum mir das nahegehen sollte.

2
Morgen werde ich nicht zur Kommunion gehen! Und so viele kleine Mädchen werden den lieben Gott empfangen![21]
(Es war der Tag der Erstkommunion in der St. Jakobskirche.)

13. Juni

(Im Garten)
Ich komme mir vor wie ein Stück Stoff, das man zum Sticken in den Rahmen gespannt hat; und niemand kommt und stickt! Ich warte und warte! Umsonst! ... Schließlich braucht man sich ja nicht darüber zu wundern, denn die kleinen Kinder wissen nicht, was sie wollen!
Ich sage das, weil ich an den kleinen Jesus denke. Er hat mich in den Rahmen des Leidens gespannt, weil er mich gerne besticken und dann herausnehmen und sein schönes Werk da droben zeigen will.
Wenn ich vom Dieb spreche, meine ich nicht den kleinen Jesus, sondern den „großen" lieben Gott.

14. Juni

Letzter Tag der Novene. Es ging ihr viel besser, und das war für sie erneut ein Anlaß zu Enttäuschung. Trotzdem sagte sie lächelnd zu mir:
Ich bin ein genesenes kleines Mädchen!
Sind sie traurig darüber?
O nein! ... Von Augenblick zu Augenblick kann man viel ertragen.

15. Juni

1
Am 9. sah ich von weitem ganz deutlich den Leuchtturm, der mir den himmlischen Hafen ankündigte; aber jetzt sehe ich nichts mehr, als wären mir die Augen verbunden. An jenem Tag sah ich den Dieb, jetzt sehe ich ihn nicht mehr. Was man mir über den Tod sagt, dringt nicht mehr in mich ein, es gleitet über mich hin wie über eine Fließe! Es ist aus! Die Hoffnung auf den Tod hat sich verbraucht. Ohne Zweifel will der liebe Gott nicht, daß ich auf dieselbe Weise daran denke wie vor meiner Krankheit. Damals war dieser Gedanke für mich notwendig und sehr nützlich, das fühlte ich wohl. Heute ist das Gegenteil der Fall. Der liebe Gott will, daß ich mich überlasse wie ein ganz kleines Kind, das sich keine Gedanken darüber macht, was man mit ihm machen wird.

2
Haben Sie es nicht über, daß Ihre Krankheit sich so hinauszieht? Sie müssen wirklich viel leiden!
Ja, aber das ist mir „erwünscht".
Wieso?
Weil es dem lieben Gott „erwünscht" ist.
(Wenn sie ihre Gedanken durch eine ablenkende

Formulierung vor uns verbergen wollte, verwendete sie dieses Wort und verschiedene andere, die nicht zu ihrer gewöhnlichen einfachen Sprechweise paßten. So hatte sie sich auch einige naive Ausdrücke für den vertraulichen Verkehr zu eigen gemacht, die bei ihr sehr charmant wirkten.)

3
Ich weiß nicht, wann ich sterben werde: Ich habe gar kein Vertrauen mehr in die Krankheit. Ja sogar wenn man mir die Letzte Ölung spendete, würde ich trotzdem noch glauben, daß ich mich wieder erholen kann. Sicher werde ich erst sein, wenn ich gestorben bin und mich in den Armen des lieben Gottes sehe.

4
(Am Abend)
Wie gerne möchte ich Ihnen etwas Liebes sagen!
Sagen Sie mir nur, ob Sie mich nicht vergessen werden, wenn Sie im Himmel sind.
Ah! Ich glaube, wenn ich Sie vergäße, würden mich sämtliche Heilige aus dem Paradies jagen, wie eine garstige Eule. Mütterchen, wenn ich da droben bin, „werde ich kommen und Sie holen, damit Sie dort seien, wo ich bin"[22].

5
Ich bin glücklich, denn während meiner Krankheit beleidige ich den lieben Gott in keiner Weise. Vorhin schrieb ich über die Nächstenliebe (*im Heft ihres Lebens*[23]) und wurde dabei oft gestört; da habe ich mich bemüht, gar nicht ungeduldig zu werden, das zu verwirklichen, was ich schrieb.

*19. Juni**

Unsere Base Mutter Margareta (die Generaloberin in Paris der *religieuses Auxiliatrices de l'I.C.*, die als Kran-

kenpflegerinnen arbeiten) hatte mir für das Fest von Mutter Maria von Gonzaga am 21. einen hübschen kleinen Korb mit künstlichen Lilien geschickt. Ich brachte Theresia den Korb und sagte voll Freude: „Das schickt mir die Generaloberin der Auxiliatrizinnen!"
In einer plötzlichen zärtlichen Aufwallung sagte sie:
Nun ja, Sie sind die Generaloberin meines Herzens!

20. Juni

Ich zeigte ihr die kleinen Photographien der Jungfrau-Mutter, die ich für das Fest unserer Mutter bemalt hatte. Sie legte ihre Hand auf die vor ihr ausgebreiteten Miniaturen, wobei sie ihre Finger so auseinanderspreizte, daß sie damit die Köpfchen aller Jesuskinder berührte. Dann sagte sie:
Ich habe sie alle unter meiner Herrschaft ...

22. Juni

Sie hielt sich im Garten auf im Krankenwagen[24]. Als ich am Nachmittag zu ihr kam, sagte sie:
Wie gut verstehe ich, was der Herr zu unserer heiligen Mutter Teresa gesagt hat: „Weißt du, meine Tochter, wer die sind, die mich wahrhaft lieben? Es sind jene, die erkennen, daß alles, was nicht auf Mich bezogen ist, Lüge ist"[25].
O Mütterchen, wie fühle ich, daß das wahr ist. Ja, alles, was nicht des lieben Gottes ist, ist Eitelkeit.

23. Juni

Ich sagte zu ihr: Bei meinem Tod werde ich leider nichts haben, was ich dem lieben Gott geben könnte. Ich werde mit leeren Händen kommen! Das macht mich sehr traurig.

Nun ja! Sie sind nicht wie „bébé" (so nannte sie sich
selber manchmal), die doch in derselben Lage ist...
Auch wenn ich alle Werke des heiligen Paulus vollbracht hätte, würde ich mich immer noch als „unnützer
Knecht"[26] fühlen, aber gerade das macht meine Freude
aus, denn wenn ich nichts habe, werde ich alles vom
lieben Gott empfangen.

25. Juni

1
Herz-Jesu-Fest.
Weil die Sonne in ihre Zelle schien, hatte man sie in
der Bibliothek untergebracht. Während der Predigt hatte
sie ein Buch über die Ausbreitung des Glaubens zur
Hand genommen. Sie zeigte mir eine Stelle, wo von
einer schönen weiß gekleideten Dame bei einem getauften Kind die Rede ist, und sagte:
So werde ich später zu den getauften kleinen Kindern
kommen...

2
Während der Predigt habe ich im Busch Schule gehalten. Es war für mich ein Fest. Jeden Tag würde ich mir
das nicht erlauben. Ich betrachte mein Heft (ihr Leben)
als meine *kleine* Pflicht.

26. Juni

Gestern arge Schmerzen in der Seite! Dann ... heute
morgen, alles vorbei! Ah ! Wann werde ich zum lieben
Gott gehen?! Wie gerne ginge ich in den Himmel!

27. Juni

Wenn ich im Himmel bin, werde ich allen Heiligen so
viel Schönes über mein Mütterchen erzählen, daß sie

große Lust bekommen werden, es zu holen. Ich werde immer bei meinem Mütterchen sein; ich werde die Heiligen bitten, mit mir in die garstigen Keller zu kommen, um Mütterchen zu beschützen, und wenn sie nicht wollen, nun, dann werde ich ganz allein gehen.
Das bezog sich auf ein kleines Abenteuer, das ich an jenem Tag im Keller der Sakristei gehabt hatte.

29. Juni

1
... Folgendes hat sich zugetragen: Weil es mit mir zum Sterben ging, trafen die Engelchen allerlei schöne Vorbereitungen zu meinem Empfang; aber sie wurden müde und schliefen ein. Ach ja, bei den kleinen Kindern dauert das lange. Man weiß nicht, wann sie aufwachen werden...
(Sie erzählte uns oft kleine Geschichten wie diese, um uns von ihren seelischen und körperlichen Leiden abzulenken.)

2
Wie unglücklich wäre ich im Himmel, wenn ich nicht auf Erden denen, die ich liebe, kleine Freuden bereiten könnte.

3
Am Abend bedrängte sie ihre seelische Prüfung stärker, und gewisse Bemerkungen hatten ihr Schmerz bereitet. Sie sagte zu mir:
Meine Seele ist in der Verbannung, der Himmel ist für mich verschlossen, und auch auf der Erde ist alles Prüfung.
... Ich sehe wohl, daß man mich nicht für krank hält, aber es ist der liebe Gott, der das zuläßt.

4
Ich werde mich im Himmel freuen, wenn Sie für mich hübsche Verse machen; ich glaube, das muß den Heiligen gefallen.

30. Juni

1
Ich sprach ihr von gewissen Heiligen, die ein außergewöhnliches Leben geführt haben, wie der heilige Simeon der Säulensteher[27]. Sie sagte:
Mir gefallen die Heiligen besser, die sich vor nichts fürchten, wie die heilige Cäcilia, die sich verheiraten läßt und sich nicht fürchtet...

2
Unser Onkel hatte ihr Fragen gestellt, als sie mit uns im Sprechzimmer war, und wie gewöhnlich hatte sie fast nichts gesagt.
Wie schüchtern war ich mit Onkel im Sprechzimmer! Als ich zurückkam, schalt ich heftig mit einer Novizin, ich kannte mich selber nicht mehr. Was für Gegensätze mein Charakter in sich vereinigt! Meine Schüchternheit kommt daher, daß es mir überaus peinlich ist, wenn man sich mit mir beschäftigt[28].

Juli

Für den Monat Juli verfügen wir über eine reiche Dokumentation: 238 Aussprüche der Heiligen, die fast ein Drittel des gelben Heftes einnehmen, und 34 Briefe, in denen über Theresia berichtet wird und von denen die meisten an die Familie Guérin gerichtet sind, die in La Musse Ferien verbringt. (Vgl. *Edition critique des Derniers Entretiens*, S. 678 ff.) Anhand dieser Unterlagen läßt sich der Verlauf der Tuberkulose Schritt für Schritt verfolgen.
Nach der scheinbaren Besserung von Ende Juni tritt am 6. und 7. Juli wiederholtes und reichliches Blutspucken auf. Man bannt die unmittelbare Gefahr durch Vermeidung jeglicher Bewegung, durch Anwendung von Eis und andere Kuren. Am Abend des 8. Juli bringt man die Kranke in die Krankenwärterei im Erdgeschoß.

Bald setzt das Blutspucken wieder ein. Dr. de Cornière hofft nicht mehr auf Heilung. Am 29. Juli hat sich Theresias Befinden so verschlechtert, daß man der Sterbenden am folgenden Tag die Letzte Ölung spendet. Man glaubt, sie werde die Nacht nicht überleben.
Anfang des Monats muß Theresia mit der Abfassung ihres Manuskripts aufhören. Ihre Aufgabe ist erfüllt, nun beginnt jene von Mutter Agnes von Jesus. Am Krankenbett ihres Töchterchens stellt die zukünftige „Historikerin" (Gelbes Heft, 29. Juli, 7) Fragen und erhält Instruktionen. Theresia ruft Kindheitserinnerungen wach, stellt spontan Betrachtungen über ihre religiöse Erfahrung an, reagiert auf körperliche und seelische Leiden, all das spontan und in vollkommener Wahrhaftigkeit. Ihr „kleiner Weg" muß an möglichst viele

Seelen herangebracht werden. Der Juli ist der Monat der prophetischen Intuitionen über ihre posthume Sendung.
In diesem Monat schreibt Theresia (mit Bleistift) 13 Briefe, beziehungsweise Zettel.

    Anmerkungen für den Monat Juli siehe S. 339

2. Juli

Am Nachmittag begab sie sich zum letzten Mal zum Allerheiligsten ins Oratorium, doch sie war am Ende ihrer Kräfte. Ich sah, wie sie die Hostie lange anschaute und daß sie dabei keinerlei Trost empfand, wohl aber einen großen Frieden am Grunde ihres Herzens.
Ich erinnere mich, daß am Morgen, als die Kommunität nach der Messe zur Danksagung ins Oratorium ging, niemand daran gedacht hatte, sie zu stützen. Sie ging ganz sachte an der Wand entlang. Ich habe nicht gewagt, ihr den Arm anzubieten.

3. Juli

1

Eine unserer Freundinnen war gestorben[1], und Dr. de Cornière hatte in ihrer Gegenwart über die Krankheit der Verstorbenen gesprochen, eine Art Tumor, den er nicht hatte genau bestimmen können. Der Fall interessierte ihn lebhaft vom medizinischen Standpunkt aus. „Wie schade", sagte er, „daß ich nicht die Autopsie machen konnte!"
Später sagte sie zu mir:
Ja, so wenig Teilnahme haben wir auf Erden füreinander. Würde man dasselbe sagen, wenn es sich um eine Mutter oder eine Schwester handelte? Oh, wie gerne möchte ich aus dieser traurigen Welt fortgehen!

2

Ich vertraute ihr meine traurigen und entmutigten Gedanken über einen begangenen Fehler an.
... Sie machen es nicht wie ich. Wenn ich einen Fehler begangen habe, der mich traurig macht, dann weiß ich wohl, daß diese Traurigkeit die Folge meiner Untreue ist. Aber glauben Sie, daß ich dabei stehenbleibe?!

O nein! So dumm bin ich nicht! Ich beeile mich, dem lieben Gott zu sagen: Mein Gott, ich weiß, ich habe dieses Gefühl der Traurigkeit verdient, aber laß es mich Dir dennoch aufopfern als eine Prüfung, die Du mir aus Liebe schickst. Es tut mir leid, daß ich gefehlt habe, aber ich freue mich, diesen Schmerz zu haben, um ihn Dir aufzuopfern.

3
Wie ist es möglich, daß Sie zu sterben wünschen mit Ihrer Versuchung gegen den Glauben, die nicht aufhört?

Ah! Aber ich glaube ja an den Dieb! All das bezieht sich auf den Himmel. Wie seltsam und unzusammenhängend ist das doch!

4
Weil ihr von der Milch übel wurde und sie damals nichts anderes zu sich nehmen konnte, hatte ihr Dr. de Cornière eine Art Kondensmilch verordnet, die man in der Apotheke unter dem Namen „maternisierte Milch" zu kaufen bekam. Aus verschiedenen Gründen war ihr diese Verschreibung sehr schmerzlich, und als sie die Flaschen kommen sah, begann sie bitterlich zu weinen.
Am Nachmittag fühlte sie das Bedürfnis, von sich selber abgelenkt zu werden. In traurigem, sanftem Ton sagte sie zu uns:
Ich brauche Nahrung für meine Seele; lesen Sie mir ein Heiligenleben vor.
Soll ich Ihnen das Leben des heiligen Franz von Assisi vorlesen? Wie er mit den Vöglein spricht, das wird Sie zerstreuen.
Nein, nicht um mich zu zerstreuen. Ich möchte Beispiele von Demut vor Augen haben.

5
Wenn Sie gestorben sind, wird man Ihnen einen Palmzweig in die Hand geben.
Ja, aber ich muß ihn aus der Hand legen können, wann ich will, damit ich meinem Mütterchen mit vollen Händen Gnaden ausspenden kann. Ich muß alles machen dürfen, was ich will.

6
(Am Abend)
Selbst die Heiligen lassen mich im Stich! Während der Matutin bat ich den heiligen Antonius, er möge mich doch mein Taschentuch finden lassen, das ich verloren hatte. Glauben Sie, er hätte mich erhört? Ist ihm gar nicht eingefallen! Aber das macht nichts. Ich habe ihm gesagt, daß ich ihn trotzdem sehr liebe.

7
Während der Matutin sah ich die Sterne funkeln, dann hörte ich das Offizium. Das hat mir gefallen.
(Das Fenster ihrer Zelle war offen.)

4. Juli

1
Der liebe Gott hat mir geholfen, und ich bin über meine Traurigkeit wegen der maternisierten Milch hinweggekommen ...

2
(Am Abend)
Unser Herr ist in Todesängsten am Kreuz gestorben, und doch war es der schönste Liebestod, der einzige, den man gesehen hat. Den Tod der Heiligen Jungfrau hat niemand gesehen. Aus Liebe sterben heißt nicht, in Verzückung sterben. Offen gestanden glaube ich, das ist es, was ich erfahre.

3
Oh, ich fühle wohl, daß Sie leiden werden!
Was macht das schon! Wenn auch die Schmerzen bis zum Äußersten gehen, ich bin sicher, der liebe Gott wird mich nie verlassen.

4
Ich bin P. Alexis[2] sehr dankbar, er hat mir sehr geholfen. P. Pichon[3] behandelte mich zu sehr wie ein Kind; aber auch er hat mir eine Wohltat erwiesen, indem er mir sagte, daß ich keine Todsünde begangen habe.

5. Juli

1
Ich sprach ihr von meinen Schwachheiten; sie sagte: Auch mir passieren Schwachheiten, aber ich freue mich darüber. Auch ich stehe nicht immer über den Nichtigkeiten der Erde. Wenn mich zum Beispiel der Gedanke an eine Dummheit, die ich gesagt oder gemacht habe, verfolgt, so gehe ich in mich und sage mir: Ach ja! So bin ich also immer noch am gleichen Punkt wie früher! Aber das sage ich mir in aller Sanftmut und ohne Traurigkeit. Es ist so süß, sich schwach und klein zu fühlen!

2
Seien Sie nicht traurig, Mütterchen, weil ich krank bin. Sie sehen ja, wie glücklich mich der liebe Gott macht. Ich bin immer fröhlich und zufrieden.

3
Sie schaute ein Bild an, das Unsern Herrn mit zwei kleinen Kindern darstellt: das kleinere sitzt auf seinen Knien, das andere sitzt Ihm zu Füßen und küßt Ihm die Hand:
Dieses Kleine da, das Jesus auf den Schoß geklettert ist, das sein Beinchen so herzig hochzieht, sein Köpfchen

hebt und Ihn ohne jede Scheu liebkost, das bin ich. Das andere Kleine gefällt mir nicht so gut. Es hat eine Haltung wie ein Großer; man hat ihm etwas gesagt ... Es weiß, daß man Jesus Ehrfurcht schuldet ...

6. Juli

1
Sie hatte soeben Blut gespuckt. Ich sagte zu ihr: Sie werden uns also verlassen?!
Aber nein! Der Herr Abbé[4] hat zu mir gesagt: „Das wird ein großes Opfer für Sie sein, daß Sie Ihre Schwestern verlassen müssen." Ich habe ihm erwidert: „Hochwürden, aber ich finde nicht, daß ich sie verlassen werde; im Gegenteil, nach dem Tod werde ich ihnen noch näher sein."

2
Ich glaube, ich werde auf meinen Tod mit ebensoviel Geduld warten müssen wie auf die andern großen Ereignisse meines Lebens. Sehen Sie, ich bin jung in den Karmel eingetreten, und doch habe ich, nachdem alles schon entschieden war, noch drei Monate warten müssen. Ähnlich war es bei meiner Einkleidung und auch bei meiner Profeß. Nun ja, mit dem Tod wird es genauso sein, er wird bald kommen, aber ich muß noch warten.

3
Wenn ich im Himmel bin, werde ich es beim lieben Gott machen, wie es die kleine Nichte von Sr. Elisabeth[5] vor dem Sprechzimmergitter gemacht hat. — Sie erinnern sich, wie sie ihr Sprüchlein aufsagte, dann einen Knicks machte, die Arme ausbreitete und sagte: „Glück für alle, die ich liebe." —
Der liebe Gott wird zu mir sagen: „Was willst du, kleines Mädchen?" Und ich werde antworten: „Glück für alle, die ich liebe." Und auch bei allen Heiligen werde ich es so machen.

Sie sind heute sehr fröhlich, man spürt, daß Sie den Dieb sehen.
Ja, jedesmal, wenn es mir schlechter geht, sehe ich ihn wieder. Aber auch wenn ich ihn nicht sehen würde — ich liebe ihn so, daß ich immer mit allem zufrieden bin, was er tut. Ich würde ihn nicht weniger lieben, wenn er mich nicht stehlen käme, im Gegenteil ... Wenn er mich täuscht, so sage ich ihm so viele Liebenswürdigkeiten, daß er nicht mehr weiß, was er mit mir machen soll.

4

In den Betrachtungen über die Nachfolge[6] habe ich eine schöne Stelle gelesen. Es ist ein Gedanke von Herrn de Lamennais — macht nichts! — er ist dennoch schön. (Sie und auch wir glaubten, daß dieser Abbé de Lamennais unbußfertig gestorben war.)
Unser Herr war im Ölberg im Genuß aller Wonnen der Dreifaltigkeit, aber seine Todesangst war deshalb nicht weniger grausam. Das ist ein Geheimnis, aber glauben Sie mir, durch das, was ich selber erfahre, verstehe ich etwas davon.

5

Ich stellte eine Lampe vor die Jungfrau des Lächelns[7], um zu erwirken, daß das Blutspucken aufhört.
Sie freuen sich also nicht, daß ich sterbe! Ah! Um mir eine Freude zu machen, hätte das Blutspucken fortdauern müssen. Aber für heute ist es aus damit!

6

20.15 Uhr. — Man hatte vergessen, ihr die Lampe zu richten, und ich brachte sie ihr. Auch andere kleine Dienste hatte ich ihr erwiesen. Sie zeigte sich sehr gerührt und sagte:
So waren Sie immer zu mir ... Ich kann Ihnen nicht sagen, wie dankbar ich Ihnen bin.
Während sie ihre Tränen trocknete, sagte sie:

Ich weine, weil es mich so rührt, daß Sie seit meiner
Kindheit so viel für mich getan haben. Oh, wieviel verdanke ich Ihnen! Aber wenn ich im Himmel bin, werde
ich die Wahrheit sagen. Ich werde den Heiligen sagen:
Das ist mein Mütterchen, das mir alles gegeben hat,
was Euch an mir gefällt.

7
Wann kommt denn das Jüngste Gericht? Wie gerne
möchte ich, daß es schon so weit wäre! Und was wird
nachher sein?!...

8
Ich bringe viele kleine Opfer ...

7. Juli

1
Nach einem neuerlichen Anfall von Blutspucken:
Bébé wird bald gehen, den lieben Gott sehen ...
Haben Sie jetzt Angst vor dem Tod, wo Sie ihn so nahe
sehen?
Ah! Weniger und weniger!
Haben Sie Angst vor dem Dieb? Diesmal steht er vor
der Tür!
Nein, er steht nicht vor der Tür, er ist eingetreten. Aber
was sagen Sie, Mütterchen! Ob ich Angst vor dem Dieb
habe?! Wie können Sie glauben, daß ich mich vor jemandem fürchte, den ich so liebe?!

2
Ich bat sie, mir noch zu erzählen, was ihr nach ihrer
Weihe zum Opfer der Liebe widerfahren war[8]. Zuerst
sagte sie:
Noch am selben Tag habe ich es Ihnen anvertraut,
Mütterchen, aber Sie haben es nicht beachtet.
(Tatsächlich hatte es damals den Anschein gehabt, als
messe ich der Sache keine Bedeutung bei.)

Also. Ich begann meinen Kreuzweg zu beten, da wurde ich plötzlich von einer so heftigen Liebe für den lieben Gott ergriffen, daß ich nur sagen kann, es war, als hätte man mich ganz und gar in Feuer getaucht. Oh! Welch eine Glut und zugleich welch eine Süßigkeit! Ich brannte vor Liebe, und ich fühlte, daß ich diese Glut nicht eine Minute, nicht eine Sekunde länger hätte ertragen können, ohne zu sterben. Damals habe ich verstanden, was die Heiligen von diesen Zuständen sagen, die sie so oft erfahren haben. Ich habe das nur ein einziges Mal erfahren und nur einen Augenblick lang, dann bin ich sogleich in meine gewohnte Trockenheit zurückgefallen.

Etwas später:
Seit meinem 14. Lebensjahr kannte auch ich stürmische Liebeserhebungen; ah! Wie liebte ich den lieben Gott! Aber das war etwas ganz anderes als damals nach meiner Weihe an die Liebe, es war nicht eine wirkliche Flamme, die mich verbrannte.

3
Das Wort Jobs: „Und sollte Gott mich töten, ich setze dennoch meine Hoffnung auf Ihn"[9] hat mich von Kindheit an bezaubert. Aber es hat lange gedauert, bis ich diese Stufe der Hingabe erreicht hatte. Jetzt bin ich dort; der liebe Gott hat mich dorthin gebracht, Er hat mich in die Arme genommen und dort hingestellt ...

4
Ich bat sie, Dr. de Cornière etwas Erbauliches und Liebenswürdiges zu sagen.
Ach Mütterchen, das liegt mir nicht ... Mag Herr de Cornière denken, was er will. Ich liebe nur die Einfachheit, ich verabscheue alles „Gesuchte". Glauben Sie mir, täte ich, was Sie wünschen, es würde schlecht herauskommen bei mir.

5
Endlich habe ich den Eindruck, wirklich ernstlich krank

zu sein. Nie werde ich die Szene heute morgen[10] vergessen, als ich Blut spuckte. Dr. de Cornière schaute ganz bestürzt drein.

6
Sehen Sie, Ihnen zuliebe geht der liebe Gott so sanft mit mir um. Keine Zugpflaster, nur milde Mittel. Ich leide, aber nicht zum Schreien.
Einen Augenblick später mit vielsagender Miene:
Und doch hat Er uns Prüfungen geschickt, die zum „Schreien" waren ... und trotzdem haben wir nicht „geschrien" ...
(Sie spielte auf unsere große Prüfung in der Familie an[11].)
Was die „milden Mittel" anlangt, so blieb es nicht immer dabei, und ihre Leiden wurden schrecklich.

7
Ich bin wie ein armer „kleiner Grauwolf", der so gern in seinen Wald zurückkehren möchte und den man zwingt, in den Häusern zu wohnen.
(Unser guter Vater nannte sie in den Buisonnets manchmal „mein kleiner Grauwolf").

8
Eben sah ich einen kleinen Sperling geduldig auf der Mauer warten; von Zeit zu Zeit stieß er einen kleinen Hilferuf aus, seine Eltern möchten ihn holen kommen und füttern. Da dachte ich, ich gleiche ihm.

9
Ich sagte ihr, ich sei für Komplimente sehr empfänglich. Daran werde ich mich im Himmel erinnern ...

8. Juli

1
Sie war so krank, daß man von der Letzten Ölung

sprach. An diesem Tag brachte man sie aus ihrer Zelle in die Krankenwärterei hinunter. Sie konnte sich nicht mehr aufrecht halten, man mußte sie tragen. Während sie noch in ihrer Zelle war, bemerkte sie, daß man ihr die Letzte Ölung spenden wollte, und da sagte sie im Ton freudiger Überraschung:
Ich glaube zu träumen! ... Sie sind ja schließlich nicht verrückt ... (Abbé Youf und Dr. de Cornière).
Ich fürchte nur eines, daß es sich wieder ändert.

2
Sie wollte mit mir erforschen, ob sie durch ihre Sinne gesündigt habe, um sich vor dem Empfang der Letzten Ölung deswegen anzuklagen. Wir kamen zum Geruchssinn, und sie sagte:
Ich erinnere mich, auf meiner letzten Reise von Alençon nach Lisieux ein Fläschchen Eau de Cologne, das mir Fr. Tifenne (1) gegeben hatte, benützt zu haben, und zwar mit Vergnügen.

3
Wir wollten alle mit ihr sprechen.
Viele Leute, die etwas zu sagen haben!

4
Sie war voll überströmender Freude und bemühte sich, uns damit anzustecken:
Wenn ich nicht vom Himmel herunterkommen darf, um mit Ihnen meine kleinen „Späßchen" zu machen, werde ich mich in ein Winkelchen stellen und weinen.

5
Zu mir:
Sie haben eine lange Nase, da drinnen wird es noch später gut riechen für Sie ...[12]

---

(1) (Eine Freundin der Familie.)

6
Sie betrachtete ihre abgemagerten Hände und sagte:
Das wird schon Skelett, das ist mir „erwünscht".

7
Sie wissen nicht — bald werde ich „moribund" sein.
... Es kommt mir vor wie bei einer Kletterstange; ich habe mehr als eine Rutschpartie gemacht, und dann mit einem Mal bin ich oben!

8
Ich möchte lieber in Staub zerfallen, als konserviert werden wie die heilige Katharina von Bologna[13]. Ich kenne nur den heiligen Krispin, der in Ehren aus dem Grab herausgekommen ist.
Der wunderbar erhaltene Leib dieses Heiligen befindet sich in seinem Franziskanerkloster in Rom.

9
Zu sich selber:
Das ist was: da sein, um mit dem Tod zu ringen! ... Aber schließlich, was tut's? ... Auch Torheiten haben mich schon manchmal *in Agonie versetzt* ...

10
Man hatte sie mißverstanden — ich erinnere mich nicht mehr bei welcher Gelegenheit —, und sie sagte ernst und sanft:
Die Heilige Jungfrau hat gut daran getan, alle Dinge in ihrem „kleinen" Herzen zu bewahren[14] ... Man kann es mir nicht übelnehmen, wenn ich es mache wie sie.

11
Die Engelchen hatten viel Spaß damit, mir kleine Streiche zu spielen ... Sie haben sich alle damit unterhalten, mir das Licht zu verdecken, das mir mein nahes Ende zeigte.

Haben sie auch die Heilige Jungfrau verdeckt?
Nein, die Heilige Jungfrau wird für mich nie verborgen sein, ich liebe sie zu sehr.

12
Ich habe großes Verlangen nach der Letzten Ölung, egal ob man sich nachher über mich lustig macht.
(Für den Fall, daß sie wieder gesund werden sollte, denn sie wußte wohl, daß gewisse Schwestern sie nicht für sterbenskrank hielten.)

13
Ja gewiß werde ich weinen, wenn ich den lieben Gott sehe! ... Aber nein, im Himmel kann man ja nicht weinen ... Und doch, Er hat ja gesagt: „Ich werde jede Träne von euren Augen abtrocknen"[15].

14
Ich biete Ihnen meine kleinen Früchte der Freude an, wie der liebe Gott sie mir zukommen läßt.
Im Himmel werde ich viele Gnaden erwirken für die Menschen, die mir Gutes getan haben. Für Mütterchen *alles*. Alles werden Sie nicht einmal brauchen können, aber es wird vieles geben, womit ich Sie erfreuen kann.

15
Wenn Sie wüßten, wie mild der liebe Gott zu mir sein wird! Und wenn Er auch nicht ganz, ganz so mild ist, so werde ich Ihn immer noch lieb finden ... Wenn ich ins Fegfeuer komme, werde ich sehr zufrieden sein; ich werde es machen wie die drei Hebräer im Feuerofen[16], ich werde in den Flammen herumgehen und das Lied der Liebe singen. Oh! Wie glücklich wäre ich, wenn ich dadurch, daß ich ins Fegfeuer komme, andere Seelen befreien, wenn ich an ihrer Stelle leiden könnte, denn damit würde ich Gutes tun, ich würde die Gefangenen befreien.

16
Sie machte mich darauf aufmerksam, daß viele junge Priester geistliche Schwestern im Karmel erbitten werden, wenn es einmal bekannt geworden sein wird, daß **man sie zwei Missionaren**[17] zur geistlichen Schwester gegeben hat, und sie warnte mich vor der damit verbundenen großen Gefahr.

Jede beliebige könnte schreiben, was ich schreibe, und man wird ihr die gleichen Komplimente machen, das **gleiche Vertrauen** schenken. Wir können der Kirche nur durch Gebet und Opfer nützlich sein. Der Briefwechsel darf nur sehr selten zugelassen werden, und gewissen Schwestern, die sich davon einnehmen lassen und glauben würden, wunder was zu vollbringen, während sie in Wirklichkeit nur ihrer Seele schaden und vielleicht in **die feinen Netze des Bösen** geraten würden, darf man ihn überhaupt nicht erlauben.

Mit Nachdruck fuhr sie fort:
Mutter, was ich Ihnen gerade gesagt habe, ist sehr wichtig, bitte vergessen Sie es später nicht. Im Karmel darf man nicht falsche Münze prägen, um damit Seelen zu kaufen ... aber die schönen Worte, die man schreibt und empfängt, sind oft nur ein Tausch falscher Münze.

17
Um uns lachen zu machen:
Ich möchte in eine kleine Schachtel wie die von Gennin gelegt werden, nicht in *Bier*.
Sie benützte die doppelte Bedeutung des Wortes „bière"[18] zu einem Wortspiel. Man hatte dem Karmel hübsche künstliche Blumen aus dem Blumenhaus Gennin in Paris in langen, sehr schön ausstaffierten hölzernen Schachteln geschickt.

18
... Es macht so gut, Kummer zu haben; es bringt uns dahin, observant und barmherzig zu sein.

9. Juli

1
Sie wollte keine Traurigkeit um sich, auch nicht bei unserem Onkel.
Ich möchte, daß sie alle „Hochzeit"[19] feiern in La Musse.
Ich feiere den ganzen Tag geistliche Hochzeit.
Die ist nicht lustig, diese Hochzeit.
Ich finde sie sehr lustig.

2
Schwester Genoveva wird mich brauchen ... Aber ich werde sowieso wiederkommen.

3
Nach dem Besuch Unseres Vaters[20] gab ich ihr zu bedenken, wenn sie erreichen wolle, daß man ihr die Letzte Ölung spendet, müsse sie sich anders verhalten, denn sie wirke durchaus nicht krank, wenn sie Besuch empfange.
Auf diese Kunst verstehe ich mich nicht![21]

4
...' möchte fortgehen! ...

5
Gewiß werden Sie am 16. Juli, dem Fest Unserer Lieben Frau vom Berge Karmel sterben, oder am 6. August, dem Fest des Heiligen Antlizes[22].
Essen Sie so viele „Datteln"[23], wie Sie wollen, ich mag keine mehr essen ... Ich bin schon zu oft von den Daten an der Nase herumgeführt worden.

6
... Warum sollte ich mehr als andere gegen die Todesangst gefeit sein? Ich sage nicht wie der heilige Petrus: „Ich werde Dich niemals verleugnen"[24].

7
Man sprach von der heiligen Armut:
Heilige Armut! Wie komisch ist das, eine Heilige, die nicht in den Himmel kommt!

8
Ich hatte einen Kummer gehabt.
Meine Liebe sollte Sie trösten.
Zu den Anwesenden:
Ich werde mich mit meinem Mütterchen zufriedengeben.
Am Abend zu mir allein:
... Oh, gehn Sie! Ich täusche mich nicht, ich weiß wohl, daß Sie alles, was Sie für mich tun, aus Liebe tun ...

9
Man hatte in ihrer Krankenzelle eine Maus gefangen. Sie machte eine ganze Geschichte für uns daraus, bat uns, ihr die verletzte Maus zu bringen, sie würde sie neben sich ins Bett legen und vom Doktor abhorchen lassen. Wir lachten herzlich, und sie freute sich, daß sie uns zerstreut hatte.

10. Juli

1
... Die kleinen Kinder, die werden nicht verdammt.

2
Es könnte gut sein, daß das, was Sie geschrieben haben[25], eines Tages bis zum Heiligen Vater gelangt.
Lachend:
Et nunc et semper!

3
Mit einer kindlichen Gebärde zeigte sie mir das Bild der Heiligen Jungfrau, die das Jesuskind stillt:

Nur das ist gute *lolo*, das muß man Herrn de Cornière sagen[26].

4

Es war Samstag, und um Mitternacht hatte sie Blut gespuckt. Der Dieb, er hat seine diebische Mama freigelassen ... Da ist sie um Mitternacht gekommen und hat den Dieb gezwungen, sich zu zeigen; oder falls der Dieb nicht kommen wollte, ist sie ganz allein gekommen.

5

Man wird mein Leben nicht eine Minute länger machen, als der Dieb will.

6

Zu mir allein:
Sie machen sich viel zuviel Kummer um Dinge, die es nicht wert sind.

7

Lächelnd:
... Wenn Sie so etwas getan haben, dann machen Sie es noch schlimmer, indem Sie die Folgen zu sehr fürchten.

8

Sie sind wie ein kleiner furchtsamer Vogel, der nie unter den Menschen gelebt hat. Sie haben immer Angst, eingefangen zu werden. Ich habe mich nie vor jemandem gefürchtet; ich bin immer hingegangen, wo ich wollte ... eher wäre ich den Leuten zwischen den Beinen durchgelaufen ...

9

Nachdem sie um 3 Uhr ihr Kreuz geküßt hatte[27], hielt sie es in der Hand und tat so, als wolle sie die Dornenkrone und die Nägel ablösen.

10

Auf den Zwischenfall in der Nacht[28] zurückkommend,

sagte sie, während sie das am Fußende ihres Bettes am Vorhang befestigte Bild der Heiligen Jungfrau anschaute, in ihrer reizenden Art:

Die Heilige Jungfrau ist nicht von Natur aus diebisch ... aber seit sie ihren Sohn geboren hat, hat sie es von Ihm gelernt ...

Nach einer Pause:

Aber der kleine Jesus ist noch zu klein, um auf solche Gedanken zu kommen ... An der Brust seiner Mutter denkt er ganz und gar nicht ans Stehlen. O doch! Er denkt schon daran, er weiß gut, daß er mich stehlen kommen wird.

In welchem Alter?

Mit 24 Jahren.

11

Man sprach vom Tod und davon, daß sich im Augenblick des Todes oft das Gesicht der Sterbenden verzerrt. Sie sagte:

Wenn das bei mir geschieht, so seien Sie deswegen nicht traurig, denn bald darauf werde ich nur noch lächeln.

Schwester Genoveva betrachtete den Deckel einer Taufschachtel und sagte, sie würde den hübschen Kopf, den sie darauf sah, als Vorbild für einen Engelkopf benützen. Unser Theresen hätte ihn gerne gesehen, aber niemand dachte daran, ihn ihr zu zeigen, und sie bat um nichts. Ich erfuhr das später.

12

Was soll ich denken, wenn ich das Fenster Ihrer Zelle sehe, nachdem Sie die Erde verlassen haben. Mein Herz wird sehr schwer sein.

Ah! Sie werden denken, daß ich sehr glücklich bin, während ich dort viel gelitten und gekämpft habe ... Ich wäre gerne dort gestorben.

13
(Während der Matutin)
Es kommt ihr der Gedanke, sie sei nicht ernstlich krank, der Arzt täusche sich über ihren Zustand. Sie vertraut mir ihre Zweifel an und fügt hinzu:
Wäre meine Seele nicht von vornherein ganz von Hingabe an den Willen Gottes erfüllt, wäre sie den Gefühlen der Freude und Traurigkeit, wie sie auf Erden so schnell aufeinander folgen, preisgegeben, ich lebte in einer Flut bitterer Qualen und könnte es nicht aushalten. So aber berühren diese wechselnden Gefühle nur die Oberfläche meiner Seele... Ah! Und doch sind es schwere Prüfungen!

14
... Ich glaube nicht, daß die Heilige Jungfrau mir diese Streiche spielt! ... Sie wird vom lieben Gott dazu gezwungen! Und so ... Er sagt ihr, sie soll mich prüfen, damit ich Ihm mehr Beweise meiner Hingabe und Liebe gebe.

15
Zu mir allein:
... Sie sind auf alle Fälle da, um mich zu trösten ... Sie erfüllen meine letzten Tage mit Süßigkeit.

11. Juli

1
Sie sagte die ganze Strophe auf:
Nach Gottes Willen war dir, Mutter, hier beschieden
Des Glaubens Dunkel und das größte Herzeleid.
O sagt, ist denn der Schmerz ein kostbar Gut[29]
hienieden?

Geschichte einer Seele, 1936, S. 464,

Sie sehen also die „Diebin" nicht mehr?
Aber ja, ich sehe sie! Sie verstehen nicht! Es steht ihr durchaus frei, mich nicht zu stehlen ... Ah! „Ich schaute nach rechts, ... und da war niemand, der mich kannte[30] ..." Nur der liebe Gott kann mich verstehen.

2
Während der Matutin:
Sie sprach mir von ihrem innerlichen Gebet in früheren Zeiten während des großen Stillschweigens an Sommerabenden, und sie sagte mir, damals habe sie aus eigener Erfahrung begriffen, was ein „Geistesflug"[31] ist. Auch sprach sie mir von einer anderen Gnade dieser Art, die ihr im Juli 1889 in der Grotte der heiligen Magdalena[32] zuteil geworden war, eine Gnade, auf die mehrere Tage der „Ruhe"[33] gefolgt waren.
... Es war, als läge für mich ein Schleier über allen Dingen der Erde ... Ich war ganz verborgen unter dem Schleier der Heiligen Jungfrau. Damals war ich mit dem Refektorium betraut, und ich entsinne mich, daß ich meine Arbeit tat, als täte ich sie nicht, es war, als hätte man mir einen Leib geliehen. In diesem Zustand blieb ich eine ganze Woche lang.

3
Ich sprach zu ihr über das Manuskript ihres Lebens, über das Gute, das es für die Seelen wirken werde.
... Aber wie gut wird man sehen, daß alles vom lieben Gott kommt; und was mir daraus an Ruhm erwachsen wird, das wird ein unverdientes Geschenk sein, das nicht mir gehört; jedermann wird das ganz deutlich sehen ...

4
Sie sprach zu mir über die Gemeinschaft der Heiligen und erklärte mir, wie die Reichtümer der einen die Reichtümer der andern sein werden.
... Wie eine Mutter stolz ist auf ihre Kinder, so werden wir aufeinander stolz sein ohne die geringste Eifersucht.

5
Ach, wie wenig habe ich gelebt! Das Leben ist mir immer sehr kurz vorgekommen. Die Tage der Kindheit erscheinen mir wie gestern.

6
Man könnte glauben, mein so großes Vertrauen in den lieben Gott rührt daher, daß ich nicht gesündigt habe³⁴. Machen Sie es klar, Mutter, daß mein Vertrauen genauso groß wäre, wenn ich auch alle nur möglichen Verbrechen begangen hätte. Ich fühle es, diese Masse von Sünden wäre wie ein Wassertropfen, den man auf glühende Kohlen fallen läßt. Dann erzählen Sie die Geschichte von der bekehrten Sünderin, die aus Liebe gestorben ist; die Seelen werden sofort verstehen, es ist ein so überzeugendes Beispiel für das, was ich sagen will. Aber diese Dinge lassen sich nicht ausdrücken.ª

7
Am Abend rezitierte sie mir folgende Verse, die, wie

---

a) Die *Letzten Worte der Theresia Martin* vervollständigen:
Den folgenden Abschnitt hat sie mir wörtlich diktiert:
„Im Leben der Wüstenväter wird berichtet, daß einer von ihnen eine öffentliche Sünderin bekehrt hat, deren ungeordneter Lebenswandel in der ganzen Gegend Ärgernis erregt hatte. Diese Sünderin wurde von der Gnade berührt und folgte dem Heiligen in die Wüste, um ein strenges Bußleben zu führen. Aber schon in der ersten Nacht der Reise, noch ehe sie an den Ort gelangt war, wohin sie sich zurückziehen wollte, zersprengte die Gewalt ihrer Liebesreue ihre irdischen Bande, und im selben Augenblick sah der Einsiedler, wie die Engel ihre Seele in den Schoß Gottes trugen. Da haben wir wirklich ein schlagendes Beispiel für das, was ich sagen möchte, aber diese Dinge lassen sich nicht ausdrücken ..."

ich glaube, aus dem Gedicht „Die junge Schwindsüchtige" stammen. Sie tat es mit einem ganz sanften Ausdruck:
... Meine Tage sind gezählt, bald verlasse ich die Erde,
Ich werde von Ihnen Abschied nehmen ohne Hoffnung auf Wiederkehr;
Sie, die Sie mich geliebt haben, schöner Schutzengel,
Lassen Sie Ihren sanften Blick der Liebe auf mir ruhen.
Wenn Sie die toten Blätter fallen sehen werden,
Werden Sie für mich beten, wenn Sie mich geliebt haben.

8
... Sehr großer Friede in meiner Seele ... Mein kleiner Kahn ist wieder flottgemacht. Ich weiß, daß ich nicht zurückkommen werde, aber ich ergebe mich darein, mehrere Monate krank zu sein, so lange, wie der liebe Gott es will.

9
Wie hat der liebe Gott Sie doch begünstigt! Was denken Sie über diese Auserwählung?
Ich denke, „der Geist Gottes weht, wo Er will"[35].

12. Juli

1
Sie erzählte mir, wie sie einmal einen harten Kampf zu bestehen hatte wegen einer Nachtlampe, die man herrichten mußte, weil die Familie von Mutter Maria von Gonzaga unerwartet angekommen war und bei den Pfortenschwestern übernachten wollte. Der Kampf war so heftig, und es stiegen derartige Gedanken gegen die Obrigkeit in ihr auf, daß sie inbrünstig zum lieben Gott um Hilfe rufen mußte, um nicht zu erliegen. Gleichzeitig führte sie ihren Auftrag so gut wie möglich aus. Es war während des großen Stillschweigens am Abend. Sie war Pförtnerin, und Sr. St. Raphael war Erste im Amt.

Um mich zu besiegen, stellte ich mir vor, ich richte die Nachtlampe für die Heilige Jungfrau und das Jesuskind her; so tat ich es mit unglaublicher Sorgfalt; nicht das kleinste Stäubchen blieb auf der Lampe. Nach und nach zogen ein tiefer Friede und eine große Süßigkeit in mich ein. Es läutete zur Matutin, und ich konnte dann nicht mehr hingehen. Aber in mir war eine so wunderbare Hochstimmung, ich hatte eine solche Gnade empfangen, daß ich Sr. St. Raphael mit Freuden gehorcht hätte, wenn sie gekommen wäre und mir zum Beispiel gesagt hätte, ich habe die falsche Lampe genommen und müsse eine andere herrichten. Damals faßte ich den Entschluß, mir nie mehr Gedanken darüber zu machen, ob das, was man mir aufträgt, zweckmäßig ist oder nicht.

2
Sr. Maria von der Eucharistie[36] sagte, ich sei wunderbar ...... Wunderbare Mutter! O nein, vielmehr liebenswürdige Mutter[37], denn Liebe ist wertvoller als Bewunderung.

3
Zu Mutter Maria von Gonzaga:
Mir bleibt nichts in den Händen. Alles, was ich habe, alles, was ich verdiene, ist für die Kirche und die Seelen. Und würde ich auch 80 Jahre alt werden, immer würde ich gleich arm bleiben.

13. Juli

1
Ich sehe wohl, für das Obst werde ich Sorge tragen müssen, wenn ich im Himmel bin, aber die Vöglein darf man nicht töten, sonst wird man Ihnen keine Almosen schicken.

Mit einer sanften Bewegung streckte sie die Arme gegen das Bild des Jesuskindes aus:
Ja, ja!...

2

Im Himmel wird der liebe Gott in allem meinen Willen tun müssen, weil ich auf Erden nie meinen Willen getan habe.

3

Sie werden vom Himmel auf uns herabschauen, nicht wahr?
Nein, ich werde herabkommen!

4

In der Nacht hatte sie für die Kommunion das Lied verfaßt:
Du, der Du weißt, usw.[a])
Dazu sagte sie:
Es ist mir ganz leichtgefallen, das ist erstaunlich; ich dachte, ich könne keine Gedichte mehr machen.

5

Ich sage nicht: „Wenn es hart ist, im Karmel zu leben, so ist es süß, dort zu sterben", sondern: „Wenn es süß ist, im Karmel zu leben, so ist es noch süßer, dort zu sterben."

---

a) Der Ordinariatsprozeß vervollständigt:
Um sich auf die Kommunion vorzubereiten, verfaßte sie in der Nacht des 12. folgendes Gedicht:
Du, der Du weißt, wie überaus klein ich bin,
Du scheust Dich nicht, zu mir Dich herabzulassen!
Komm in mein Herz, o vielgeliebte weiße Hostie,
Komm in mein Herz, das sich nach Dir verzehrt!
Ah! Ich wünschte, Deine Güte ließe mich
Nach dieser Gunst aus Liebe sterben.
Jesus, hör' meinen zärtlichen Ruf,
Komm in mein Herz!

6
Der Arzt fand, es gehe ihr besser als gewöhnlich.
Als er gegangen war, hielt sie sich die Seite, in der sie starke Schmerzen hatte, und sagte:
Ja, es geht mir besser als gewöhnlich! ...

7
Obwohl sie sich froh und zufrieden gab, hatte ich den Eindruck, ihr Herz sei schwer, und ich sagte:
Sie wollen uns nicht traurig machen, deshalb geben Sie sich fröhlich und sagen lustige Dinge, nicht wahr?
... Ich „verstelle mich nie" ...

8
Man bot ihr Baudonwein[38] an.
Ich mag keinen Wein von der Erde mehr ... Ich möchte vom neuen Wein im Reiche meines Vaters trinken[39].

9
... Wenn Sr. Genoveva ins Sprechzimmer kam, konnte ich ihr in einer halben Stunde nicht alles sagen, was ich ihr gerne gesagt hätte. Wenn mir darum unter der Woche eine Erleuchtung kam oder etwas einfiel, was ich ihr zu sagen vergessen hatte, so bat ich immer den lieben Gott, er möge sie wissen und verstehen lassen, was ich im Sinne hatte. Und in der nächsten Sprechstunde sagte sie mir dann genau das, wovon ich den lieben Gott gebeten hatte, es ihr einzugeben.
... Anfangs ging ich schweren Herzens fort, wenn sie traurig war und ich sie nicht zu trösten vermocht hatte, aber bald verstand ich, daß es nicht in meiner Macht lag, eine Seele zu trösten, und seither war ich nicht mehr traurig, wenn sie ungetröstet weggegangen war. Ich bat den lieben Gott, mein Unvermögen wettzumachen, und ich fühlte, daß Er mich erhörte; ich konnte das später im Sprechzimmer feststellen ... Wenn ich seither jemandem weh getan habe, so bitte ich den

lieben Gott, er möge es gutmachen, und quäle mich nicht länger.

10
Bitte erwecken Sie einen Akt der Liebe zum lieben Gott und rufen Sie alle Heiligen an. Sie alle da droben sind meine „kleinen" Verwandten.

11
... Ich wünsche, daß man mir drei kleine Wilde kauft: einen kleinen Maria-Louis-Martin, einen kleinen Marie-Théophane und zwischen den beiden ein kleines Mädchen, das Marie-Cäcilie heißt.
Nach einem Augenblick:
Und noch eine kleine Marie-Theresia dazu.
(Anstatt nach ihrem Tod Geld für Kränze ausgeben zu lassen.)

12
Sie sprach erneut zu mir über die Gemeinschaft der Heiligen:
... Mit den Jungfrauen werden wir wie Jungfrauen, mit den Kirchenlehrern wie Kirchenlehrer, mit den Martyrern wie Martyrer sein, denn alle Heiligen sind unsere Verwandten; jene aber, die den Weg der geistlichen Kindschaft gegangen sind, werden immer den Liebreiz von Kindern bewahren.
(Sie entwickelte diese Gedanken noch weiter für mich.)

13
... Schon von Kindheit an hat mir der liebe Gott die tiefe Überzeugung gegeben, daß ich jung sterben werde.

14
... Indem sie mich zärtlich anschaute:
Sie haben ein Gesicht! ... dann ... Sie werden es immer haben ... Ich werde Sie ohne weiteres wiedererkennen, gehn Sie!

15
Der liebe Gott hat mich immer das wünschen lassen, was Er mir geben wollte.

16
Zu uns dreien:
Glaubt ja nicht, ich werde Euch gebratene Tauben in den Schnabel fallen lassen, wenn ich im Himmel bin...
Ich habe das nicht gehabt und auch nicht haben wollen. Vielleicht werden große Prüfungen über Euch kommen, aber ich werde Euch Licht schicken, damit Ihr sie schätzt und liebt. Gleich mir werdet Ihr gezwungen sein zu sagen, „Herr, Du überschüttest uns mit Freude durch alles, was Du tust"[40].

17
Glauben Sie nicht, daß ich beim Gedanken an das Sterben eine so lebhafte Freude empfinde wie früher, wenn ich zum Beispiel einen Monat in Trouville oder in Alençon verbringen sollte; ich weiß gar nicht mehr, was das ist, lebhafte Freuden. Außerdem liegt für mich die Freude nicht im Genießen, nicht das ist es, was mich anzieht. Ich kann nicht viel an das Glück denken, das mich im Himmel erwartet; nur eine Erwartung läßt mein Herz höher schlagen, nämlich die Liebe, die ich empfangen werde und die ich geben können werde. Und dann denke ich an all das Gute, das ich nach meinem Tod tun möchte: kleine Kinder taufen lassen, den Priestern helfen, den Missionaren, der ganzen Kirche...
... aber zuerst meine Schwesterchen trösten...
... Heute abend hörte ich aus der Ferne eine Musik, und ich dachte, bald werde ich unvergleichliche Melodien hören, aber dieses Gefühl der Freude war nur vorübergehend.

18
Ich bat sie, mir genau zu sagen, welche Ämter sie im Karmel gehabt hatte.

Als ich in den Karmel eintrat, kam ich zu Mutter Subpriorin (Sr. Maria von den Engeln) in das Wäscheamt, und außerdem mußte ich die Treppe und den Zellengang kehren.

... Ich erinnere mich, daß es mich viel kostete, unsere Novizenmeisterin zu bitten, im Refektorium Mortifikationen machen zu dürfen, aber ich habe meinem Widerwillen nie nachgegeben, denn es schien mir, das Kruzifix im Klosterhof, das ich vom Fenster des Wäscheamtes aus sah, wende sich mir zu, um dieses Opfer von mir zu verlangen.

Damals war es auch, als ich um 16.30 Uhr Unkraut jäten ging und damit die Unzufriedenheit unserer Mutter erregte.

Nach meiner Einkleidung war ich bis zu meinem 18. Lebensjahr mit dem Refektorium betraut. Ich mußte es kehren und Wasser und Bier auf die Plätze stellen. 1891 kam ich am Tag der vierzigstündigen Anbetung[41] zu Sr. St. Stanislas in die Sakristei. Vom Juni des nächsten Jahres an[42] hatte ich zwei Monate lang kein Amt, denn damals malte ich die Engel im Oratorium, und gleichzeitig war ich Dritte der Ökonomin[43]. Als die zwei Monate um waren, kam ich zu Sr. St. Raphael an die Pforte, setzte aber gleichzeitig die Malerei fort. Diese beiden Aufgaben behielt ich bis zu den Wahlen von 1896, als ich unter den Ihnen bekannten Umständen bat, Sr. M. vom heiligen Joseph im Wäscheamt helfen zu dürfen ...

Dann erzählte sie mir, daß man sie in ihren Ämtern langsam und wenig einsatzfreudig gefunden hat und daß auch ich so von ihr gedacht habe. Und wirklich erinnerten wir uns gemeinsam daran, wie sehr ich sie gescholten hatte, weil sie ein Tischtuch aus dem Refektorium so lange in ihrem Korb behalten hatte, ohne es auszubessern. Ich warf ihr Nachlässigkeit vor, aber zu Unrecht. Sie hatte keine Zeit dafür gehabt. Damals hatte sie sich in keiner Weise entschuldigt, wohl aber hatte sie sehr geweint, weil sie sah, daß ich traurig und sehr unzufrieden war ... Ist es möglich!!!

Auch erzählte sie mir, wie sehr sie gelitten hatte, als sie mit mir im Refektorium arbeitete (ich war damals die Erste im Amt), weil sie nicht mehr wie früher über alles, was sie bewegte, mit mir sprechen konnte, denn sie hatte dazu keine Erlaubnis und aus anderen Gründen ...

Ich hielt mich so gut daran, daß Sie mich schließlich gar nicht mehr wiedererkannten, *fügte sie hinzu*.

Sie erzählte mir, wie sehr sie sich Gewalt antat, als sie die Spinnweben aus dem schwarzen Loch des heiligen Alexis unter der Treppe entfernte (ihr graute vor Spinnen), und tausend andere Einzelheiten, die mir zeigten, wie treu sie in allem gewesen war und wieviel sie gelitten hatte, ohne daß jemand es ahnte.

14. Juli

1
Ich habe einmal gelesen, daß die Israeliten beim Bau der Mauern von Jerusalem nur mit der einen Hand arbeiteten, während sie in der anderen das Schwert hielten[44]. So müssen auch wir es machen. Wir dürfen nicht ganz in der Arbeit aufgehen ... usw.

2
Wäre ich reich gewesen, es wäre mir unmöglich gewesen, einen Armen Hunger leiden zu sehen, ohne ihm sogleich von meinem Besitz abzugeben. Und wenn ich jetzt geistliche Güter erwerbe und dabei fühle, daß Seelen in Gefahr sind, verlorenzugehen und in die Hölle zu kommen, so gebe ich ihnen alles, was ich besitze, und es hat für mich noch nie einen Augenblick gegeben, wo ich mir sagte: Jetzt werde ich für mich arbeiten.

3
Mit himmlischem Gesichtsausdruck und Tonfall rezitierte sie die Strophe aus „Denk daran", die mit den Worten beginnt:
Denk daran, daß Dein heiliger Wille
Mein Frieden ist, mein einzig' Glück[45].

4
Es ist nicht wichtig, daß es so aussieht *(als ob man aus Liebe stürbe)*, wenn es nur wirklich so ist.

5
Immer hat mir das gefallen, was der liebe Gott mir gegeben hat; ja, wenn Er mich hätte wählen lassen, ich hätte gerade das gewählt, sogar Dinge, die mir weniger gut und schön vorkamen als das, was die andern hatten.

6
Oh, welch ein Gift an Lobpreisungen hat man unserer Mutter Priorin gereicht! Ich habe es selber gesehen! Da muß eine Seele wahrhaftig sehr losgeschält und frei von sich selber sein, wenn ihr das nicht schaden soll!

7
Der Arzt hatte ihr bei seiner Visite wieder ein wenig Hoffnung gemacht, aber das konnte ihr nun nichts mehr anhaben. Sie sagte zu uns:
Daran bin ich jetzt gewöhnt! Was macht es mir schon aus, wenn ich lange krank sein muß?! Ich wünsche ja nur deshalb, daß es schnell zu Ende geht, weil ich Euch die Ängste ersparen will.

8
Oh, ich liebe Sie sehr, Mütterchen!

9
Mein Herz ist ganz ausgefüllt vom Willen Gottes, so

sehr, daß alles, was man darauf gießt, nicht in sein Inneres eindringt, es ist ein Nichts, das leicht abfließt, so wie Öl sich nicht mit Wasser vermischen läßt. Im Grunde meiner Seele bleibe ich immer in einem tiefen Frieden, den nichts trüben kann.

10
Sie betrachtete ihre abgemagerten Hände und sagte:
O wie freue ich mich zu sehen, wie ich zerstört werde.

15. Juli

1
Vielleicht werden Sie morgen (am Fest Unserer Lieben Frau vom Berge Karmel) nach der Kommunion sterben.

O nein, das würde nicht zu meinem kleinen Weg passen. Ich sollte ihn verlassen, um zu sterben? Nach der Kommunion aus Liebe sterben, das ist zu schön für mich; das könnten die kleinen Seelen nicht nachmachen.
Wenn mir nur morgen früh nichts passiert[16]. Es gibt so gewisse Dinge, die bei mir vorkommen können: unmöglich, mir die Kommunion zu reichen; der liebe Gott gezwungen, wieder umzukehren; stellen Sie sich das vor!

2
Sie sprach vom seligen Théophane Vénard, der im Augenblick des Todes die heilige Kommunion nicht empfangen konnte. Sie stieß einen tiefen Seufzer aus ...

3
Wir hatten für ihre Kommunion am nächsten Morgen Vorbereitungen getroffen. Der Neffe von Sr. M. Philomena[17] sollte nach seiner ersten Messe im Karmel hereinkommen, um ihr die Kommunion zu reichen; da wir

aber sahen, daß es ihr schlechter ging, befürchteten wir, sie könne nach Mitternacht Blut erbrechen, und baten sie zu beten, daß kein ärgerlicher Zwischenfall unsere Pläne durchkreuzen möge. Sie erwiderte:
Sie wissen wohl, daß ich nicht bitten kann ... aber bitten Sie für mich ... Übrigens, um meinen Schwesterchen Freude zu machen und damit die Kommunität nicht enttäuscht wird, werde ich heute abend trotzdem den lieben Gott darum bitten; aber im Grunde sage ich Ihm genau das Gegenteil, ich sage Ihm, er soll alles machen, was Er will ...

4

Während sie zuschaute, wie wir die Krankenwärterei schmückten: Ah! Wieviel Mühe macht man sich doch, um alles so zu richten, wie es sich gehört! Wie gut sind die Feste auf Erden! Den kleinen Erstkommunikantinnen bringt man am Morgen ihr schönes weißes Kleid, sie brauchen es nur anzuziehen; alle Mühe, die man für sie auf sich genommen hat, bleibt ihnen verborgen; sie haben nur die Freude. Wenn man groß wird, ist es nicht mehr dasselbe ...

5

Sie erzählte mir die folgende Betrachtung, die sie angestellt hatte und die ihr als Gnade im Gedächtnis geblieben war:
Sr. Maria von der Eucharistie wollte für eine Prozession die Kerzen anzünden; sie hatte keine Streichhölzer; da fällt ihr Blick auf die kleine Lampe, die vor den Reliquien brennt; sie geht hin, aber ach, die Lampe ist halb erloschen, der verkohlte Docht gibt nur noch einen schwachen Schein. Dennoch gelingt es ihr, die Kerze anzuzünden, und mit dieser Kerze werden die Kerzen der ganzen Kommunität angezündet. Diese kleine halberloschene Lampe hat also alle diese schönen Flammen hervorgebracht, die ihrerseits unendlich viele andere

hervorbringen und sogar das ganze Universum in Brand stecken können. Immer aber würde man der kleinen Lampe den Ursprung dieser Feuersbrunst verdanken. Wie könnten die schönen Flammen es sich zur Ehre anrechnen, einen solchen Brand entfacht zu haben, da sie doch wissen, daß sie selbst nur mit Hilfe des kleinen Funkens entzündet worden sind? ...
So ist es auch mit der Gemeinschaft der Heiligen. Oft verdanken wir die Gnaden und Erleuchtungen, die uns zuteil werden, einer verborgenen Seele, denn der liebe Gott will, daß die Heiligen einander die Gnaden durch das Gebet mitteilen, damit sie sich im Himmel mit einer großen Liebe lieben, mit einer Liebe, die noch viel größer ist als jene, mit der man einander in einer Familie, und sei es die idealste Familie auf Erden, liebt. Wie oft habe ich gedacht, daß ich vielleicht alle Gnaden, die ich empfangen habe, dem Gebet einer Seele verdanke, die mich vom lieben Gott erbetet hat und die ich erst im Himmel kennenlernen werde.
Ja, ein ganz kleiner Funken kann in der ganzen Kirche große Leuchten entstehen lassen, wie die Kirchenväter und die Martyrer, die im Himmel ohne Zweifel hoch über ihm stehen werden; aber wie sollte man vergessen, daß ihre Herrlichkeit von der seinen herrührt?

Im Himmel wird man nie einem gleichgültigen Blick begegnen, denn alle Auserwählten werden wissen, daß sie die Gnaden, mit deren Hilfe sie ihre Krone erworben haben, einander verdanken.
(Das Gespräch war zu lang, ich konnte nicht alles aufschreiben und auch nicht Wort für Wort.)

16. Juli

1
— Ich fürchte, Sie werden viel leiden müssen, bis Sie sterben ...

— Warum fürchten Sie im voraus? Warten Sie mit Ihrem Kummer wenigstens, bis es wirklich geschieht. Sehen Sie vielleicht, daß ich mich mit der Vorstellung quäle, man werde Ihnen die Augen ausreißen, wenn — wie man voraussagt — Verfolgungen und Gemetzel kommen!

2

Ich hatte das Opfer der Trennung von Sr. Genoveva[48] voll und ganz gebracht, aber ich kann nicht sagen, daß ich mich nicht noch nach ihr sehnte. Wenn ich im Sommer in den Ruhestunden vor der Matutin auf der Terrasse saß, sagte ich oft zu mir: Ah! Wenn meine Céline doch hier wäre bei mir! Aber nein! Das wäre zuviel des Glücks auf dieser Erde!

... Und es schien mir wie ein Traum, der sich nicht verwirklichen läßt. Dabei war es aber keineswegs ein natürliches Verlangen, das mich dieses Glück ersehnen ließ, es war vielmehr um ihrer Seele willen, damit sie unseren Weg gehe ... Und als ich erlebte, daß sie hier eintrat — und nicht nur eintrat, sondern daß sie völlig mir anvertraut war, damit ich sie alles lehre — als ich sah, daß der liebe Gott das fügte und so meine Wünsche noch übertraf, da begriff ich, wie unendlich Er mich liebt ...

... Wahrhaftig, Mütterchen, wenn ein Wunsch, der kaum ausgesprochen war, sich so erfüllt, dann kann es nicht anders sein, als daß alle meine großen Wünsche, die ich dem lieben Gott so oft vortrage, vollkommen erhört werden.

3

In überzeugtem Ton zitierte sie mir das folgende Wort, das sie in den „Petites fleurs", einem Buch von Abbé Bourb, gelesen hatte.

Die Heiligen aus den letzten Zeiten werden jene aus

den ersten Zeiten ebenso weit überragen wie die Zedern die andern Bäume.

4

Sie kennen jede Falte meiner kleinen Seele, Sie allein ...a)

5

Wie ein Kind, dem ein liebenswürdiger Schalk im Nakken sitzt:
Ich möchte Ihnen einen Liebesbeweis geben, den Ihnen noch nie jemand erbracht hat ...

---

a) Am 28. August 1940 trug Mutter Agnes von Jesus am Ende des *Gelben Heftes* die folgende Bemerkung ein:
Wichtige Anmerkung.
Ich bin sicher, daß meine heilige kleine Theresia, als sie mir am 16. Juli 1897 sagte: „Sie kennen jede Falte meiner kleinen Seele, Sie allein ..." in Gedanken Sr. Maria vom Heiligen Herzen und Sr. Genoveva vom Heiligen Antlitz von dieser vollkommenen Kenntnis ihrer Seele nicht ausschließen wollte. Sr. Maria vom Heiligen Herzen, der sie das Lächeln der Heiligen Jungfrau verdankte und die sie auf die erste Kommunion vorbereitet hatte, der wir auch die wunderbare Antwort ihres Patenkindes vom 17. September 1896 (das Manuskript B) verdanken. Sr. Genoveva vom Heiligen Antlitz, ihre Céline, die sie so liebevoll „das süße Echo meiner Seele" nannte.
Aber der liebe Gott hatte ihr eingegeben, es mir ganz besonders zu sagen, damit man sich später auf Grund der Autorität, die man mir geben würde, vollkommen auf das verlassen könne, was ich über sie sagen und schreiben würde.

Sr. Agnes von Jesus
c. d. i.
28. August 1940

Ich fragte mich, was sie wohl vorhabe ... Und siehe da[49].

6*
Wenn der liebe Gott zu mir sagte: Wenn du jetzt stirbst, wirst du zu einer sehr großen Herrlichkeit gelangen; wenn du dagegen mit 80 Jahren stirbst, wird die Herrlichkeit zwar lange nicht so groß sein, mir aber würde es viel mehr Freude machen. Oh, da würde ich ohne Zögern antworten: „Mein Gott, ich will mit 80 Jahren sterben, denn ich suche nicht meine Herrlichkeit, sondern nur Deine Freude."
Die großen Heiligen haben für die Verherrlichung des lieben Gottes gearbeitet, ich aber, die ich nur eine ganz kleine Seele bin, ich arbeite ausschließlich für seine Freude, und ich würde gerne die größten Leiden ertragen, um Ihm auch nur ein einziges Lächeln zu entlocken.

17. Juli

Samstag — Um 2 Uhr morgens hatte sie Blut gespuckt.

Ich fühle, daß ich in die Ruhe eingehen werde ... vor allem aber fühle ich, daß meine Sendung anfangen wird, meine Sendung, den lieben Gott so lieben zu lehren, wie ich Ihn liebe, den Seelen meinen kleinen Weg zu zeigen. Wenn der liebe Gott meine Wünsche erhört, werde ich meinen Himmel bis zum Ende der Welt auf Erden verbringen. Ja, ich möchte meinen Himmel damit verbringen, auf Erden Gutes zu tun. Das ist nicht unmöglich, denn auch die Engel wachen ja sogar mitten in der seligen Gottesschau über uns.
Ich kann mir nicht aus dem Genießen ein Fest machen, ich kann nicht ausruhen, solange es noch Seelen zu retten gibt ... Wenn aber der Engel einmal sagen wird:

„Es wird keine Zeit mehr sein!"[50], dann werde ich mich ausruhen, dann werde ich genießen können, weil die Zahl der Auserwählten voll sein wird und alle in die Freude und Ruhe eingegangen sein werden. Mein Herz erschauert bei diesem Gedanken ...

18. Juli

1
... Der liebe Gott würde mir den Wunsch, nach meinem Tod auf Erden Gutes zu tun, gar nicht eingeben, wenn Er ihn nicht verwirklichen wollte; da würde Er mir eher den Wunsch eingeben, in Ihm zu ruhen.

2
Was ich zu ertragen habe, sind nur Unpäßlichkeiten, nicht Leiden.

19. Juli

1
„Heute abend werde ich gießen gehen." (Es war am Anfang der Rekreation.)
— Aber ... Sie werden auch mich begießen müssen!
— Was sind Sie denn?
— Ich bin ein kleines Samenkorn, man weiß noch nicht, was herauskommen wird ...

2
Vorhin, als Sr. Maria vom Heiligen Herzen aus dem Sprechzimmer von Herrn Youf zurückkam, hatte ich große Lust zu fragen, was er nach seiner Visite über meinen Zustand gesagt hat. Ich dachte bei mir: Vielleicht wird es mir gut tun, mich trösten, wenn ich es weiß; aber als ich mich besann, habe ich mir gesagt:

Nein, das ist Neugierde; ich werde nichts tun, um es zu erfahren; daß der liebe Gott nicht erlaubt, daß sie es mir von selber sagt, ist ein Zeichen, daß Er nicht will, daß ich es weiß. Und so habe ich vermieden, die Rede auf diesen Gegenstand zu bringen aus Angst, Sr. Maria vom Heiligen Herzen könnte es mir gleichsam gezwungenermaßen sagen; das hätte mich nicht glücklich gemacht...

3
Sie sagte mir, sie habe sich selber gesucht, weil sie sich das Gesicht einmal mehr als nötig abgetrocknet habe, um Sr. Maria vom Heiligen Herzen merken zu lassen, daß sie stark schwitze.

20. Juli

1
(Um 3 Uhr früh hat sie Blut gespuckt.)
„Was hätten Sie getan, wenn eine von uns an Ihrer Stelle krank gewesen wäre? Wären Sie während der Rekreation in die Krankenwärterei gekommen?"
— Ich wäre eisern in der Rekreation geblieben, ohne nach Neuigkeiten zu fragen, aber das hätte ich ganz einfach deshalb getan, damit niemand mein Opfer bemerkt. Wenn ich in die Krankenwärterei gekommen wäre, dann nur, um Freude zu bereiten, niemals zu meinem eigenen Trost...
... und all das, um meine kleine Pflicht zu tun und Gnaden auf Sie herabzuziehen, die ich Ihnen bestimmt nicht erwirkt hätte, wenn ich mich selber gesucht hätte. Und ich selber hätte aus diesen Opfern eine große Kraft gewonnen. Wenn ich manchmal aus Schwäche das Gegenteil von dem getan hätte, was ich wollte, so hätte ich mich dadurch nicht entmutigen lassen. Ich hätte mich bemüht, mein Versagen dadurch gutzumachen, daß

ich mir noch größere Opfer auferlegt hätte, ohne etwas davon merken zu lassen.

2

Der liebe Gott läßt sich vertreten, von wem Er will, aber das hat keine Bedeutung ... In Ihrem Fall würde Menschliches mitspielen, mir ist es lieber, wenn nur das Göttliche zum Zuge kommt. Ja, ich sage es vom Grunde meines Herzens, ich bin glücklich, in den Armen unserer Mutter zu sterben, weil sie den lieben Gott vertritt.

3

... Die Todsünde würde mir nicht mein Vertrauen rauben.
... Ja nicht vergessen, die Geschichte von der Sünderin zu erzählen! Das wird beweisen, daß ich mich nicht irre.

4

Ich sagte ihr, daß ich für sie die Todesängste fürchte.

Wenn Sie unter Todesängsten furchtbare Leiden verstehen, die sich im letzten Augenblick durch erschreckende Zeichen für die andern kundtun, so habe ich hier bei denen, die vor meinen Augen gestorben sind, nie so etwas gesehen. Mutter Genoveva hat wohl seelisch Todesängste erfahren, aber nicht physisch.

5

Sie wissen nicht, bis zu welchem Punkt ich Sie liebe, und ich werde es Ihnen beweisen ...

6

Man plagt mich mit Fragen, das erinnert mich an Jeanne d'Arc vor dem Gericht! Mir scheint, ich antworte mit der gleichen Aufrichtigkeit.

21. Juli

1
Wenn ich Sie sehe, Mütterchen, das macht mich sehr glücklich; Sie ermüden mich nie, im Gegenteil. Wie ich soeben gesagt habe: während ich so oft geben muß, sind Sie es, die mir zuschießt...

2
Wenn der liebe Gott mich schilt, auch nur ein klein wenig, so werde ich nicht vor Rührung weinen... Wenn Er aber gar nicht mit mir schilt, wenn Er mich mit einem Lächeln empfängt, dann werde ich weinen...

3
Oh! Im Himmel möchte ich die Geschichte sämtlicher Heiligen kennenlernen; aber es wird nicht nötig sein, daß man sie mir erzählt, das würde zu lange dauern. Es muß so sein, daß ich den Namen und das ganze Leben eines Heiligen in einem Augenblick weiß, sobald ich auf ihn zukomme.

4
Ich habe es nie so gemacht wie Pilatus, der sich weigerte, die Wahrheit zu hören[51]. Ich habe immer zum lieben Gott gesagt: O mein Gott, ich möchte Dich gut hören, ich flehe Dich an, antworte mir, wenn ich Dich demütig frage: Was ist die Wahrheit? Gib, daß ich die Dinge so sehe, wie sie sind, daß ich mir durch nichts Sand in die Augen streuen lasse.

5
Wir sagten ihr, was für ein Glück es für sie sei, daß Gott sie erwählt habe, um den Seelen den Weg des Vertrauens zu zeigen. Sie erwiderte:
Was kümmert's mich, ob ich es bin oder eine andere, die den Seelen diesen Weg zeigt; wenn er nur gezeigt wird, auf das Werkzeug kommt es nicht an!

22. Juli

1
Sr. Maria vom Heiligen Herzen sagte zu ihr: „Gehn Sie, Sie werden wirklich mit viel Liebe gepflegt..."
Ja, das sehe ich sehr wohl... Es ist ein Abbild der Liebe, die der liebe Gott zu mir hegt. Ich habe Ihm immer nur Liebe erwiesen, deshalb gibt Er mir Liebe zurück, und das hat noch nicht aufgehört; bald wird Er mir mit noch mehr Liebe vergelten...
Ich bin sehr gerührt, es ist wie ein Strahl, oder eher wie ein Blitz inmitten der Finsternis... aber nur wie ein Blitz!

2
Lächelnd berichtete sie mir, was Herr Youf nach der Beichte zu ihr gesagt hatte:
Wenn die Engel den Himmel kehrten, das gäbe Diamantenstaub.

23. Juli

1
Man sprach ihr von Assoziationen[52]:
Ich bin dem Himmel so nahe, daß mir all das traurig vorkommt.

2
Eine von uns hatte ihr etwas gesagt und vorgelesen und dachte nun, sie habe sie in ihrer großen Prüfung sehr getröstet und aufgeheitert. — Hat Ihre Prüfung nicht für einen Augenblick ausgesetzt?
— Nein! Was Sie sagen, dringt nicht in mich ein!

3
Immer wieder sprach ich ihr von der Furcht, die ich

nicht los wurde, daß ich sie noch mehr leiden sehen würde.
Ich finde, daß wir, die wir den Weg der Liebe laufen, nicht an das denken dürfen, was die Zukunft uns an Schmerzlichem bringen kann, denn dann fehlt es uns an Vertrauen und es ist, als mischten wir uns in das Wirken des Schöpfers ein.

4
... Zur Zeit von Papas Prüfungen empfand ich einen heftigen Wunsch nach Leiden ... Eines Abends, als ich wußte, daß sein Zustand sich verschlechtert hatte[53], tröstete mich Sr. Maria von den Engeln[54], so gut sie konnte, weil sie sah, daß ich sehr traurig war; da sagte ich zu ihr: „Oh, Sr. Maria von den Engeln, ich fühle, daß ich noch mehr leiden könnte!" Sie schaute mich ganz erstaunt an, und seither hat sie mich oft daran erinnert.
Tatsächlich hat Sr. Maria von den Engeln diesen Abend nie vergessen. Unsere kleine Heilige, die damals noch Postulantin war, schickte sich gerade an, zu Bett zu gehen. Sie saß im Nachthemd auf ihrem Strohsack, und ihre schönen Haare fielen auf ihre Schultern herab. „Ihr Blick", sagte Sr. M. von den Engeln, „und ihr ganzes Aussehen hatten etwas so Edles, so Schönes an sich, daß ich eine himmlische Jungfrau zu sehen meinte."

5
Ich erinnere mich, daß ich eines Tages, als unsere Prüfungen den Höhepunkt erreicht hatten, Sr. Maria vom Heiligen Herzen begegnete, als ich gerade die Treppe des Zellenganges (*beim Wäscheamt*) gekehrt hatte. Wir hatten die Erlaubnis, miteinander zu sprechen, und sie hielt mich an. Da sagte ich ihr, daß ich noch sehr viel Kraft habe und daß ich in diesem Augenblick gerade an das Wort von Fr. Swetchine denke, das mich ganz durchdrungen und förmlich in Brand gesteckt hat: „Er-

gebung ist noch etwas anderes als Gleichförmigkeit mit dem Willen Gottes; es besteht derselbe Unterschied wie zwischen Vereinigung und Einheit. In der Vereinigung sind es noch zwei Personen, in der Einheit nur mehr eine." (Ich weiß nicht, ob ich es ganz wörtlich wiedergebe.)

6
Man hatte mir aufgetragen, am Tag meiner Profeß[55] um Papas Genesung zu beten, aber alles, was ich sagen konnte, war: Mein Gott, ich flehe Dich an, gib, daß es Dein Wille sei, daß Papa gesund wird!

7
...„In te Domine speravi!"[56] Wie hat es mich zur Zeit unserer großen Heimsuchung beglückt, diesen Vers im Chor zu rezitieren!

24. Juli

1
Man hatte ihr schönes Obst geschickt, aber sie konnte nicht davon essen. Sie nahm ein Stück nach dem andern in die Hand, als böte sie es jemandem an, und sagte dabei:
Die Heilige Familie ist gut bedient. Der heilige Joseph und der kleine Jesus haben je einen Pfirsich und zwei Pflaumen bekommen.
Halblaut frage sie mich:
Vielleicht ist es nicht recht, aber ich habe sie mit Vergnügen berührt? Ich berühre Früchte so gerne, besonders Pfirsiche, und ich schaue sie gerne aus der Nähe an.
Ich beruhigte sie, und sie fuhr fort:
Auch die Heilige Jungfrau hat ihren Teil bekommen. Wenn man mir Milch mit Rum gibt, biete ich sie dem

heiligen Joseph an; ich sage mir: Oh, wie gut wird das dem armen heiligen Joseph tun!
Im Refektorium wußte ich immer, wem ich was geben mußte. Das Süße war für den kleinen Jesus, die kräftigen Speisen waren für den heiligen Joseph, und auch die Heilige Jungfrau war nicht vergessen. Wenn ich aber etwas nicht bekam, wenn man zum Beispiel vergaß, mir die Soße oder den Salat zu reichen, dann war ich noch viel zufriedener, denn dann schien ich wirklich der Heiligen Familie etwas zu geben, weil ja tatsächlich etwas von dem, was ich anbot, mir selber versagt war.

2
... Wenn der liebe Gott will, daß einem etwas vorenthalten wird, da ist nichts zu machen, man muß es tragen. Manmal stellte Sr. Maria vom Heiligen Herzen meinen Salatteller so nahe an den Platz von Sr. Maria von der Menschwerdung, daß ich ihn nicht mehr als für mich bestimmt betrachten konnte, und so rührte ich ihn nicht an.
Ah! Mütterchen! Und was für „Stiefelsohlen" von einem Eierkuchen hat man mir in meinem Leben vorgesetzt! Man glaubte, ich liebe sie so ganz gedörrt. Nach meinem Tod wird man wirklich darauf achten müssen, daß den armen Schwestern kein solcher Fraß vorgesetzt wird.

25. Juli

1
Ich sagte, ich würde schließlich noch ihren Tod herbeisehnen, nur um sie nicht mehr so leiden sehen zu müssen.
... Ja aber, das dürfen Sie nicht sagen, Mütterchen, denn was mir am Leben gefällt, ist ja gerade das Leiden.

2
Ist jetzt die Pfirsichsaison schon richtig da? Ruft man

in den Straßen die Pflaumen aus? Ich weiß nicht mehr, was geschieht.
„Wenn es mit einem zu Ende geht,
Verliert man das Gedächtnis und den Verstand."

3

Unser Onkel hatte ihr Trauben geschickt. Sie aß ein wenig davon und sagte:
Ja, diese Trauben da sind gut! Aber ich mag das nicht, was von meiner Familie kommt ... Früher, wenn man mir von ihnen Blumensträuße für den kleinen Jesus[57] brachte, wollte ich sie nie annehmen, wenn ich nicht sicher war, daß unsere Mutter es gebilligt hatte.

4

Ich reichte ihr ihr Kruzifix zum Kuß, weil sie darum bat, und ich hielt es ihr so hin, wie man es gewöhnlich macht[58].
... Ah! Aber ich, ich küsse das Gesicht!
Dann schaute sie das Bild des Jesuskindes an (das Sr. Maria von der Dreifaltigkeit aus dem Karmel von Messina[59] mitgebracht hatte) und sagte:
Dieser kleine Jesus da scheint mir zu sagen: „Du kommst in den Himmel. Das sage *Ich* dir!"

5

Wo ist wohl jetzt der Dieb? Es ist nicht mehr die Rede von ihm. Sie legte die Hand auf ihr Herz und erwiderte:
Er ist hier! Er ist in meinem Herzen.

6

Ich sagte zu ihr, der Anblick des Todes sei traurig und es würde ein großer Schmerz für mich sein, sie tot zu sehen. Gerührt erwiderte sie:
Die Heilige Jungfrau hat ihren toten Jesus im Schoß gehalten, entstellt, blutend! Das war etwas ganz anderes als das, was Sie sehen werden! Ah! Ich weiß nicht, wie

sie es ertragen hat!... Wenn ich mir vorstelle, man brächte mich Ihnen so, was würde aus Ihnen werden? Responde mihi?[60]...

7
Nachdem sie mir mehrere Kleinigkeiten anvertraut hatte, die sie sich vorwarf, fragte sie mich, ob sie den lieben Gott beleidigt habe. Ich erwiderte ganz schlicht, daß alle diesen kleinen Sünden in Wahrheit keine waren und daß sie mir wohlgetan habe, indem sie sie mir berichtet habe. Das schien sie tief zu berühren, und etwas später sagte sie zu mir:
Während ich Ihnen zuhörte, fiel mir P. Alexis ein: so tief sind Ihre Worte in mein Herz eingedrungen.

8
Und sie fing an zu weinen; ich habe ihre Tränen gesammelt, ich trocknete sie mit einem feinen Leinentüchlein ab (Sr. Genoveva bewahrt diese Reliquie auf).
Sr. Genoveva brachte ihr eine kleine Blüte von einem Geranienstock, damit sie sie ihren am Bettvorhang angesteckten Bildern streue. Aber der Stock stand schon seit langem auf dem Tisch, und sie sagte:
... niemals welke Blümchen streuen ... nur „frisch aufgeblühte" Blümchen.

9
Man schlug ihr einen Zeitvertreib vor, der ihr aber zu lärmend war. Lächelnd sagte sie:
... Keine Knabenspiele! ... Auch keine Spiele für kleine Mädchen; nur Spiele für Engelchen.

10
... Ich betrachte die Traube, und ich sage mir: Die ist hübsch, sie schaut gut aus. Dann esse ich eine Beere; die gebe nicht ich dem Jesuskind, sondern es gibt sie mir.

11
Während meiner Krankheit bin ich richtig wie ein kleines Kind: ich denke nichts; ich freue mich, daß ich in den Himmel komme, das ist alles!

12
... Als man mir in der Krankenwärterei zum ersten Mal Trauben gab, sagte ich zum Jesuskind: Wie gut sind die **Trauben!** Ich begreife nicht, daß Du Dir solange Zeit läßt, mich zu holen, denn ich bin eine kleine Weintraube, und man sagt, ich sei so reif!

13
Über die Seelenführung:
... Ich glaube, man muß sehr aufpassen, daß nicht sich selber sucht, denn sonst hätte man nachher ein verwundetes Herz und könnte in aller Wahrheit sagen: „Die Wächter haben meinen Mantel genommen, sie haben mich verwundet ... Erst als ich weitergegangen war und sie ein Stück hinter mir gelassen hatte, habe ich meinen Geliebten gefunden"[61].
Ich glaube, wenn die Seele die Wächter demütig gefragt hätte, wo ihr Geliebter sei, sie hätten es ihr gesagt, aber weil sie sich hatte bewundern lassen wollen, ist sie in Verwirrung geraten; sie hat die Einfalt des Herzens verloren.

14
... Sie, Sie sind mein Licht.

15
Hören Sie eine kleine Geschichte zum Lachen: Eines Tages — es war nach meiner Einkleidung[62] — sah mich Sr. St. Vinzenz von Paul bei unserer Mutter und rief aus: „Oh, wie blühend sieht sie doch aus! Wie kräftig sie ist, dieses große Mädchen! Wie dick sie ist!" Sehr gedemütigt durch dieses Kompliment ging ich fort. Da

hielt mich Sr. Magdalena vor der Küche an und sagte zu mir: „Aber was ist denn mit Ihnen los, arme kleine Sr. Theresia vom Kinde Jesus? Sie magern ja sichtlich ab! Wenn Sie so weitermachen und ausschauen, daß einem das Zittern ankommt, dann werden Sie nicht lange die Regel beobachten!" Ich konnte es gar nicht fassen, als ich eine nach der andern so entgegengesetzte Ansichten äußern hörte. Seither habe ich der Meinung der Geschöpfe nie mehr Bedeutung beigemessen, und das hat so sehr von mir Besitz ergriffen, daß jetzt Lob wie Tadel von mir abgleiten, ohne die geringste Spur zu hinterlassen.

26. Juli

1
Heute nacht habe ich geträumt, ich sei mit Papa in einem **Bazar**. Dort sah ich hübsche kleine weiße Nadelkissen, die ich gerne gehabt hätte, um meine Nadeln hineinzustecken; aber dann habe ich mir gesagt, daß man ja im Karmel so ähnliche herstellt, und so erbat ich eine kleine **Spieldose**.

2
Gegen den 8. Dezember 1892 hatte sie sich, wie sie mir sagte, Sr. Marthas angenommen; im Jahre 1893 hatte sie Mutter Maria von Gonzaga im Noviziat geholfen, und bei der letzten Wahl von 1896 hatte man ihr das Noviziat praktisch ganz überlassen.

3
... Die Tugend strahlt ganz von selber; sobald sie nicht mehr da ist, sehe ich es.

27. Juli

1
Sie wollte nicht, daß ich vergesse, gewisse Tropfen zu nehmen, die man mir verschrieben hatte.
... Oh! Sie müssen sich kräftigen; 30 Tropfen heute abend, vergessen Sie nicht!

2
Ermüden wir Sie?
Nein, denn Ihr seid eine sehr liebe Gesellschaft.

3
Lachend erzählte sie uns, sie habe geträumt, man trüge sie zum Fest Unseres Vaters[63] zwischen zwei Fackeln in den Rekreationsraum.

4
Die Kommunität war in der Waschküche.
... Gegen 13 Uhr sagte ich mir: jetzt sind sie schon recht müde in der Waschküche, und ich bat den lieben Gott, Er möge Sie alle erquicken, damit die Arbeit in Frieden, in der Liebe getan werde. Und da ich mich so elend fühlte, freute ich mich, weil auch ich leiden mußte wie Sie alle.

5
Am Abend erinnerte sie mich an das Wort des heiligen Johannes vom Kreuz: „Zerreiß der süßen Einigung Gewebe"[64]. Dieses Wort habe ich immer auf den Liebestod bezogen, den ich ersehne. Die Liebe wird das Gewebe meines Lebens nicht langsam verbrauchen. Sie wird es plötzlich zerreißen.
Mit wieviel Verlangen und Trost habe ich mir seit dem Beginn meines Ordenslebens immer wieder dieses andere Wort des heiligen Johannes vom Kreuz gesagt: „Darum ist es überaus wichtig, daß die Seele sich eifrig

in der Liebe übt, damit sie sich schnell verzehrt und, ohne sich lange hienieden aufzuhalten, rasch dahin gelangt, ihren Gott von Angesicht zu Angesicht zu schauen"[65].
Während sie die letzten Worte wiederholte, erhob sie ihren Finger, und ihre Züge nahmen einen überirdischen Ausdruck an.

6
Zu den Schwierigkeiten, die ich hinsichtlich der Veröffentlichung ihres Lebens voraussah:
... Nun, ich sage mit Jeanne d'Arc: „... Und der Wille Gottes wird geschehen trotz der Eifersucht der Menschen."

7
— Bald werde ich Ihr liebes Gesichtchen nicht mehr sehen! Ich werde nur mehr Ihre kleine Seele sehen.
— Die ist viel schöner!

8
Wenn man bedenkt, daß wir Sie verlieren werden!
— Aber Sie werden mich nicht verlieren ... gar nicht scharfsinnig!![66] ...

9
Zu Sr. Genoveva, die weinte:
— Sie sieht sehr wohl, was das ist, was ihr da von der Nasenspitze herabhängt (*der Tod*), und jetzt hat sie die Furcht gepackt!

10
Nachdem sie dem Jesuskind eine Traube angeboten hatte:
Ich habe ihm diese Traube da angeboten, damit es Lust kriegt, mich zu holen, denn ich glaube, ich bin von dieser Sorte ...

Die Haut war nicht hart und ganz golden — sie kostete eine Beere:
Ja, ich bin von dieser Sorte da ...

11
Das Mütterchen ist mein Telephon; ich brauche nur mein Öhrchen hinzuhalten, und ich weiß alles!

12
... Ich bin nicht egoistisch, denn ich liebe den lieben Gott, nicht mich selber.

13
... Meine Natur wünscht den Tod, aber ich freue mich nur deshalb auf den Tod, weil er der Wille Gottes für mich ist.

14
Nie habe ich den lieben Gott darum gebeten, jung zu sterben, darum bin ich sicher, daß Er in diesem Augenblick nur Seinen Willen tut.

15
Sie litt unter Atemnot zum Ersticken, und ich ließ mir mein Mitleid und meine Traurigkeit anmerken.
Grämen Sie sich nicht, gehn Sie! Wenn ich ersticke, wird der liebe Gott mir die Kraft geben! Ich liebe Ihn! Er wird mich nie verlassen.

16
Sie erzählte mir, daß sie lange ihr kleines Kreuz aus Eisen getragen hatte und daß sie davon krank geworden war. Das war für sie, wie sie mir sagte, der Beweis dafür, daß es weder für sie noch für uns der Wille Gottes sei, uns große Mortifikationen aufzuerlegen.

17
Über die Abreibungen, die der Arzt angeordnet hatte:

Ah! „Gestriegelt" worden sein wie ich, das ist viel schlimmer als alles andere!

18
... Seit dem 9. Juni bin ich sicher gewesen, daß ich bald sterben werde.

29. Juli

1
... Ich möchte gehen!
— Wohin?
„Da hinauf, in den blauen Himmel!"[67]

2
Eine Schwester hatte ihr die folgende Bemerkung berichtet, die in der Rekreation gefallen war: „Warum spricht man eigentlich von Sr. Theresia vom Kinde Jesus wie von einer Heiligen?! Gewiß, sie hat die Tugend geübt, aber es war nicht eine durch Verdemütigungen und vor allem durch Leiden erworbene Tugend."
Später sagte sie zu mir:
... Und ich, die ich so viel gelitten habe seit meiner frühesten Kindheit! Ah! Wie gut ist es für mich, im Angesicht des Todes das Urteil der Geschöpfe kennenzulernen!

3
Man brachte ihr etwas, von dem man glaubte, es werde ihr Freude bereiten[68]. Aber sie zeigte sich im Gegenteil unzufrieden, weil sie erriet, daß man es jemandem andern entzogen hatte. Gleich darauf tat es ihr leid, und sie bat unter Tränen um Verzeihung.
Oh! Ich bitte Sie herzlich um Verzeihung, ich habe mich von natürlichen Beweggründen leiten lassen; beten Sie für mich!

Und etwas später:
Oh, wie froh bin ich, mich im Augenblick meines Todes unvollkommen zu sehen und so sehr der Barmherzigkeit Gottes zu bedürfen!

4
Am Morgen und um 3 Uhr nachmittags hatte sie Blut gespuckt.

5
Wir gaben der Befürchtung Ausdruck, sie würde in der Nacht sterben.
Ich werde nicht in der Nacht sterben, glauben Sie mir; ich habe den Wunsch gehabt, nicht in der Nacht zu sterben.

6
... Zwei Tage nach dem Eintritt von Sr. M. von der Dreifaltigkeit[69] wurde mein Hals behandelt ... Der liebe Gott hat zugelassen, daß die Novizinnen mich erschöpften. Sr. M. von der Eucharistie hat zu mir gesagt, es sei mir so ergangen wie den Predigern.

7
... Da Sie mein Historiker sind, muß ich Sie gut nutzen.

8
Nun gut! „Bébé" wird also sterben! Seit drei Tagen ist es wahr, daß ich sehr leide; heute abend bin ich wie im Fegefeuer.

9
Oft, wenn ich kann, wiederhole ich meinen Akt der Weihe an die Liebe[70].

10
Ich vertraute ihr etwas an, was mich beunruhigte.

... Sie sind es, die den Samen des Vertrauens in meine kleine Seele gesenkt hat; Sie erinnern sich also nicht daran?

11
Ich stützte sie, während man ihre Kissen in Ordnung brachte.
Mein Kopf liegt an Mütterchens Herzen.

12
Sie hatte nicht um eine gewisse Erleichterung gebeten — wir glaubten, aus Tugend. Ihr aber war es gar nicht in den Sinn gekommen, sich in dieser Sache abzutöten. Als wir sie bewunderten, sagte sie:
Ich habe die Erde satt! Man macht einem Komplimente, wenn man sie nicht verdient, und Vorwürfe, wenn man sie nicht verdient. All das!... All das!...

13
Was für uns im Augenblick eine Verdemütigung ist, das wird später unser Ruhm, sogar schon in diesem Leben.

14
Ich habe gar keine Fähigkeit zum Genießen, so bin ich immer gewesen; dafür habe ich eine sehr große Fähigkeit zum Leiden. Früher hatte ich Appetit im Refektorium, wenn ich einen großen Kummer hatte. Hatte ich dagegen Freude, war es das Gegenteil, ich konnte unmöglich essen.

30. Juli

1
... Mein Körper war mir immer peinlich, ich fühle mich nicht wohl in ihm ... Schon als ich noch ganz klein war, schämte ich mich seiner.

2
Weil ich ihr einen kleinen Dienst erwiesen hatte:
Danke Mama!

3
Nicht eine Nadel hätte ich aufheben mögen, um das Fegfeuer zu vermeiden. Alles, was ich getan habe, habe ich getan, um dem lieben Gott Freude zu machen, um für Ihn Seelen zu retten.

4
Während sie die Photographie der Patres Belliére und Roulland anschaute:
Ich bin hübscher als sie.

5
Man versprach ihr, kleine Chinesen für sie zu kaufen.
Ich möchte nicht Chinesen, sondern Neger.

6
Es ist bitter für mich, wenn Sie mich nicht anschauen.

7
Die Fliegen quälten sie sehr, aber sie wollte sie nicht töten.
Ich begnadige sie immer. Und doch haben nur sie mich während meiner Krankheit elend gemacht. Außer ihnen habe ich keine Feinde, und weil der liebe Gott uns aufgetragen hat, unseren Feinden zu vergeben, bin ich froh, diese kleine Gelegenheit dazu zu haben.

8
So viel leiden ist wirklich hart; es muß Ihnen jeden Gedanken unmöglich machen?
Nein, es ist mir immer möglich, dem lieben Gott zu sagen, daß ich Ihn liebe, und ich finde, das genügt.

9
Sie zeigte mir ein Glas mit einer sehr übel schmecken-

den Arznei, die aber aussah wie ein wohlschmeckender Johannisbeerlikör.
Dieses Gläschen ist ein Gleichnis für mein Leben. Gestern sagte mir Sr. Theresia vom heiligen Augustin: „Ich hoffe, **Sie trinken einen guten Likör!**" Ich habe ihr erwidert: „Oh, Sr. Theresia vom heiligen Augustin, das ist das Allerschlechteste von allem, was ich trinke!"
Sehen Sie Mütterchen, immer hatte bei mir alles diesen Anschein in den Augen der Geschöpfe. Immer kam ihnen vor, ich trinke erlesenen Likör, und in Wirklichkeit war es Bitterkeit. Ich sage Bitterkeit, aber nein! Denn mein Leben war nicht bitter, weil ich es immer verstanden habe, aus allem Bittern meine Freude und meine Süßigkeit zu machen.

10
Wenn Sie Herrn de Cornière ein Andenken an mich schenken wollen, dann malen Sie ihm ein Bild mit den folgenden Worten: „Was ihr einem der geringsten meiner Brüder getan habt, das habt ihr Mir getan"[71].

11
Man hatte ihr einen Lichtschirm gegeben, der aus dem Karmel von Saigon stammte; sie benützte ihn, um die Fliegen zu vertreiben. Da es sehr warm war, wandte sie sich den Bildern zu, die an ihrem Bettvorhang angenadelt waren, und fächelte zuerst sie und dann uns mit dem Schirm.
Die Heiligen fächle ich an meiner Statt, Sie fächle ich, um Ihnen wohlzutun und weil auch Sie Heilige sind.

12
Herr de Cornière hatte angeordnet, ihr 5 oder 6 Löffel Tisserandwasser zu geben. Sie bat Sr. Genoveva, ihr nicht mehr als 5 zu geben; dann sagte sie an mich gewandt:
Immer das Wenigere, nicht wahr Mama?

13
Sagen Sie nicht zu Herrn Ducellier[72], daß es nur mehr einige Tage mit mir gehen wird; ich bin noch nicht schwach zum Sterben, und wenn man dann weiterlebt, ist man ganz verlegen.

14
(4 Uhr). Sie lächelte mir zu, nachdem gerade eine Schwester weggegangen war. Ich sagte: Ruhen Sie sich jetzt aus, schließen Sie die Augen.
... Nein, ich schaue Sie so gerne an!

15
Ich wollte eine Fliege fangen, die sie belästigte.
Was wollen Sie ihr antun?

Ich werde sie töten.
— O nein! Bitte nicht!

16
Wollen Sie mich für die Letzte Ölung vorbereiten?
Indem sie mich lächelnd ansah:
Ich denke an nichts!
Bitten Sie den lieben Gott, daß ich sie so gut empfange, wie es überhaupt möglich ist.

17
Sie erzählte mir, was Unser Vater vor der Zeremonie zu ihr gesagt hatte:
... „Sie werden wie ein kleines Kind sein, das gerade die Taufe empfangen hat." Dann hat er nur mehr von der Liebe zu mir gesprochen. Oh, ich war so ergriffen!

18
Nach der Letzten Ölung zeigte sie uns voll Ehrfurcht ihre Hände.
Gewöhnlich sammelte ich die kleinen Hautstückchen von ihren vertrockneten Lippen; aber an diesem Tag sagte sie zu mir:

Heute schlucke ich meine kleinen Häutchen, weil ich die Letzte Ölung und das heilige Viatikum empfangen habe.

Das war am Nachmittag. Sie hatte kaum eine kurze Danksagung gehalten, da kamen mehrere Schwestern, um mit ihr zu sprechen. Am Abend sagte sie zu mir:

Wie hat man mich nach der Kommunion gestört! Man hat mir unter die Nase geschaut ... Aber um mich nicht zu ärgern, habe ich an Unsern Herrn gedacht, der sich in die Einsamkeit zurückzog und doch die Menschen nicht hindern konnte, Ihm zu folgen. Und Er schickte sie nicht fort[73]. Ich wollte Ihn nachahmen und die Schwestern freundlich empfangen.

31. Juli

1

Wieder einmal schlug man einen Feiertag für ihren Tod vor, das Fest der Verklärung am 6. August oder Mariä Himmelfahrt am 15.

Sprechen Sie nicht von einem Datum, es wird auf jeden Fall ein Fest sein!

2

Nachdem sie uns die Fabel „Der Müller und seine drei Söhne" von La Fontaine (¹) erzählt hatte:

... Ich habe zwei Stiefel, aber ich habe noch keinen Sack! Das will sagen, daß ich noch nicht bald sterben werde.

3

Man hatte ihren Strohsack hinuntergebracht, um ihn nach ihrem Tod auszustellen. Als man die Tür zur Zelle neben der Krankenwärterei aufmachte, sah sie ihn und rief voll Freude:

---

(1) Es handelt sich um die Geschichte vom „Gestiefelten Kater" und nicht um eine Fabel vom La Fontaine.

Ah! Da ist unser Strohsack! Er ist schon bereit für meinen Leichnam.
... Ich habe immer ein gutes Näschen gehabt!

4
Wie wird es *bébé* nur machen, um zu sterben? Aber woran werde ich sterben?

5
... Ja, ich werde stehlen ... Eine ganze Menge Dinge werden aus dem Himmel verschwinden, die ich Ihnen bringen werde ... Ich werde eine kleine Diebin sein, ich werde alles nehmen, was mir gefällt.

6
Sie schaute die Statue der Heiligen Jungfrau an und zeigte ihr mit dem Finger ihren kleinen Teller[74].
Wie das heute nacht gekommen ist (*ein starkes Blutspucken*), glaubte ich, jetzt kommst Du mich holen!

7
Wir waren eingeschlafen, während wir bei ihr wachten:
... Petrus, Jakobus und Johannes![75]

8
... Ich sage Ihnen, es wird sich noch lange hinziehen mit mir, wenn die Heilige Jungfrau nicht eingreift.

9
Liebenswürdig:
... *Plaudern* wir nicht *miteinander*, es genügt vollkommen, wenn wir *einander anschielen!*

10
Der Dieb wird kommen
Und mich mitnehmen
Hallelujah!

11
Man sprach darüber, daß ihr nur mehr wenige Tage blieben.
Die Kranke weiß das immer noch am besten! Und ich fühle, daß es noch lange gehen wird.

12
Ich habe gedacht, ich muß sehr lieb sein und den Dieb sehr freundlich erwarten.

13
Ich habe das Glück und die Freude auf der Erde gefunden, aber nur im Leiden, denn ich habe viel gelitten hienieden, das muß man die Seelen wissen lassen ...

Seit meiner ersten Kommunion, seit ich Jesus gebeten hatte, für mich allen Trost der Erde in Bitterkeit zu verwandeln[76], hatte ich ein beständiges Verlangen nach Leiden. Indessen dachte ich nicht daran, daraus meine Freude zu machen; das ist eine Gnade, die mir erst später zuteil geworden ist. Bis dahin war es wie ein unter der Asche verborgener Funke und wie die Blüten eines Baumes, die zu Früchten werden müssen, wenn ihre Zeit gekommen ist. Aber da ich meine Blüten fortwährend abfallen sah, mit andern Worten, da ich mich immer gehen ließ und Tränen vergoß, wenn ich litt, sagte ich mir mit Schrecken und Trauer: So wird es also immer beim Wünschen bleiben!

14
Als Sie mir heute abend gesagt hatten, Herr de Cornière glaube, es werde noch einen Monat oder länger dauern, kam ich nicht darauf zurück; es war ein so großer Unterschied gegen gestern, als er sagte, man solle mir noch am selben Tag die Letzte Ölung geben! Aber ich bin dabei in tiefem Frieden geblieben. Was macht es mir schon aus, noch lange auf der Erde zu bleiben! Wenn

ich viel und immer mehr leide — ich fürchte nichts; der liebe Gott wird mir die Kraft geben, Er wird mich nicht verlassen.

15
Wenn Sie noch lange leben, wird sich niemand mehr auskennen.
Was macht das schon! Mögen mich alle verachten, das ist es ja, was ich mir immer gewünscht habe; so werde ich es am Ende meines Lebens haben!

16
... Jetzt, da der liebe Gott getan hat, was Er wollte, da Er alle getäuscht hat ... Jetzt wird er kommen wie ein Dieb zu einer Stunde, da niemand mehr daran denkt; das ist's, was ich so bei mir denke.

August

Am 5. August hört das tägliche Blutspucken auf. Der durch starke Beklemmungen gekennzeichnete Zustand der Kranken wird stationär, bis am 15. August eine neue Phase der Krankheit beginnt. In der rechten Seite treten heftige Schmerzen auf. In Abwesenheit des behandelnden Arztes wird am 17. August Dr. La Néele gerufen. Er stellt fest, daß „die Tuberkulose den letzten Grad erreicht hat" (Brief S. 315). Am 22. August neuerliche Verschlechterung.

Der Verlauf der Krankheit in diesem Monat findet seinen Niederschlag in den Aufzeichnungen im *Gelben Heft*. Die ersten 14 Tage kann man als eine Fortsetzung der Julinotizen bezeichnen: Anspielungen auf das Manuskript und auf die künftige Sendung der Karmelitin; biographische Erinnerungen; lehrhafte Erläuterungen zum „kleinen Weg". Dann, vom 15. an, nimmt Theresias Widerstandskraft merklich ab. Von nun an zeigen uns die *Letzten Gespräche* vor allem eine große, eine heroische Kranke.

Wir sehen sie leiden, lächeln, um Atem ringen, weinen. In jeder Geste, in jedem Wort sehen wir Theresia das volle Maß ihrer Liebe geben. In den letzten Tagen dieses Monats häufen sich die Eingeständnisse physischer Not, die von extremen Leiden zeugen. Gleichzeitig dauert die seelische Prüfung unvermindert an.

In diesem Zusammenhang kann man die Willenskraft einer kleinen Theresia besser einschätzen, die uns fünf mit Bleistift geschriebene Texte hinterlassen hat, darunter den letzten langen Brief an Abbé Bellière vom 10. August.

Anmerkungen für den Monat August siehe S. 342

1. August

1
Sie sprach von der großen Gnade, die ihr zuteil geworden war[1], als einmal ihr Meßbuch sich so über dem Bild Unseres Herrn am Kreuz geschlossen hatte, daß nur mehr eine Hand zu sehen war, und sie wiederholte mir, was sie sich damals selber gesagt hatte:
Oh! Ich will das kostbare Blut nicht verlorengehen lassen. Ich werde mein Leben damit zubringen, es für die Seelen aufzufangen.

2
Während der Mette über das Manuskript ihres Lebens:

Nach meinem Tod dürfen Sie zu niemandem über mein Manuskript sprechen, bevor es veröffentlicht ist; nur zu unserer Mutter dürfen Sie darüber sprechen. Wenn Sie sich nicht daran halten, wird Ihnen der böse Feind mehr als eine Falle stellen, um das Werk des lieben Gottes zu vereiteln ... ein sehr wichtiges Werk![a]

---

a) *Die Letzten Worte der Theresia Martin* fügen den folgenden Text hinzu (dessen Echtheit jedoch nicht feststeht).
Einige Tage später — ich hatte sie gebeten, einen Abschnitt des Manuskripts noch einmal zu lesen, weil er mir unvollständig schien — traf ich sie mit Tränen in den Augen an. Als ich fragte, weshalb sie weine, erwiderte sie mit der Einfalt eines Engels:
„Was ich in diesem Heft wieder lese, ist so ganz meine Seele! ... Mutter, diese Seiten werden viel Gutes wirken. Durch sie wird man die Milde des lieben Gottes besser kennenlernen ..."
Und in seherischem Ton fügte sie hinzu:
„Oh, ich weiß wohl, alle Menschen werden mich lieben ..."

3
... Jetzt werde ich nicht mehr schreiben!

4
Oh, wie krank ich bin! ... Denn wissen Sie ... mit Ihnen!
Weil sie nicht mehr mit mir sprechen konnte.

5
... Ich liefere mich gänzlich aus, ich werde so lange warten, wie Er will.

6
... Wie gut hat der liebe Gott daran getan zu sagen: „Im Hause meines Vaters sind viele Wohnungen"[2].
(Es handelte sich um einen sehr abgetöteten Priester, der es sich sogar versagte, etwas gegen seinen unerträglichen **Juckreiz zu tun**.)
... Ich töte mich lieber auf andere Weise ab und nicht in Dingen, die so auf die Nerven gehen; ich hätte mich nicht so beherrschen können.

7
Es hatte Ärger gegeben wegen des Eises, und ich hatte geweint. Ich fragte sie, ob das nicht recht war, und um mich zu trösten, sagte sie:
Sie sind immer reizend!

8
Denken Sie an Ihre Brüder, die Missionare?
Ich dachte sehr häufig an sie, aber seit ich krank bin, denke ich überhaupt nicht mehr viel.

9
Einer dieser Missionare[3] hatte ihr für den Weihnachtstag 1896 eine Messe versprochen. Sie erzählte mir, wie

enttäuscht sie war, als sie erfuhr, daß er die Messe an diesem Tag nicht hatte feiern können.

... Und ich, die ich mich zu jener Stunde mit solcher Seligkeit vereinigt hatte! Ah! Auf der Erde ist alles ungewiß!

2. August

1
Ich habe große Lust, Ihr Herz konservieren zu lassen wie das von Mutter Genoveva.
Zu Sr. Genoveva:
Tun Sie, wie Sie wollen!
Ich hatte diese Absicht fallenlassen, weil es mir zu abstoßend vorkam, und ich sagte ihr das. Sie schien darüber eher traurig zu sein. Ich erriet, was sie dachte. Wir würden uns eines Trostes berauben, den sie uns nicht durch ein Wunder gewähren würde, wußte sie doch, daß sie nicht konserviert werden würde.
Schließlich sagte sie zu mir:
Sie sind zu unschlüssig, Mütterchen, das habe ich oft festgestellt in meinem Leben ...

2
Wir hatten unter uns darüber gesprochen, daß man von der verborgenen Tugend oft so wenig Notiz nimmt.
... Das ist mir im Leben unseres Vaters Johannes vom Kreuz aufgefallen, von dem man gesagt hat: „Der Bruder Johannes vom Kreuz! Aber der ist ja noch nicht einmal ein durchschnittlicher Ordensmann!"

3
Was den Himmel betrifft, so hege ich keine großen Wünsche. Ich werde mich freuen, hineinzukommen, das ist alles!

4
Von mir wird man nicht sagen können: „Sie stirbt, weil sie nicht stirbt"⁴. Wie ich Ihnen schon gesagt habe: meine Natur — ja, die verlangt nach dem Himmel! Aber die Gnade in meiner Seele hat große Macht über meine Natur gewonnen, und jetzt kann ich dem lieben Gott nur mehr wiederholen:

Lange noch will ich leben
Herr, wenn so Du's gedacht,
Dir nach zum Himmel streben,
Wenn es Dir Freude macht.
Die drüben die Himmlischen erben,
Die Liebe verzehrt mich schon hier.
Was kümmert mich Leben, was Sterben,
Mein Glück ist die Liebe zu Dir!⁵

5
Zu Sr. Genoveva:
Alles geht vorüber auf dieser sterblichen Erde, sogar „bébé", aber sie wird wiederkommen.
Sr. Genoveva küßte die Füße des Gekreuzigten.
Sie gehorchen nicht „bébés" Lehre! Küssen Sie Ihn sogleich auf beide Wangen und lassen Sie sich küssen.

6
Nicht nur, wenn die andern mich unvollkommen finden, empfinde ich eine lebhafte Freude, sondern besonders, wenn ich selber mich unvollkommen finde. Das ist viel besser als alle Komplimente, die mich langweilen.

3. August

1
Wie sind Sie zu diesem unwandelbaren Frieden gelangt, der Ihnen zuteil geworden ist?
Ich habe mich selbst vergessen und mich bemüht, in nichts mich selber zu suchen.

2
Ich sagte, sie habe viel kämpfen müssen, um zur Vollkommenheit zu gelangen.
Oh! Es ist nicht das![a]

3
Eine Schwester hatte ihr weh getan; sie sagte in einem ernsten und zärtlichen Ton zu mir:
Ich sage Ihnen offen: Ich muß Sie um mich sehen in den letzten Tagen meines Lebens.

4
O Schwesterchen, betet für die armen Sterbenskranken. Wenn Ihr wüßtet, was da vor sich geht! Wie wenig es braucht, um die Geduld zu verlieren! Man muß barmherzig sein mit jedermann ... Das hätte ich früher nicht geglaubt.

---

a) *Die Letzten Worte der Theresia Martin* fügen den folgenden Text hinzu (dessen Echtheit nicht feststeht).
Und etwas später:
„Die Heiligkeit liegt nicht in dieser oder jener Übung, sondern sie ist eine *Gesinnung des Herzens*, die uns demütig macht und klein in den Armen Gottes, unserer Schwachheit bewußt und bis zur Verwegenheit vertrauend auf seine Vatergüte."

5
Ich sprach zu ihr über Mortifikationen mit Bußwerkzeugen.
... In diesem Punkt muß man sehr maßvoll sein, denn da mischt sich oft mehr die Natur ein als etwas anderes.[a]

6
Zu uns dreien:
Man muß sorgfältig auf die Regeltreue achten. Bleibt nicht nach einem Besuch im Sprechzimmer beisammen, um miteinander zu reden, denn das ist dann wie zu Hause, man versagt sich nichts.
An mich gewandt:
Mutter, das ist das Allernützlichste.

7
Oh, wie mich meine kleine Schulter foltert! Wenn Sie wüßten!
Man will ihr Watte auflegen.
Nein, Sie sollen mir nicht mein kleines Kreuz nehmen.

---

a) *Die Letzten Worte der Theresia Martin* fügen hinzu: In diesem Zusammenhang hatte sie schon vorher einmal zu mir gesagt:
„Was die körperliche Buße anlangt, so ist mir eine Stelle im Leben des seligen Heinrich Seuse aufgefallen. Er hatte schreckliche Bußwerke verrichtet, die seine Gesundheit untergraben hatten. Da erschien ihm ein Engel, gebot ihm aufzuhören und sagte: ‚Bis jetzt hast du nur als einfacher Soldat gekämpft; jetzt werde ich dich zum Ritter schlagen.' Damit erschloß er dem Heiligen das Verständnis für die Überlegenheit des geistlichen Kampfes über die körperliche Abtötung.
Sehen Sie, Mütterchen, der liebe Gott wollte mich nicht als einfachen Soldaten haben, ich bin gleich zum Ritter geschlagen worden und zum Krieg gegen mich selber angetreten im geistlichen Bereich durch Selbstverleugnung, durch kleine, verborgene Opfer; in diesem Kampf

im Verborgenen, in dem die Natur gar nicht zum Zuge kommt, habe ich den Frieden und die Demut gefunden."

8
Ich leide schon lange, aber nur kleine Schmerzen. Seit dem 28. Juli sind es große Schmerzen.

9
Die Krankheit nahm einen verwirrenden Verlauf, und eine von uns sagte:
Woran werden Sie denn eigentlich sterben?
Aber am Tod werde ich sterben! Hat nicht der liebe Gott dem Adam mit folgenden Worten gesagt, woran er sterben wird: „Du wirst des Todes sterben"[6]. Das ist es ganz einfach.

4. August

1
Heute nacht habe ich viele und schreckliche Alpträume gehabt, aber im schlimmsten Augenblick sind Sie zu mir gekommen, und da hatte ich keine Angst mehr.

2
... Nein, ich halte mich nicht für eine große Heilige! Ich halte mich für eine ganz kleine Heilige; aber ich glaube, es hat dem lieben Gott gefallen, Dinge in mich hineinzulegen, die mir selber und den andern nützlich sind.

3
Man hatte ihr einen Bund Ähren gebracht, sie zog die schönste heraus und sagte zu mir:
Mutter, diese Ähre ist das Gleichnis meiner Seele: der liebe Gott hat mich mit Gnaden beladen für mich selber und für viele andere ...
Dann, weil sie befürchtete, sich einem hochmütigen Gedanken hingegeben zu haben:
O wie gerne möchte ich gedemütigt und mißhandelt

werden, um zu sehen, ob ich wirklich die Demut des Herzens besitze! ... Und doch, wenn ich früher gedemütigt wurde, war ich sehr glücklich ... Ja, es scheint mir, daß ich demütig bin. ... Der liebe Gott zeigt mir die Wahrheit; ich fühle so gut, daß alles von Ihm kommt.

4
Wie leicht läßt man sich entmutigen, wenn man sehr krank ist! ...
Oh, wie fühle ich, daß ich den Mut verlieren würde, wenn ich nicht den Glauben hätte! Oder vielmehr, wenn ich nicht den lieben Gott liebte.

5
Erst im Himmel werden wir die Wahrheit über alle Dinge erkennen. Auf der Erde ist das unmöglich. Das gilt sogar für die Heilige Schrift. Ist es nicht traurig, all die Unterschiede in der Übersetzung zu sehen? Wäre ich Priester gewesen, ich hätte Hebräisch und Griechisch gelernt, ich hätte mich nicht mit Latein begnügt. So hätte ich den wahren Text kennengelernt, den der Heilige Geist diktiert hat.

6
Während des innerlichen Gebets bin ich für eine Sekunde eingeschlafen. Da habe ich geträumt, man habe zu wenig Soldaten für einen Krieg.
Sie haben gesagt: Wir müssen Schwester Theresia vom Kinde Jesus schicken. Ich habe erwidert, daß ich lieber für einen heiligen Krieg ausgezogen wäre. Schließlich bin ich trotzdem gegangen.
O nein, ich hätte keine Angst, in den Krieg zu ziehen. Mit welcher Freude wäre ich zum Beispiel zur Zeit der **Kreuzzüge** aufgebrochen, um die Häretiker zu bekämpfen. Ich hätte mich nicht gefürchtet, von einer Kugel getroffen zu werden, das können Sie mir glauben!

7

Und ich, die ich das Martyrium wünschte[7], ist es möglich, daß ich im Bett sterbe?!

8

Wie haben Sie jetzt Ihr kleines Leben eingerichtet?
Mein kleines Leben besteht darin, daß ich leide, und das ist alles! Ich könnte nicht sagen: Mein Gott, das ist für die Kirche, mein Gott, das ist für Frankreich ... usw. ... Der liebe Gott weiß genau, was Er damit machen soll; ich habe Ihm alles gegeben, um Ihm Freude zu machen. Und übrigens würde es mich zu sehr anstrengen, Ihm zu sagen: Gib das dem Peter, gib das dem Paul. Das tue ich nur schnell, wenn eine Schwester mich darum bittet, und nachher denk' ich nicht mehr daran. Wenn ich für meine Missionsbrüder bete, opfere ich nicht meine Leiden auf. Ich sage ganz einfach: Mein Gott, gib ihnen alles, was ich mir für mich selber wünsche.

5. August

1

Es war sehr warm, und der Sakristan hatte uns bemitleidet, weil wir so schwere Habite tragen.
Ach! Im Himmel wird es uns der liebe Gott vergelten, daß wir aus Liebe zu Ihm auf Erden so schwere Habite getragen haben.

2

Als sie feststellte, daß sie sich kaum mehr bewegen konnte: David sagte in den Psalmen: „Ich bin wie die Heuschrecke, die dauernd ihren Platz wechselt"[8]. Nun, das kann ich von mir wohl nicht sagen! Ich möchte gerne spazierengehen, aber mein Bein ist angebunden!

3
... Wenn die Heiligen hinter mir die Pforte des Himmels geschlossen haben werden, werden sie singen:
Endlich haben wir dich,
Du kleine graue Maus,
Endlich haben wir dich,
Und wir werden dich behalten!
(Ein kleines Lied, das ihr wieder einfiel.)

4
Sr. Maria vom Heiligen Herzen sagte zu ihr, bei ihrem Tod würden die Engel kommen und Unsern Herrn begleiten, umd sie würde sie in all ihrem Glanz und ihrer Schönheit sehen.
... Alle diese Bilder nützen mir nicht, ich kann mich nur von der Wahrheit nähren. Deshalb habe ich auch nie nach Visionen verlangt. Auf der Erde kann man nicht den Himmel, die Engel so sehen, wie sie sind. Ich warte lieber bis nach meinem Tod.

5
Während der Vesper habe ich gedacht, Mütterchen, daß Sie meine Sonne sind.

6
Ich bin eingeschlafen und habe geträumt, daß Sie sich über mich neigen, um mich zu küssen; ich wollte Sie auch küssen, aber da bin ich gleich aufgewacht, ganz erstaunt darüber, daß mein Kuß ins Leere gegangen ist!

7
Man hatte ihr Bett noch nicht in die Mitte der Krankenwärterei gestellt, es stand noch hinten in der Ecke. Für das Fest der Verklärung Unseres Herrn am nächsten Tag, dem 6. August, hatten wir aus dem Chor das Heilige Antlitz, das sie sehr liebte, geholt, den Rahmen

mit Blumen und Lichtern umgeben und es an der Wand zu ihrer Rechten angebracht. Sie schaute das Bild an und sagte zu mir:
Wie gut hat Unser Herr daran getan, die Augen zu senken, als Er uns Sein Bildnis gab! Denn die Augen sind der Spiegel der Seele, und wenn Er uns Seine Seele geoffenbart hätte, wären wir vor Freude gestorben.
Oh, wieviel Gutes hat dieses Heilige Antlitz mir zeit meines Lebens getan. Als ich meinen Lobgesang „Aus Liebe leben" verfaßte, hat Er mir geholfen, so daß es mir ganz leichtgefallen ist. Während des Stillschweigens am Abend habe ich 15 Strophen, die ich untertags verfaßt hatte, ohne Notizen zu machen, aus dem Gedächtnis niedergeschrieben. Als ich an jenem Tag nach der Gewissenserforschung ins Refektorium ging, hatte ich gerade die Strophe verfaßt:
Aus Liebe leben heißt, Dein Leid versüßen
Und Sündern Nachlaß wirken ihrer Schuld.
(Geschichte einer Seele, 1936, S. 423)

8
Ich sage mit Job: „Am Morgen hoffe ich, den Abend nicht mehr zu erleben; am Abend hoffe ich, den Morgen nicht mehr zu sehen"[9].

9
... Diese Worte von Isaja: „Wer glaubt deinem Wort ... er ist ohne Schönheit und Gestalt ... usw."[10] haben den Grund gelegt für meine Andacht zum Heiligen Antlitz, oder besser gesagt, für meine ganze Frömmigkeit. Auch ich möchte ohne Schönheit sein, allein, um den Wein in der Kelter zu treten, allen Geschöpfen unbekannt ...

10
Wegen einer vertraulichen Mitteilung, die ich ihr machte, sagte sie:

Eine Mutter Priorin müßte immer so wirken, als kenne sie keinen Schmerz. Es ist so gut und verleiht so viel Kraft, wenn man gar nicht von seinen Sorgen spricht! Zum Beispiel soll man nie etwas sagen wie: Sie haben Unannehmlichkeiten und Schwierigkeiten, ich habe dieselben und noch viele mehr usw.

6. August

1

Sie hatte gehofft, in der Nacht zu sterben, und gleich am Morgen sagte sie mir:
Die ganze Nacht habe ich aufgepaßt wie das kleine Mädchen im Lied vom Weihnachtsschühlein...[11]
Unablässig habe ich das Heilige Antlitz betrachtet... Ich habe eine ganze Menge Versuchungen zurückgeschlagen... Ah! Ich habe eine ganze Menge Glaubensakte erweckt...
Auch ich kann sagen: „Ich blickte zur Rechten und schaute, keiner ist da, der um mich wüßte"[12]... Ich will damit sagen, niemand, der den Zeitpunkt meines Todes wüßte... Die Rechte bedeutet für mich die Seite, wo Sie für mich sind.
Dann schaute sie die Statue der Heiligen Jungfrau an und sang mit sanfter Stimme:
Wann wird er kommen, geliebte Mutter,
Wann wird er kommen, der schöne Tag,
Wo ich aus meiner Verbannung hienieden
Eingehen werde ins ewige Leben?

2

Der heftige Schmerz in ihrer Seite hatte in der Nacht aufgehört. Herr de Cornière horchte sie ab und fand sie genauso krank wie vorher, sie aber bezweifelte, daß sie bald sterben würde.
Ich bin wie ein armer kleiner Robinson auf seiner Insel. Solange man mir nichts versprochen hatte, war ich genauso in der Verbannung, aber ich dachte nicht daran,

meine Insel zu verlassen. Nun aber kündigt man mir ein Schiff an, das mich bald in mein Vaterland zurückbringen wird, und so bleibe ich an der Küste und schaue ... und da ich am Horzont nichts auftauchen sehe, sage ich mir: Sie haben mich getäuscht? Ich werde nicht fortkommen!

3
Sie zeigte mir im kleinen Brevier vom Heiligen Herzen die Worte, die Unser Herr zur seligen Marguerite-Marie gesprochen hatte und die sie am Himmelfahrtstag gezogen hatte:
„Das Kreuz ist das Bett meiner Bräute, dort werde ich dich die Wonnen meiner Liebe verkosten lassen."
Und sie erzählte mir, daß einmal eine Schwester aus demselben Buch gezogen hatte und auf eine strenge Stelle gekommen war; da hatte sie sie aufgefordert, nun ihrerseits zu ziehen, und sie zog das folgende Wort: „Vertrau dich Mir an ..."

4
Ich kann mich für mein Vertrauen auf nichts, auf keines meiner Werke stützen. So wäre ich froh gewesen, mir sagen zu können, ich habe alle meine Totenoffizien gebetet. Aber diese Armut ist für mich ein wahres Licht, eine wahre Gnade gewesen. Ich habe mir gedacht, daß ich nie in meinem Leben auch nur eine einzige von meinen Schulden dem lieben Gott gegenüber hätte abtragen können, daß gerade darin für mich ein wahrer Reichtum und eine Kraft liegen, wenn ich es nur will. Deshalb habe ich so gebetet: O mein Gott, ich flehe Dich an, tilge die Schuld, die ich gegen die Seelen im Fegefeuer eingegangen bin, aber tu es als Gott, weil es dann unendlich wertvoller ist, als wenn ich meine Totenoffizien verrichtet hätte. Und mit inniger Freude habe ich an das Wort aus dem Lobgesang des heiligen Johannes vom Kreuz gedacht: „Tilge jede Schuld"[13]. Ich hatte das immer auf die Liebe bezogen ... Ich fühle, daß

diese Gnade sich nicht wiedergeben läßt ... Die Seligkeit war zu groß! Ganz arm sein, einzig auf den lieben Gott zählen, das verleiht einen unbeschreiblich tiefen Frieden.

5

... O wie wenige vollkommene Ordensfrauen gibt es doch, die nichts nur halb tun, weil sie sich sagen: Dazu bin ich schließlich nicht verpflichtet ... Es ist nicht weiter schlimm, wenn ich hier spreche, wenn ich mich mit dem begnüge ... Wie selten sind jene, die alles so gut wie möglich machen! Und doch sind gerade diese die Glücklichsten. Wie gut ist zum Beispiel das Stillschweigen für die Seele, wie viele Verstöße gegen die Liebe und wieviel Kümmernisse aller Art vermeidet man dadurch. Ich spreche vor allem vom Stillschweigen, weil gegen diesen Punkt am meisten gefehlt wird.

6

Wie stolz war ich, wenn ich beim Offizium Hebdomadarin[14] war und mitten im Chor mit lauter Stimme die Orationen sprach! Ich dachte daran, daß der Priester bei der Messe die gleichen Worte sprach und daß ich gleich ihm das Recht hatte, ganz laut vor dem Allerheiligsten Sakrament zu beten, den Segen und die Absolutionen zu spenden und das Evangelium vorzulesen, wenn ich erste Kantorin war.

... Aber ich kann sagen, das Offizium war gleichzeitig meine Seligkeit und mein Martyrium, denn obgleich ich so sehr wünschte, es gut zu rezitieren und keine Fehler zu machen, kam es doch vor, daß ich manchmal infolge einer völlig unfreiwilligen Zerstreuung den Mund nicht auftat, wenn der Augenblick gekommen war, obwohl ich eine Minute vorher überdacht hatte, was ich zu sagen hatte. Und doch glaube ich nicht, man hätte sehnlicher als ich wünschen können, das Offizium auf vollkommene Weise zu rezitieren und am Chorgebet teilzunehmen.

... Darum habe ich volles Verständnis für die Schwestern, die etwas vergessen oder einen Fehler machen.

7

Sr. St. Stanislas, ihre erste Krankenwärterin, war während der Vesper weggegangen und hatte dabei Tür und Fenster der Krankenwärterei offen gelassen, so daß ein starker Luftzug herrschte. Als unsere Mutter sie (Theresia) in dieser Situation vorfand, war sie sehr verärgert und verlangte eine Erklärung:a)

---

a) Die Grünen Hefte bringen dazu folgende Einzelheiten: Eine der Krankenwärterinnen hatte sie immer zur Vesperzeit in einem starken Luftzug zurückgelassen. Sr. Theresia vom Kinde Jesus hatte ihr durch ein Zeichen angedeutet, sie möge die Tür schließen. Aber die Schwester verstand sie nicht. Sie glaubte, Theresia wünsche eine Decke, und so legte sie ihr eine Decke auf die Füße. Theresia versuchte zu sprechen, aber infolge ihrer Beklemmung konnte sie sich noch immer nicht verständlich machen, und die gute Schwester brachte eine weitere Decke, ein Kissen usw., weil sie glaubte, Theresia sei kalt. Die arme Kleine war ganz erstickt, versuchte aber keine weitere Erklärung.
Als Sr. XXX von der Vesper zurückkam, bemerkte sie den Luftzug und wie die Last aller dieser Decken die sanfte Kranke erstickte und äußerte ganz laut ihre Mißbilligung. Unsere Mutter kam und forderte eine Erklärung von Sr. Theresia vom Kinde Jesus, die bei diesem Anlaß ebensoviel Liebe wie Geduld bewies.
Theresia sagte zu mir:
Ich habe unserer Mutter die Wahrheit gesagt, aber während ich redete, ist mir eine Form eingefallen, die der Liebe besser entspricht als jene, die ich zuerst verwenden wollte, obgleich auch die nicht schlimm war, ganz gewiß nicht; ich folgte meiner Eingebung, und der liebe Gott hat es mir durch einen großen inneren Frieden vergolten.

8

Am Abend während der Matutin fragte ich sie, wie sie das verstehe: „Vor dem lieben Gott ein kleines Kind bleiben." Sie erwiderte:
Es besteht darin, daß man sein Nichts anerkennt, alles vom lieben Gott erwartet, so wie ein kleines Kind alles von einem Vater erwartet; daß man sich um nichts Sorgen macht, kein Vermögen erwirbt. Auch bei den Armen gibt man dem Kind, was es braucht, sobald es aber groß wird, will sein Vater es nicht mehr erhalten. Er sagt zu ihm: Jetzt mußt du arbeiten, du kannst dich jetzt selber erhalten.
Weil ich das nicht hören wollte, wollte ich nicht groß werden, denn ich fühlte mich unfähig, meinen Lebensunterhalt zu verdienen, nämlich das ewige Leben im Himmel. So bin ich immer klein geblieben, und meine einzige Beschäftigung bestand darin, Blumen zu pflükken[15], Blumen der Liebe und des Opfers, um sie dem lieben Gott anzubieten zu seiner Freude.
Klein sein heißt auch, nicht die Tugenden, die man übt, sich selber zuschreiben, nicht sich selber zu irgend etwas fähig halten, sondern anerkennen, daß der liebe Gott diesen Schatz in die Hand seines kleinen Kindes legt, damit es ihn benützt, wenn es ihn braucht; aber der Schatz gehört immer dem lieben Gott. Schließlich heißt es, daß man sich nie durch seine Fehler entmutigen läßt, denn Kinder fallen oft, aber sie sind zu klein, um sich sehr weh zu tun.

7. August

1

Sr. X . . ., die ausgetreten ist[16], wollte mir ihr Herz ausschütten, obgleich ich nicht mehr Priorin bin.
. . . Hören Sie sie ja nicht an, auch wenn sie wie ein Engel wäre. Es würde Sie sehr unglücklich machen, weil Sie darin nicht Ihre Pflicht erfüllten; es wäre eine

Schwäche, die dem lieben Gott gewiß Schmerz bereiten würde.

2
... O wie wenig wird der liebe Gott auf Erden geliebt! ... Sogar von den Priestern und Ordensleuten ... Nein, der liebe Gott wird nicht sehr geliebt ...

3
Sie zeigte mir die Photographie von Unserer Lieben Frau vom Siege, auf die sie das Blümchen aufgeklebt hatte, das Papa ihr in den Buisonnets an jenem Tag gegeben hatte, als sie ihm von ihrer Berufung sprach[17]; die Wurzel war abgebrochen, und es sah so aus, als hielte das Jesuskind die Blume in der Hand und als lächelten das Kind und die Heilige Jungfrau sie an.
... Daß dieses Blümchen seine Wurzel verloren hat, will Ihnen sagen, daß ich im Himmel bin ... deshalb tun sie mir so schön ...
(die Heilige Jungfrau und das Jesuskind).

4
Oh, wenn ich untreu wäre, wenn ich auch nur die geringste Untreue beginge, ich fühle, ich würde mit schrecklicher Unruhe dafür zahlen müssen und ich könnte den Tod nicht mehr annehmen. Darum sage ich unaufhörlich zum lieben Gott: „O mein Gott, ich bitte Dich, bewahre mich vor dem Unglück, untreu zu sein."

Von was für einer Untreue sprechen Sie denn?

Von einem willentlich genährten Gedanken des Hochmuts. Wenn ich mir zum Beispiel sagen würde: Diese Tugend habe ich erworben, ich weiß, daß ich sie üben kann. Denn das würde heißen, daß man sich auf die eigenen Kräfte verläßt, und wenn man dahin kommt, läuft man Gefahr, in den Abgrund zu stürzen. Dagegen werde ich das Recht haben, bis zu meinem Tod kleine

Dummheiten zu machen, ohne den lieben Gott dadurch zu beleidigen, wenn ich nur demütig bin, wenn ich nur ganz klein bleibe. Schauen Sie die kleinen Kinder an: Sie haben ihre Eltern sehr, sehr lieb, und doch zerreißen und zerbrechen sie unaufhörlich etwas und fallen immer wieder hin. Wenn ich auf diese Weise falle, so bringt mir das mein Nichts noch mehr zum Bewußtsein, und ich sage mir: Was würde ich tun, was würde aus mir werden, wenn ich mich auf meine eigenen Kräfte stützte?!...

Ich verstehe sehr gut, daß der heilige Petrus gefallen ist[18]. Dieser arme heilige Petrus hat sich auf sich selber verlassen, anstatt einzig auf die Kraft des lieben Gottes. Ich schließe daraus, daß meine Versuchungen noch ärger sein würden und ich bestimmt fallen würde, wenn ich sagte: „O mein Gott, Du weißt wohl, ich liebe Dich zu sehr, um mich bei einem einzigen Gedanken gegen den Glauben aufzuhalten."

Ich bin sicher, hätte Petrus demütig zu Jesus gesagt: „Ich bitte Dich, gib mir die Kraft, Dir bis in den Tod zu folgen", er hätte sie sogleich erhalten.

Auch bin ich sicher, daß Unser Herr seinen Aposteln durch seine Lehren und seine sinnlich wahrnehmbare Gegenwart nicht mehr sagte, als Er uns durch die guten Eingebungen seiner Gnade sagt. Er hätte ohne weiteres zum heiligen Petrus sagen können: Erbitte von mir die Kraft, um zu vollbringen, was du willst. Aber nein, Er tat es nicht, denn Er wollte ihm seine Schwäche zum Bewußtsein bringen und an sich selber erfahren lassen, was der Mensch ohne die Hilfe Gottes vermag, bevor Er ihm die ganze Kirche, die voller Sünder ist, zur Leitung anvertraute.

... Vor seinem Fall sagte Unser Herr zu ihm: „Nach deiner Umkehr stärke deine Brüder"[19]. Damit wollte Er sagen: Überzeuge sie aus eigener Erfahrung von der Unzulänglichkeit der menschlichen Kräfte.

5
Ich möchte Sie immer bei mir haben, Sie sind meine Sonne.

8. *August*

1
Ich sagte ihr, ich würde ihre Tugenden später zur Geltung bringen.
Nur den lieben Gott darf man zur Geltung bringen, denn an meinem kleinen Nichts ist nichts zur Geltung zu bringen.

2
Sie betrachtete durch das Fenster der Krankenwärterei den Himmel, und Sr. Maria vom Heiligen Herzen sagte zu ihr: „Mit wieviel Liebe Sie den Himmel anschauen!" In diesem Augenblick war sie besonders müde, und so antwortete sie nur mit einem Lächeln. Später vertraute sie mir an, was sie gedacht hatte.
Ah! Sie glaubt, ich betrachte das Firmament und denke dabei an den wahren Himmel! Aber nein, es ist ganz einfach, weil ich den natürlichen Himmel bewundere; der andere ist mir mehr und mehr verschlossen. Gleich darauf aber habe ich mit mir mit inniger Freude gesagt: O ja doch! Ich betrachte den Himmel wirklich aus Liebe, ja es geschieht aus Liebe zum lieben Gott, denn alles, was ich tue, jede Bewegung, jeder Blick — seit meiner Weihe als Schlachtopfer der Liebe[20] geschieht alles aus Liebe.

3
Heute habe ich an mein vergangenes Leben gedacht, an meinen Akt der Tapferkeit damals zu Weihnachten[21], und dabei ist mir das Lob eingefallen, das man Judith gespendet hat: „Du hast mit männlichem Mut gehan-

delt, und dein Herz ist gestärkt worden"[22]. Viele Seelen sagen: Aber ich habe nicht die Kraft, dieses Opfer zu bringen. Mögen sie doch tun, was ich getan habe — eine große Anstrengung machen. Der liebe Gott versagt nie diese erste Gnade, die den Mut zum Handeln gibt; danach wird das Herz stark, und man schreitet von Sieg zu Sieg.

4
Hätten Unser Herr und die Heilige Jungfrau nicht selber an Festmahlen teilgenommen, ich hätte nie den Brauch verstanden, daß man seine Freunde zum Essen einlädt. Mir schien, beim Essen sollte man sich verbergen, oder wenigstens müßte die Familie unter sich bleiben. Einander einladen ja, aber nur, um miteinander zu sprechen, einander von Reisen, von Erinnerungen zu erzählen, mit einem Wort um geistiger Dinge willen.
Mir tat immer das Personal leid, das bei großen Festessen bediente. Wenn sie das Pech hatten, ein paar Tropfen auf die Serviette oder auf einen der Gäste fallen zu lassen, dann sah ich den strengen Blick der Dame des Hauses auf die Armen gerichtet, die vor Scham erröteten, und während ich innerlich aufbegehrte, sagte ich mir: Wie klar beweist dieser Unterschied zwischen Herrn und Dienern hier auf Erden, daß es einen Himmel gibt, wo jeder nach seinen inneren Verdiensten seinen Platz erhalten wird, wo alle an der Tafel des Familienvaters sitzen werden. Wer aber wird dann unser Diener sein, da doch Jesus gesagt hat: „Er werde kommen und gehen und uns bedienen"[23]! Das wird vor allem für die Armen und Kleinen der Augenblick sein, da sie für ihre Verdemütigungen reichlich belohnt werden.

9. August

1

Ich sagte von ihr: Unser Krieger ist ja ganz niedergeschlagen!
Ich bin nicht ein Krieger, der mit irdischen Waffen gekämpft hat, sondern mit „dem Schwert des Geistes, welches das Wort Gottes ist"[24]. So hat mich auch die Krankheit nicht unterkriegen können, und erst gestern abend habe ich mich einer Novizin gegenüber meines Schwertes bedient. Ich hab's gesagt: Ich werde mit den Waffen in der Hand sterben.

2

Über ihr Manuskript:
Es wird darin für jeden Geschmack etwas zu finden sein, nur nichts über die außergewöhnlichen Wege.

3

Sie sind für mich wieder das geworden, was Sie mir in meiner Kindheit waren ... Ich kann nicht sagen, was Sie für mich sind!

4

Man sagte ihr, sie sei eine Heilige.
Nein, ich bin keine Heilige; ich habe nie die Taten der Heiligen vollbracht. Ich bin eine ganz kleine Seele, die der liebe Gott mit Gnaden überhäuft hat, das bin ich. Was ich sage, ist die Wahrheit. Im Himmel werden Sie es sehen.

10. August

1

Sie betrachtete das am Vorhang ihres Bettes angesteckte Bild des Théophane Vénard. Es stellt den Missionar dar, wie er mit dem Finger zum Himmel weist.

Glauben Sie, daß er mich kennt! Schauen Sie, was er **mir zeigt** ... Gerade so gut hätte er nicht diese Haltung haben können ...

2

Man sagte ihr, daß Seelen, die wie sie zur vollkommenen Liebe gelangt sind, ihre eigene Schönheit sehen[25], und daß sie eine von ihnen sei.
Welche Schönheit? ... Ich sehe durchaus nicht meine Schönheit, ich sehe nur die Gnaden, die ich vom lieben **Gott empfangen** habe. Sie irren sich immer; Sie wissen also nicht, daß ich weiter nichts bin als ein ganz kleiner Kern ... eine kleine Mandel ...
(Ich bin gestört worden und habe die nachfolgende Erklärung nicht aufschreiben können.)

3

Indem sie mit einem lustigen, liebreizenden Ausdruck das Bild von Th. Vénard anschaute:
... Ah! Aber! ...
Warum sagen Sie: Ah! Aber!, fragte Sr. Genoveva.
Weil er jedes Mal, wenn ich ihn anschaue, auch mich anschaut, und dabei sieht es so aus, als ob er mich aus dem Augenwinkel verschmitzt beobachte.

4

Man zeigte ihr eine Photographie von Jeanne d'Arc in ihrem Gefängnis.
Die Heiligen machen auch mir Mut in meinem Gefängnis. Sie sagen mir: Solange du in Ketten liegst, kannst du deine Sendung nicht erfüllen; aber später, nach deinem Tod, wird die Zeit der Arbeit und der Eroberungen für dich anbrechen.

5

Ich denke an die Worte des heiligen Ignatius von Antiochien: „Auch ich muß durch das Leiden gemahlen werden, um zu Weizen Gottes zu werden"[26].

6
Während der Matutin:
Wenn Sie wüßten, was Sie mir sind! Aber ich sage Ihnen immer dasselbe.

7
... Ich sprach ihr vom Himmel, von Unserm Herrn und von der Heiligen Jungfrau, die dort mit Leib und Seele sind.
Sie stieß einen tiefen Seufzer aus:
Ah!...
Wollen Sie mir damit sagen, wie schwer Sie unter Ihrer Versuchung leiden?[27]
Ja!... Ist es möglich, daß man den lieben Gott und die Heilige Jungfrau so liebt und dabei solche Gedanken hat?... Aber ich halte mich nicht dabei auf.

11. August

1
... Ich habe immer gefunden, Mütterchen, daß Sie mit zuviel Eifer bei der Arbeit sind — (es handelte sich um Wäschewaschen).

2
Ich sagte ihr, nach ihrem Tod würden wir sehr tugendhaft sein, und die Kommunität würde erneuert werden.
... „Wahrlich, wahrlich, Ich sage euch: Wenn das Weizenkorn nicht stirbt, nachdem es in die Erde gefallen ist, bleibt es allein. Wenn es aber stirbt, bringt es viele Frucht"[28].

3
Ich hatte nicht erwartet, daß ich so leiden würde; ich leide wie ein kleines Kind.
... Niemals möchte ich den lieben Gott um größere

Schmerzen bitten; wenn Er sie vermehrt, so werde ich sie mit Vergnügen und Freude tragen, weil sie von Ihm kommen. Aber ich bin zu klein, um aus mir selber die Kraft zu haben. Wenn ich um Leiden bäte, so wären es meine eigenen Leiden, ich müßte sie allein tragen, und ich habe nie allein etwas zustande bringen können.

4
... Die Heilige Jungfrau hat keine Heilige Jungfrau, die sie lieben könnte; sie ist weniger glücklich als wir. (Das hatte sie mir schon früher bei der Rekreation gesagt.)

5
Ich bitte oft die Heiligen, ohne daß sie mich erhören, aber je tauber sie meinen Bitten gegenüber scheinen, desto mehr liebe ich sie.
Warum das?
Weil ich mehr danach verlangt habe, den lieben Gott und die Heiligen nicht zu schauen und in der Nacht des Glaubens zu bleiben, als andere begehren, zu schauen und zu begreifen.

6
Sie hatte uns alles mögliche aus der Zeit der Grippeepidemie erzählt[29]. Am Schluß sagte ich ihr: Wieviel Mühe haben Sie sich gemacht! Und wie freundlich und lieb Sie gewesen sind! Sicher ist all diese Fröhlichkeit nicht aufrichtig, Sie leiden zu sehr an Leib und Seele.
Lachend:
„Ich täusche nie etwas vor", ich bin nicht wie die Frau des Jeroboam[30].

12. August

1
(Sie hatte kommuniziert)
... „Lebt wohl, meine Schwestern, ich trete eine lange Reise an."
(Anspielung auf meine „Abreise" für meine Profeßexerzitien.)

2
Sie betrachtete eine Photographie von P. Bellière als Soldat:
... Diesem Soldaten da mit seiner unternehmenden Miene gebe ich Ratschläge wie einem kleinen Mädchen! Ich zeige ihm den Weg der Liebe und des Vertrauens.

3
Seit der Ähre denke ich noch geringer von mir selber. Aber wie groß ist die neue Gnade, die ich heute früh in dem Augenblick empfangen habe, da der Priester, bevor er mir die Kommunion reichte, das Confiteor anstimmte und die Schwestern es fortsetzten. Ich sah den guten Jesus bereit, sich mir zu schenken, und da schien mir dieses Bekenntnis als eine so notwendige Verdemütigung. „Ich bekenne Gott, dem Allmächtigen, der seligen, allzeit reinen Jungfrau Maria und allen Heiligen, daß ich viel gesündigt habe..." O ja, sagte ich mir, es ist gut, daß man in diesem Augenblick von Gott und allen Heiligen Verzeihung für mich erfleht... Ich fühlte mich wie der Zöllner als eine große Sünderin. Ich fand den lieben Gott so barmherzig! Ich fand es so ergreifend, daß man sich an den ganzen himmlischen Hof wandte, um durch seine Fürsprache die Verzeihung Gottes zu erlangen. Ach, fast hätte ich geweint, und als die Heilige Hostie auf meinen Lippen lag, war ich tief ergriffen.
... Wie außerordentlich ist es doch, daß ich das

während des Confiteor empfunden habe! Ich glaube, es kommt von meiner gegenwärtigen Verfassung; ich fühle **mich so armselig!** Mein Vertrauen ist nicht kleiner geworden, im Gegenteil, und das Wort „armselig" ist nicht richtig, denn ich bin reich an allen göttlichen Schätzen; aber gerade deshalb verdemütige ich mich noch mehr. Wenn ich an alle Gnaden denke, die der liebe Gott mir erwiesen hat, muß ich mich zusammennehmen, um nicht beständig Tränen der Dankbarkeit zu weinen.
... Ich glaube, die Tränen, die ich heute früh vergossen habe, waren Tränen der vollkommenen Reue. Ah, wie unmöglich ist es doch, aus eigenem in sich solche Gefühle hervorzurufen! Es ist der Heilige Geist, der sie gibt, Er, der „weht, wo Er will"[31].

4
Wir erinnerten sie daran, wie sehr sie sich gesträubt hatte, als wir sie beschworen, sich zu schonen, nicht zur gleichen Zeit aufzustehen wie die Kommunität, nicht zur Matutin zu gehen. Sie sagte:
Sie haben mich nicht verstanden, als ich darauf bestand; ich tat es, weil ich sehr wohl fühlte, daß man unsere Mutter beeinflussen wollte. Ich wollte unserer Mutter die ganze Wahrheit sagen, damit sie selbst entscheide. **Ich versichere Sie,** hätte sie von sich aus von mir verlangt, daß ich sogar nicht einmal zur Messe, zur Kommunion, zum Offizium gehe, ich hätte ihr aufs vollkommenste gehorcht.

5
Es ist wirklich unerhört — jetzt, da ich nicht mehr essen kann, habe ich Lust auf alle möglichen leckeren Sachen wie Huhn, Rippchen, den sonntäglichen Reis mit Sauerampfer, Thunfisch! ...

6
... Von mir werden Sie sagen können: „Sie lebte nicht auf dieser Welt, sondern im Himmel, wo ihr Schatz ist."

13. August

Ich teilte ihr einen Gedanken über den Himmel mit, der mir während der Komplet gekommen war.

... Was mich betrifft, so habe ich nur Erleuchtungen, die mich mein kleines Nichts erkennen lassen. Das nützt mir mehr als Erleuchtungen über den Glauben.

14. August

(Kommunion)

... Viele kleine Kümmernisse am heutigen Tag ... Ah! Wie schwer mache ich es doch für Sie!

Während der Matutin sagte ich zur ihr: Heute haben Sie viel Kummer erfahren:

Ja, aber da ich das liebe ... ich liebe alles, was der liebe Gott mir schickt.

15. August

1
(Kommunion)

Ich erinnerte sie an das, was der heilige Johannes vom Kreuz über den Tod der Seelen sagt, die von der Gottesliebe verzehrt werden[32]. Sie seufzte und sagte:

Man wird sagen müssen, daß nur im Grunde meiner Seele „Freude und Verzückung" waren ... Aber das würde die Seelen nicht so ermutigen, wenn man glauben würde, daß ich nicht viel leiden mußte.

Ich fühle wohl, daß Sie in Ängsten sind! Und doch haben Sie mir seit einem Monat so schöne Dinge über den Liebestod gesagt.

Was ich Ihnen sagte, werde ich Ihnen noch öfter sagen.

2
Sie fühlte sich sehr beengt, und da es immer schlimmer wurde, sagte sie zu mir:
Ich weiß nicht, was noch aus mir werden wird!
Beunruhigt Sie der Gedanke, was aus Ihnen werden wird?
Mit einem Lächeln in liebenswürdigem Ton:
O nein! ...

3
Während des Stillschweigens[33] habe ich geträumt, daß Sie zu mir sagten: Es wird Sie sehr ermüden, wenn die Kommunität kommt und alle Schwestern Sie anschauen und Sie gezwungen sind, ein wenig mit ihnen zu sprechen. Ich habe Ihnen erwidert: Ja, aber wenn ich dann einmal da droben bin, werde ich mich von allem ausruhen.

4
Gestern abend bat ich die Heilige Jungfrau, nicht mehr husten zu müssen, damit Sr. Genoveva schlafen könne[34]. Aber ich fügte hinzu: Wenn Du es nicht tust, werde ich Dich noch mehr lieben.

5
Unsere neuen Glocken läuteten zur Vesper. Ich machte die Tür auf, damit sie die Glocken gut hören könne, und sagte: Hören Sie die schönen Glocken läuten. Nachdem sie zugehört hatte:
... Noch nicht ganz schön!

6
Der liebe Gott schenkt mir Mut im Maße meiner Leiden. Ich fühle, daß ich im Augenblick nicht mehr ertragen könnte, aber ich habe keine Angst, denn wenn sie noch stärker werden, so wird Er zugleich auch meinen Mut vermehren.

7
Ich frage mich, wie der liebe Gott sich so lange zurückhalten kann, mich zu holen. ...
... Und dann wird man sagen, Er will mir „weismachen", daß es keinen Himmel gibt! ...
... Und alle die Heiligen, die ich so liebe, wo sind sie wohl „untergebracht"? ...
... Ah! Ich *tu nicht nur so*, sondern es ist wirklich wahr, daß ich kein Zipfelchen davon sehe. Na ja, ich muß in meinem Herzen laut singen:
„Nach dem Tod ist das Leben unsterblich"[35],
sonst würde es schlimm ausgehen ...

8
Nach der Matutin war sie erschöpft, und als man ihre Kissen aufschütteln wollte, sagte sie zu uns:
Jetzt machen Sie mit mir, was Sie wollen.

16. August

1
Sie war so schwach und ihre Beklemmung war so stark, daß sie nicht mehr sprechen konnte.
... Nicht ... einmal ... mehr ... sprechen können ... mit Ihnen! ... Oh! Wenn man wüßte! . Wenn ich den lieben Gott nicht liebte! .. Ja, aber ...

2
Im Sprechzimmer soll man nicht über alles und jedes sprechen, zum Beispiel über Kleider.

3
Sie werden kein „Thereschen" haben, das Sie holen kommt.
Sie schaute lächelnd auf die Statue der Heiligen Jungfrau und dann auf das Bild von Théophane Vénard und wies mit dem Finger zuerst auf die eine und dann auf den andern.

4
Die Engel können nicht leiden, sie sind nicht so glücklich wie ich. Aber wie würden sie sich wundern, wenn sie leiden und fühlen würden, was ich fühle! ... Ja, sie wären sehr erstaunt, denn sogar ich selber bin es.

5
Während der Matutin wachte sie plötzlich auf und schaute mich mit sanftem Lächeln an:
Mein hübsches Mütterchen!

17. August

1
(Kommunion)
Ich fühle wohl, der liebe Gott will, daß ich leide. Die Mittel, die mir helfen sollten und den andern Kranken guttun, bekommen mir schlecht.

2
Man hatte sie gerade gehoben, und da man ihr weh getan hatte, als man das Bett machte und ihr gewisse Akte der Pflege angedeihen ließ, bat sie um einen kleinen Lappen. Man zögerte, ihren Wunsch zu erfüllen, weil man nicht wußte, was sie damit machen wollte. Da sagte sie sanft:
Wenn ich um etwas bitte, müßte man mir glauben, denn ich bin ein sehr braves „kleines Mädchen":
(das heißt, das nur um Unentbehrliches bittet).

Als sie wieder im Bett lag, fühlte sie sich am Ende ihrer Kraft:
Ich bin ein sehr krankes, ja sehr krankes „kleines Mädchen"!

3
Sie legte ein Immergrün auf das Bild des Théophane Vénard; dieses Immergrün habe ich aufbewahrt.

4
Ich werde die Heilige Jungfrau bitten, Ihre Beklemmung zu mildern.
Nein, man muß die da droben machen lassen!

5
Während der Matutin schaute sie das Bild von Théophane Vénard an und sagte:
Ich weiß nicht, was ich habe, ich kann ihn nicht mehr anschauen, ohne zu weinen.

6
Nach der Matutin fühlte sie sich weniger beklommen, und, indem sie auf mich wies, sagte sie zu Sr. Genoveva:
Sie hat zu Maria gebetet, und seither habe ich nicht mehr *Schluckauf* gehabt.
(Diesen Ausdruck verwendete sie zum Lachen und in einem so niedlichen Ton, wenn sie sagen wollte, daß sie bis zum Ersticken gehustet hatte.)

18. August

1
Ich leide sehr, aber leide ich gut? Darauf kommt es an!

2
„Bébé" ist erschöpft! . . .
Während des mittäglichen Stillschweigens hatte ich mich zum Schreiben etwas hinter dem Bett verborgen.
Rücken Sie mehr an die Seite, damit ich Sie sehe.

3
Mama, Sie müssen mir den Brief vorlesen, den Sie für mich bekommen haben[36]. Ich habe es mir versagt, Sie während des innerlichen Gebetes darum zu bitten, als Vorbereitung auf meine morgige Kommunion und weil es nicht erlaubt ist.
(Das war während der Rekreation.)

Als sie sah, daß ich den Bleistift nahm, um das aufzuschreiben:
Ob vielleicht mein Verdienst verlorengeht, weil ich es Ihnen gesagt habe und Sie es aufschreiben?
Sie wollen also Verdienste erwerben?
Ja, aber nicht für mich; für die armen Sünder, für die Bedürfnisse der ganzen Kirche, mit einem Wort, um allen Blumen zu streuen, Gerechten und Sündern.

4
Ich sagte ihr, sie sei sehr geduldig:
Nicht eine Minute habe ich noch Geduld gehabt. Das ist nicht meine eigene Geduld! ... Man täuscht sich fortwährend!

5
Man sagt, daß alle Seelen im Augenblick des Todes vom Teufel versucht werden, und so werde auch ich da hindurch müssen. Aber nein, nicht doch! Ich bin zu klein. Mit den ganz Kleinen kann er nicht ...

6
Ich sagte: Es würde wohl sehr befremdlich für Sie sein, wenn Sie wieder gesund würden?
Wenn es der Wille Gottes wäre, würde ich Ihm dieses Opfer mit Freuden bringen. Aber ich versichere Sie, es wäre nichts Geringes, denn so weit fortgehen und dann wieder zurückkommen! Hören Sie! ...

7
Ich frage mich, was bei meinem Schwächezustand aus mir werden würde, wenn ich auf unserem Bett eine dicke Spinne sähe. Na ja, ich will auch noch diese Ängste für den lieben Gott auf mich nehmen.
... Aber wenn Sie doch die Heilige Jungfrau bäten, es möge nicht geschehen?

19. August

1
Als sie vor der Kommunion hörte, wie man das Miserere — wenn auch mit leiser Stimme — rezitierte, wäre sie fast ohnmächtig geworden. Unter heißen Tränen sagte sie später zu mir:
Vielleicht werde ich noch das Bewußtsein verlieren! Oh, wenn man wüßte, was das heißt, diese Schwäche, die ich fühle.
Heute nacht konnte ich nicht mehr; ich bat die Heilige Jungfrau, sie möge meinen Kopf in ihre Hände nehmen, damit ich es ertragen könne.

2
Bleiben Sie bei mir, Mütterchen, das ist für mich wie eine Stütze, wenn ich Sie um mich habe.

3
Sr. Genoveva reichte ihr das Kruzifix. Sie küßte innig das Gesicht des Gekreuzigten. In diesem Augenblick war sie schön wie ein Engel. Auf diesem Kreuz war das Haupt Christi geneigt. Sie betrachtete es und sagte:
Er, Er ist tot! Mir ist lieber, wenn man Ihn tot darstellt, dann denke ich, Er leidet nicht mehr.

4
Sie erbat gewisse Handreichungen der Pflege, die ihr sehr schwer ankamen, die aber der Arzt unserer Mutter empfohlen hatte. Sr. Genoveva sagte zu ihr, wie man zu einem kleinen Kind spricht: „Wer hat das von ‚bobonne'[37] verlangt?"
„Bébé" aus Treue.

5
Sie streichelte Théophane Vénard beide Wangen. (Das Bild war etwas entfernt von ihr am Vorhang befestigt.)

Warum liebkosen Sie ihn so?
Weil ich ihn nicht küssen kann.

6

Zu Sr. Maria von der Eucharistie:
Man soll sich nicht so quer auf die Stühle setzen. Das steht geschrieben.

7

Zu Sr. Genoveva, die ihre Kissen in Ordnung brachte, ohne dabei auf die Bilder am Vorhang zu achten:
Achtung auf den kleinen Théophane!

8

Wenn wir alle drei gleichzeitig bei ihr waren, wurde zu viel gesprochen; es strengte sie an, weil man zu viele Fragen auf einmal an sie richtete.
„Worüber sollen wir heute reden?"
Am besten wäre es, gar nichts zu sagen, denn — um der Wahrheit die Ehre zu geben — es gibt nichts zu sagen.
„Alles ist gesagt, nicht wahr?"
Mit einem anmutigen Zeichen mit dem Kopf:
Ja!

9

Ganz gleich, was Sie mir sagen, auch die unbedeutendsten Dinge; mir kommen Sie vor wie ein anmutiger Troubadour, der seine Balladen nach immer neuen Melodien singt.
Und sie machte kleine Schlückchen, um mir zu zeigen, daß sie meine Worte trinke.

10

... Ich leide nur einen Augenblick. Man verliert ja nur deshalb den Mut und verzweifelt, weil man an die Vergangenheit und die Zukunft denkt.

20. August

1
Zu Sr. Genoveva in kindlichem Ton:
Sie wissen wohl, daß sie ein todkrankes „bébé" pflegen...
Und dann (indem sie auf ihr Glas wies), man müßte etwas Gutes in das große Glas tun, denn „bébé" hat einen schrecklichen Fäulnisgeschmack im Mund.

2
Sie hatte gebeten, sie wenig zu küssen, denn sie war so schwach, daß der Hauch sie ermüdete.
Darf man Sie bloß ein bißchen streicheln?
Ja, denn die Hände atmen nicht.

3
Man erzählte ihr, wie schwer die arme Mutter Herz Jesu den Krankenwärterinnen ihr Amt mache.
Oh, wie gerne wäre ich Krankenwärterin gewesen, nicht aus natürlicher Neigung, sondern „weil mich die Gnade dazu drängte". Auch glaube ich, ich hätte die Mutter Herz Jesu sehr glücklich gemacht! Ja, ich hätte an all dem Geschmack gefunden... Und ich hätte es mit so viel Liebe getan, ich hätte an das Wort des lieben Gottes gedacht: „Ich war krank, und ihr habt mich erquickt"[38]. Diese schöne Gelegenheit findet man noch selten im Karmel.

4
Mit fröhlicher, verschmitzter Miene:
Bald werde ich in den Schrecken des Grabes sein! Und auch Sie werden eines Tages dort sein, Mütterchen!... Und wenn ich Sie neben mir ankommen sehen werde, „werden meine zerschlagenen Gebeine vor Freude frohlocken"[39].

5
... Sobald ich etwas trinke, passiert mir das. (*Sie hustet und sagt zu ihrem Glas Mundwasser*): Das ist nicht zum Trinken! *Abgewandt:* — Es versteht nicht! — *Lauter:* Das ist nicht zum Trinken, sage ich dir!

6
Sie konnte die Milch nicht mehr sehen, die sie übrigens nie gerne getrunken hatte und die ihr nun heftigen Abscheu einflößte. Ich sagte: „Würden Sie diese Tasse wohl trinken, um mir das Leben zu retten?"
O ja! ... Also gut, schauen Sie, und sollte ich sie nicht aus Liebe zum lieben Gott trinken?
Und sie trank die Tasse in einem Zug leer.

7
Wir versuchten uns in Deutungen des Zeichens †F, mit dem der Mantel der Krankenwärterei gemerkt war.
Nein, es bedeutet nicht, was Sie sagen. Es will sagen, daß man das Kreuz (†) tragen muß, um danach noch über das Firmament (F) hinauf aufzusteigen.

8
Wenn ich sehr leide, bin ich froh, daß ich es bin; ich bin froh, daß es nicht eine von Euch ist.

9
„Mit Dir bin ich am liebsten zusammen, liebes Klärchen."
(Das hatte Mutter Genovevas[40] kleiner Bruder einmal zu dieser gesagt.)

10
Weil sie fühlte, daß sie die Kommunion nicht werde empfangen können, und wegen all der Bemerkungen, die sie zu diesem Thema gehört hatte, war dieser Tag

ein Tag der Herzensangst und der Versuchungen, von denen ich erriet, daß sie schrecklich waren.[a]

---

a) Die Grünen Hefte bringen dazu folgende Einzelheiten: An jenem Tag litt sie an qualvollen Angstzuständen aus folgendem Grund:

Während ihrer Krankheit war für sie die Kommunion, nach der sie sich früher immer so gesehnt hatte, zu einem Gegenstand der Qual geworden. Wegen des Erbrechens, der Beklemmungen, der Schwäche befürchtete sie peinliche Zwischenfälle; sie hätte deshalb gewünscht, wir würden ihr nahelegen, nicht mehr zu kommunizieren. Sie selber wollte diese Verantwortung nicht auf sich nehmen, aber da sie nichts sagte, glaubten wir, ihr einen Dienst zu erweisen, indem wir darauf bestanden, daß sie die Kommunion empfange. Sie bewahrte ihr Schweigen, aber an diesem Tag konnte sie es nicht mehr ertragen und brach in Tränen aus.

Wir ahnten den Grund für ihren Kummer nicht, und wir beschworen sie, ihn uns zu sagen. Aber die durch ihr Schluchzen verursachte Beklemmung war so arg, daß sie nicht nur uns nicht mehr antworten konnte, sondern uns sogar ein Zeichen machte, wir sollten kein einziges Wort mehr sagen, ja sie nicht einmal anschauen.

Nachdem ich mehrere Stunden allein bei ihr geblieben war, wagte ich, mich ihr zu nähern und ihr zu sagen, daß ich den Grund für ihre Tränen sehr wohl erraten hatte. Ich tröstete sie, so gut ich konnte, es schien, als würde sie vor Kummer sterben. Niemals hatte ich sie in solchen Ängsten gesehen.

Sie empfing die heilige Kommunion nicht mehr bis zu ihrem Tod. Am Tag ihrer letzten Kommunion — es war der 19. August und das Fest des heiligen Hyacinth — hatte sie die Kommunion für die Bekehrung des unglücklichen Paters Hyacinth aufgeopfert. Diese Bekehrung war ihr zeitlebens ein Anliegen gewesen.

Am Nachmittag bat sie mich, eine Zeitlang still zu sein und sie nicht einmal anzusehen. Sie sagte ganz leise zu mir:
Ich würde zu viel weinen, wenn ich Ihnen sofort von meinem Kummer sprechen würde, und ich fühle mich so beengt, ich würde sicherlich ersticken.
Nachdem wir mindestens eine Stunde lang geschwiegen hatten, sprach sie zu mir, verbarg dabei aber ihr Gesicht hinter dem Lichtschirm, den man ihr gegen die Fliegen gegeben hatte, denn sie war noch zu aufgewühlt.
11
Sie sprach mir von dem Brief eines Priesters, der schrieb, die Heilige Jungfrau habe aus eigener Erfahrung keine physischen Schmerzen gekannt.
Als ich heute die Heilige Jungfrau betrachtete, habe ich verstanden, daß das nicht wahr ist; ich habe verstanden, daß sie nicht nur seelisches, sondern auch körperliches Leid erfahren hat. Sie hat auf ihren Reisen sehr viel gelitten, Kälte, Hitze, Müdigkeit. Sie hat oft gefastet.
... Ja, sie weiß, was leiden heißt.
... Aber vielleicht ist es nicht recht, wenn man haben will, daß die Heilige Jungfrau gelitten hat? Ich, die ich sie so sehr liebe!
12
Sie fühlte sich sehr beengt.
Seit einiger Zeit fand sie in diesen so qualvollen Beklemmungen eine Art Erleichterung, wenn sie dabei in regelmäßigen Abständen kleine Schreie ausstieß, wie „Oh! là là!" oder „Agne! Agne!"
Immer, wenn die Beklemmung von unten kommt, sage ich: „Agne! Agne!", aber das ist gar nicht hübsch, es mißfällt mir; jetzt werde ich: Anne! Anne! sagen.
Das wird man in Ihren Nachruf schreiben.
Das wird sich ausnehmen wie ein Küchenrezept.
13
Sie haben mir den Trost verschafft, daß ich das Porträt

von Théophane Vénard habe; ein ungemein großer Trost. Aber geradesogut hätte er mir auch nicht gefallen können! ... Aber er ist mir „sehr angenehm", er ist „sehr liebenswert"(¹).

14

Wie köstlich wird es sein, im Himmel alles zu erfahren, was sich in der Heiligen Familie zugetragen hat! Als der kleine Jesus größer wurde, hat er, als er seine Mutter fasten sah, vielleicht zu ihr gesagt: „Ich möchte auch gerne fasten." Und die Heilige Jungfrau erwiderte: „Nein, mein kleiner Jesus, du bist noch zu klein, du hast noch nicht die Kraft dazu." Oder vielleicht wagte sie nicht, es ihm zu untersagen.
Und der gute heilige Joseph! Oh, wie liebe ich ihn! Er konnte nicht fasten wegen seiner Arbeit.
Ich sehe ihn, wie er hobelt und sich von Zeit zu Zeit den Schweiß von der Stirne wischt. Oh, wie leid tut er mir! Wie einfach muß ihr Leben doch gewesen sein!
Die Frauen aus dem Dorf kamen, um mit der Heiligen Jungfrau freundschaftlich zu plaudern. Manchmal baten sie sie, ihnen ihren kleinen Jesus anzuvertrauen, damit er mit ihren Kindern spiele. Und der kleine Jesus schaute die Heilige Jungfrau an, um zu sehen, ob er gehen solle. Manchmal gingen die guten Frauen sogar direkt zum Jesuskind und sagten ohne Umstände: „Komm mit meinem kleinen Jungen spielen" usw.
... Mir tut es gut, mir die Heilige Familie in einem ganz gewöhnlichen Leben vorzustellen, wenn ich an sie denke. Nicht all das, was man uns erzählt, all das, was man sich ausdenkt, wie zum Beispiel daß das Jesuskind Vögel aus Lehm knetete, sie dann anhauchte und dadurch lebendig machte. Ach nein, der kleine Jesus tat keine solchen unnötigen Wunder, nicht einmal, um seiner Mutter Freude zu machen. Oder warum wären sie

---

(¹) Ausdrücke, die sie gehört hatte und die sie amüsierten.

dann nicht durch ein Wunder nach Ägypten versetzt worden, wie es sonst für den lieben Gott nötig und so leicht gewesen wäre. Im Nu wären sie dort gewesen. Aber nein, alles in ihrem Leben hat sich so abgespielt wie in unserem.
Und wieviel Mühe und Enttäuschungen! Wie oft hat man dem guten heiligen Joseph Vorwürfe gemacht! Wie oft hat man sich geweigert, seine Arbeit zu bezahlen! Oh, wie würde man sich wundern, wenn man wüßte, was sie alles durchgemacht haben! Usw. usw.
Sie hat sehr lange mit mir über diesen Gegenstand gesprochen, und ich konnte nicht alles aufschreiben.

15
... Ich möchte ganz sicher sein, daß sie mich liebt, die **Heilige Jungfrau**.

16
... Wenn man bedenkt, wie schwer es mir mein ganzes Leben lang gefallen ist, meinen Rosenkranz zu beten![41']

17
Wenn ich die Absolution empfangen habe, dann verliere ich mich nicht in Danksagungen an den lieben Gott, sondern ich denke ganz einfach voll Dankbarkeit, daß er mir ein weißes Kleidchen angezogen und meinen Kittel gewechselt hat. Weder das eine noch das andere war besonders schmutzig, aber das tut nichts zur Sache, meine Kleidchen sind leuchtender, und der ganze Himmel sieht mich besser.

18
Niemand ahnt, wie viele Mortifikationen mich Sr. Maria vom Heiligen Herzen hat machen lassen, als sie Dispensatorin war. Sie liebt mich so sehr, daß es schien, als würde ich sehr verwöhnt; aber unter diesen Umständen ist die Mortifikation noch größer.

... Sie umsorgte mich nach ihrem Geschmack, der dem meinen genau entgegengesetzt ist.

21. August

1
Sie litt sehr, und ich kniete neben ihr und schaute sie schweren Herzens an.
Traurige Äuglein, warum?
— Weil Sie so leiden!
— Ja, aber auch Frieden, Frieden!

2
... Es gibt nichts mehr für „bébé" als Heia ... alles, alles macht leiden!
Gleich darauf begann sie wieder zu husten und konnte nicht einschlafen.
Nicht einmal mehr Heia für bébé! Es ist aus! Eines Nachts werde ich ersticken, das fühle ich wohl!

3*
Wie gerne wäre ich Priester gewesen, um über die Heilige Jungfrau predigen zu können! Ein einziges Mal hätte mir genügt, um alles zu sagen, was ich über diesen Gegenstand denke!
Zuerst hätte ich gezeigt, wie wenig man über ihr Leben weiß.
Man sollte nicht unwahrscheinliche Dinge sagen oder Dinge, die man nicht weiß, wie zum Beispiel, daß sie, als sie noch ganz klein war, als Dreijährige, in den Tempel gegangen ist, um sich Gott in glühender Liebe und mit ganz außerordentlichen Gefühlen darzubringen; in Wirklichkeit ist sie vielleicht einfach hingegangen, um ihren Eltern zu gehorchen.
Und warum sagen, die Heilige Jungfrau habe von dem Augenblick an, als sie die prophetischen Worte des grei-

sen Simeon hörte, unablässig die Passion Jesu vor Augen gehabt? „Ein Schwert des Leidens *wird* deine Seele durchbohren", hat der Greis gesagt[42]. Das galt also nicht für die Gegenwart, wie Sie sehen, Mütterchen; es war eine allgemeine Vorhersage für die Zukunft.

Damit mir eine Predigt über die Heilige Jungfrau gefällt und nützt, muß ich ihr Leben vor mir sehen, wie es wirklich war, aber nicht ein erdachtes Leben; und ich bin überzeugt, daß ihr wirkliches Leben ganz einfach gewesen sein muß. Man stellt sie unnahbar dar, aber man müßte sie nachahmbar zeigen, ihre Tugenden aufzeigen, sagen, daß sie aus dem Glauben lebte wie wir, die Beweise aus dem Evangelium dafür anführen, wo wir lesen: „Sie verstanden nicht, was Er zu ihnen sagte"[43]. Und diese andere, nicht minder geheimnisvolle Stelle: „Seine Eltern waren voll Bewunderung über das, was man über Ihn sagte"[44]. Diese Bewunderung setzt ein gewisses Staunen voraus, finden Sie nicht, Mütterchen?

Man weiß, daß die Heilige Jungfrau die Königin des Himmels und der Erde ist, aber sie ist mehr Mutter als Königin, und man sollte nicht ihrer Vorzüge wegen sagen, sie verdunkle die Herrlichkeit sämtlicher Heiligen, wie die Sonne bei ihrem Aufgang die Sterne zum Verschwinden bringt. Mein Gott, ist das merkwürdig! Eine Mutter, die den Glanz ihrer Kinder zum Verschwinden bringt! Ich denke genau das Gegenteil, ich glaube, sie wird den Glanz der Auserwählten noch stark erhöhen.

Es ist gut, daß man von ihren Vorzügen spricht, aber man sollte nicht ausschließlich von ihnen sprechen, denn wenn man in einer Predigt von Anfang bis Ende unablässig Ah! Ah! ausrufen muß, dann kriegt man es über! Wer weiß, ob das nicht manche Seele soweit bringt, daß sie schließlich einem dermaßen überlegenen Geschöpf gegenüber eine gewisse Entfremdung fühlt und sich sagt: „Wenn das so ist, dann kann man sich besser

in eine kleine Ecke verziehen und dort leuchten, so gut man eben kann!"
Die Heilige Jungfrau hatte uns voraus, daß sie nicht sündigen konnte, daß sie frei war vom Makel der Erbsünde, aber andrerseits hat sie auch wieder weniger Glück gehabt als wir, denn sie hat keine Heilige Jungfrau zum Lieben gehabt, und das ist eine so große Seligkeit mehr für uns und eine ebenso große Seligkeit weniger für sie!
Mit einem Wort, in meinem Loblied: „Warum ich Dich liebe, o Maria!" habe ich alles gesagt, was ich über sie predigen würde.

22. August

1
Heute ist das Fest des guten Papa.
(Heiliger Joachim.)

2
O Mütterchen, was würde aus mir werden, wenn mir der liebe Gott nicht die Kraft gäbe? Es gibt nur mehr die Hände![45]... Man weiß nicht, was es heißt, so zu leiden. Nein, man muß es selber spüren.

3
... Man hat Sie bei dieser Gelegenheit unvollkommen gefunden ...
Mit Genugtuung:
Oh! Gut! Um so besser!

4
Mit den Eingeweiden und ... auch sonst litt sie grausam, man befürchtete den Brand.[a]

---

a) Die Grünen Hefte bringen dazu folgende Einzelheiten (CV, I, S. 8—9):
(...) es haben sich schreckliche Schmerzen in den Einge-

... Nun gut, wenn man schon sehr und überall leiden muß, ist es besser, wenn man gleich mehrere Krankheiten auf einmal hat. Es ist dann wie bei einer Reise, auf der man alle möglichen Beschwerden auf sich nimmt, weil man genau weiß, daß das alles schnell vorbeigeht und der Genuß dadurch noch größer sein wird, wenn man einmal das Ziel erreicht hat.

5
Zu einer Bemerkung, die jemand (ich weiß nicht mehr aus welchem Anlaß) ihr gegenüber gemacht hatte:
Glauben Sie, daß die Heilige Jungfrau sich so gewunden hat wie die heilige Magdalena![46] Ach nein! Das hätte nicht zu ihr gepaßt. Der *Schluckauf* paßt zu mir!

6
Sie hatte Lindenblütentee über das Bett verschüttet; um sie zu trösten, sagte man ihr, es mache nichts.

---

weiden eingestellt, ihr Bauch ist hart wie ein Stein, die Verdauungsfunktionen gehen nur mehr unter unerträglichen Schmerzen vor sich. Wenn man sie aufsetzt, um bei langanhaltendem Husten eine noch stärkere Beklemmung zu verhüten, glaubt sie, *„auf Eisenspitzen* zu sitzen". Sie beschwört uns, für sie zu beten, denn es ist, wie sie sagt, *„um den Verstand zu verlieren"*. Sie bittet, man möge in ihrer Reichweite keine äußerlich anwendbaren giftigen Medikamente stehen lassen, und sie rät, solche niemals in der Nähe von Kranken zu lassen, die ebensolche Folterqualen erleiden, aus eben dem Grund, daß es ist, *„um den Verstand zu verlieren"*, und daß man sich leicht töten könnte, weil man nicht mehr weiß, was man tut. Übrigens würde sie, wenn sie nicht den Glauben hätte, nicht einen Augenblick zögern, sich zu töten.

Mit einer Miene, die zum Ausdruck brachte, daß sie auf jede erdenkliche Weise leiden müsse:
Ah! Das macht nichts, nein!

7
Während der Stunde des innerlichen Gebets schaute sie mit ihrem so sanften und tiefen Blick zuerst mich und dann ihr Bild von Théophane Vénard an.
Einige Zeit später wollte sie sprechen, um mir Freude zu machen, obgleich sie kaum atmen konnte. Ich bat sie, lieber das Schweigen zu bewahren.
Nein? Ich soll nicht sprechen? ... Aber ... ich glaubte ... Ich liebe Sie so! ... Ich werde brav sein ... O Mütterchen!

8
Wir wollten sie hindern, sich damit abzuplagen, uns zu trösten:
— 'muß mich meine kleinen „Späßchen" machen lassen.

9
Es hat mich froh gemacht zu denken, daß für mich gebetet wird, und so habe ich dem lieben Gott gesagt, ich wünschte, Er möchte es den Sündern zugute kommen lassen.
— Sie wollen also nicht, daß es ist, damit Sie weniger leiden?
— Nein!

10
Sie hatte arge Schmerzen und stöhnte.
Mütterchen! ... Ja! ... Ich will gerne! ...
... Ich darf nicht mehr klagen, das nützt nichts. Betet für mich, Schwesterchen, aber sitzend, nicht auf den Knien.
(Wir knieten.)

23. August

1
Eine so schlechte Nacht habe ich noch nicht gehabt. Oh, wie gut muß der liebe Gott sein, daß ich das alles aushalten kann, was ich leide! Nie hätte ich gedacht, so leiden zu können. Und doch glaube ich nicht, daß ich schon am Ende meiner Leiden bin. Aber er wird mich nicht verlassen.

2
Sie haben der Heiligen Jungfrau in Ihrem Lied gesagt: „Alles, was Jesus mir gegeben hat, kann Er mir wieder nehmen. Sag Ihm, auf mich braucht Er nie Rücksicht zu nehmen"[47].
Sie hat es Ihm gesagt, und Er nimmt sie beim Wort. Das freut mich, und ich bereue es nicht.

3
... Nein, einen nahen Tod läßt der liebe Gott mich nicht vorausahnen, wohl aber noch viel größere Leiden ... Aber ich quäle mich nicht, ich will nur an den gegenwärtigen Augenblick denken.

4
Ich sagte ihr, man habe mir eine große Decke für den Winter gegeben, sie sei wirklich zu groß.
Oh! Aber nein! Im Winter hat man nie warm genug. ... Ihnen wird kalt sein, wenn mir nicht kalt ist! Das tut mir leid.

5
Küssen Sie mich auf die Stirn.
Zu Sr. Genoveva:
Beten Sie inständig für mich zur Heiligen Jungfrau, Sie, die Sie meine Krankenwärterin sind, denn wenn Sie krank wären, würde ich sehr viel für Sie beten! Aber wenn es für einen selber ist, wagt man es nicht.

6
Sie hatte ihre Leiden für Hochwürden de Cornière aufgeopfert, der damals Seminarist war und schwere Versuchungen hatte. Er hatte es erfahren und einen ungemein demütigen und rührenden Brief geschrieben.
Oh, wie hat mich dieser Brief getröstet! Ich habe gesehen, daß meine kleinen Leiden Frucht brachten. Haben Sie bemerkt, wieviel Demut in dem Brief zum Ausdruck kommt? Gerade das wünschte ich.
... Und wie wohl tut es mir zu sehen, daß man in so kurzer Zeit soviel Liebe und Dankbarkeit für eine Seele haben kann, die einem Gutes erwiesen hat und die man bis dahin nicht kannte. Wie wird es erst im Himmel sein, wenn die Seelen jene kennenlernen werden, von denen sie gerettet worden sind?!

7
Inmitten ihrer so großen Schmerzen:
Mütterchen!... Mütterchen!... Oh!... Oh!... Ja!... Mama! Mama! Mama!...

8
... Wenn man die Heilige Jungfrau gebeten hat, und sie erhört einen nicht, so ist das ein Zeichen, daß sie nicht will. Dann muß man sie machen lassen, wie sie will, und darf sich nicht abquälen.

9
Sie sagte mir, daß nichts von all dem, was sie in Predigten über die Heilige Jungfrau gehört habe, sie beeindruckt habe.
Möchten die Priester uns doch Tugenden zeigen, die wir üben können! Von ihren Vorzügen zu reden ist gut, aber vor allem müßte man sie nachahmen können. Ihr ist Nachahmung lieber als Bewunderung, und ihr Leben ist so einfach gewesen! Eine Predigt über die Heilige Jungfrau mag noch so schön sein, wenn man aber dabei

gezwungen ist, ununterbrochen Ah! ... Ah! ... zu sagen, dann bekommt man genug.
Wie gerne singe ich ihr:
Du hast den geraden Weg in den Himmel sichtbar gemacht. *(Sie sagte:* den leichten.)
Indem Du immer die demütigsten Tugenden geübt hast[48].

10
... Mama! ... Ach! Ich beklage mich fortwährend! ... Nun ja! Aber! ... Und doch will ich gerne krank sein ... Aber es ist, wenn ich die ganze Zeit huste und daß ich nicht kann ...
(Heute hat man mit der Milchdiät aufgehört.)
Nach der Matutin habe ich ihre Stirne gestreichelt.
Oh, wie lieb ist das!

24. August

1
Sind Sie entmutigt?
Nein! ... Und doch wird alles immer schlimmer! Bei jedem Atemzug leide ich grausam. Aber schließlich, es ist noch nicht zum Schreien.
(An diesem Morgen schaute sie besonders sanft aus und voll Frieden.)

2
... Ich möchte so gerne mit Ihnen sprechen! ... Welch eine Mortifikation! ... Wissen Sie, das kostet mich!

3
... Mütterchen, möchten Sie, daß ich trotzdem mit Ihnen spreche?
(Ich hütete sie schon lange schweigend.)
Eine halbe Stunde später, während der Rekreation:

Mütterchen! ... Ah! Ich, die ich Sie so liebe!
Während der Matutin wachte sie auf:
... O weh! Wie lange spreche ich schon zu Ihnen! Und ich sehe, daß Sie nicht das erste Wort davon wissen!
(Sie hatte erklärt, was sie während eines Alpdrucks zu leiden hatte.)
Und jetzt fühle ich den Husten drohen! Mit einem Wort! .:. Alles wird immer schlimmer, nicht wahr?
— Nein, immer besser.

4
Ich hatte sie bemitleidet, und auf eine Bemerkung von Sr. Genoveva hin, daß das nicht viel nütze, sagte sie:
Aber ja! Gerade das macht es leichter für die Kranken.

25. *August*

1
Ich sagte ihr, daß ich gerne das Datum ihres Todes wüßte.
Ah! Ich wünsche mir das nicht! Welch ein Frieden ist in mir! Das macht mir gar keine Sorge.
Während des Stillschweigens blieb die Tür der Krankenwärterei offen, und Sr. St. Johannes vom Kreuz kam jeden Abend herein, stellte sich ans Fußende des Bettes und schaute sie lange Zeit hindurch lachend an.
— Wie indiskret ist dieser Besuch, und wie lästig muß er Ihnen sein!
— Aber ja, es ist sehr peinlich, lachend angeschaut zu werden, wenn man leidet. Aber ich denke, Unser Herr am Kreuz ist inmitten seiner Schmerzen genauso angeschaut worden. Das war noch viel schlimmer, weil man sich wirklich über Ihn lustig machte; steht nicht im Evangelium, daß man Ihn ansah und den Kopf schüttelte?[49] Dieser Gedanke hilft mir, Ihm dieses Opfer herzlich gerne zu bringen.

2
Wie Sie leiden! Oh, wie hart ist das! Sind Sie traurig?
— O nein, ich bin durchaus nicht unglücklich! Der liebe
Gott schickt mir genau das, was ich tragen kann.

3
Man hatte ihr von unserer Tante hübsche künstliche
Vergißmeinnichtzweiglein gebracht. Wir schmückten damit ihre Bilder.
Während des Stillschweigens in anmutigem, kindlichem Ton:
Ich hatte das Verlangen, etwas zu bekommen, ich dachte
nicht viel darüber nach, was und weshalb; aber ich
hatte einfach Lust danach, und nun hat man mir das
gegeben.

4
Ach ja, mein armes Töchterchen, Sie können wohl
sagen: „Wie lange dauert doch meine Verbannung!"[50]
— Aber ich finde sie nicht lange; weil ich leide, ist sie
nicht länger.

5
Sie jammerte leise:
... Oh! Wie ich wehklage! Und doch möchte ich nicht
weniger leiden.

6
Sie beschwor uns, zu beten und die andern aufzufordern, für sie zu beten.
... Oh! Wie sehr muß man für die Sterbenden beten!
Wenn man wüßte!
Ich glaube, der Teufel hat den lieben Gott um Erlaubnis gebeten, mich durch äußerste Leiden zu versuchen,
damit ich gegen die Geduld und gegen den Glauben
fehle.
Sr. M. vom Heiligen Herzen gegenüber hatte sie den

Hymnus der Komplet im Zusammenhang mit den Versuchungen durch den Geist der Finsternis und die Schreckgespenster der Nacht erwähnt[51].

7
Es war das Fest des heiligen Ludwig, sie hatte inbrünstig zu Papa gebetet und war nicht erhört worden:
... Trotz allem, was ich im ersten Augenblick empfand, habe ich dem lieben Gott wieder gesagt, daß ich Ihn noch mehr liebe und alle Heiligen auch.

8
Ich sprach ihr davon, wie mich der Gedanke an alles, was sie noch werde leiden müssen, betrübe.
Ich bin zu allem bereit ... Sie sehen ja, daß es bis jetzt nicht über meine Kräfte gegangen ist.
... Man muß sich ausliefern. Ich wünschte, Sie würden sich freuen.

9
... O ja! Ich will gerne! Ja! Ich will gerne! Ja! Aber es ist wirklich das! ...
Was denn?
— Ich werde ersticken!

26. August

1
Man hatte die ganze Nacht hindurch die geweihte Kerze bei ihr brennen lassen.
Es war wegen der geweihten Kerze, daß ich keine allzu schlechte Nacht hatte.

2
Während der Stunde des innerlichen Gebets zu unserer Mutter:
Ich bin wirklich froh, den lieben Gott um nichts gebeten zu haben, so ist Er gezwungen, mir Mut zu geben[52]

3
Ich sagte ihr, sie sei dafür gemacht, viel zu leiden, ihre Seele sei von diesem Schlag.
Ah! Seelisch leiden, ja, da kann ich viel ertragen ... Aber was körperliche Leiden anlangt, da bin ich wie ein kleines, ein ganz kleines Kind. Ich mache mir keine Gedanken, ich leide von Minute zu Minute.

4
Sie mußte beichten:
Mütterchen, ich hätte Ihnen viel zu sagen, wenn ich könnte. Ich weiß nicht, ob ich Herrn Youf sagen muß, daß ich feinschmeckerische Gedanken gehabt habe, weil ich an Dinge gedacht habe, die ich gerne mag. Aber ich biete sie dem lieben Gott an.

5
Sie hatte einen Erstickungsanfall.
... Ah! Ich werde ersticken! ... Ja! ...
(mit sanfter, klagender Stimme, das „Ja" war wie ein kleiner Schrei).

6
Während der Matutin sagte ich ihr, sie solle sich nach Belieben bewegen, um es sich leichter zu machen.
... Wie schwer ist es, Erleichterung zu finden mit dem, was ich habe!

7
An der Einfassung ihrer Tunika waren einige Stiche aufgegangen. Ich versuchte, sie nachzunähen, aber es war sehr schwer, und ich ging ungeschickt zu Werke, ich ermüdete sie sehr. Sie konnte es nicht mehr aushalten und sagte später zu mir:
O Mütterchen, man darf sich wirklich nicht wundern, wenn eine arme Krankenwärterin manchmal ärgerlich wird mit ihren Kranken. Sie sehen, wie schwierig ich

bin! Wie sehr liebe ich Sie! ... Sie sind wirklich sanft.
Ich bin Ihnen sehr dankbar, ich könnte vor Dankbarkeit
weinen!

8
Wie lange zieht sich doch Ihre Krankheit hin, meine
arme Kleine!
O nein, ich finde es nicht lang! Sie werden sehen, wenn
es zu Ende sein wird, wird es Ihnen nicht mehr lang
vorkommen.

9
O Mütterchen, wie notwendig ist es, daß der liebe Gott
hilft, wenn man so leidet!

27. August

1
O wie unglücklich ist man, wenn man krank ist!
— Aber nein, man ist nicht unglücklich, wenn es zum
Sterben ist. Ah! Wie komisch ist es, sich vor dem Sterben zu fürchten.
... Schließlich, wenn man verheiratet ist, wenn man
Mann und Kinder hat, dann ist es verständlich; aber ich,
die ich nichts habe! ...

2
... Wie sehr wünschte ich, Monsignore würde mich
nicht besuchen kommen. Aber schließlich, der Segen
eines Bischofs ist eine Gnade.
Lachend:
Wenn es bloß der heilige Nikolaus wäre, der drei kleine
Kinder wieder zum Leben erweckt hat!
(Msgr. Hugonin war in Lisieux.)

3
Wundern Sie sich nicht, Mütterchen, über die Art, wie

ich leide? ... Mit einem Wort, im Grunde bin ich in tiefem Frieden.

4
Sie haben seit heute morgen nichts zu sich genommen.
— Nichts zu mir genommen! Aber ich habe zwei Tassen Milch genommen, ich bin vollgestopft, ich bin ein Reisigbündel[53], man braucht keine zu kaufen.

5
Diese arme kleine Sr. Genoveva muß um meinetwillen schlaflose Nächte verbringen!

6
Während der Mittagsrekreation:
— Heute morgen haben Sie mir gesagt, Sie hätten nichts, und Sie haben Schwesterchen, ein Mütterchen.
— Nein, ich habe nichts, weil ich sie nicht verlasse!
Mit schelmischer Miene:
Sehen Sie! Wenn ich dächte, ich verlasse Sie!

7
Ach! Wenn Sie bis zum nächsten Frühjahr krank wären! Das fürchte ich, und was würden Sie dazu sagen?
— Nun, ich würde sagen: um so besser!

8
Am Nachmittag fühlte sie sich vorübergehend viel leichter, und so erwies sie uns auf alle mögliche Weise ihre Liebe.

9
Sie litt fortwährend unter Durst.[a]) Sr. Maria vom Heiligen Herzen fragte sie: Wollen Sie Eiswasser?

---

a) Die Grünen Hefte bringen folgende Einzelheiten (CV, I, S. 7):
Sie leidet noch immer unter schrecklichem Durst: *„Mein*

— Oh! Ich habe große Lust darauf!
— Unsere Mutter hat es Ihnen zur Pflicht gemacht, um alles zu bitten, was Sie nötig haben.
— Tatsächlich bitte ich um alles, was ich brauche.
— Sie bitten nur um das Notwendige? Nie um Dinge, die Ihnen eine Erleichterung verschaffen könnten?
— Nein, nur um das Notwendige. Wenn ich zum Beispiel keine Trauben habe, bitte ich nicht darum.
Einige Zeit, nachdem sie getrunken hatte, schaute sie ihr Glas mit Eiswasser an.
Trinken Sie noch ein wenig, sagte man ihr.
— Nein, meine Zunge ist nicht trocken genug.

28. August

1

Man hatte ihr Bett gegen das Fenster gedreht.
Oh, wie froh bin ich!
Setzen Sie sich mir gegenüber, Mütterchen, damit ich Sie gut sehe.

2

Man berichtete ihr, daß unsere Mutter und andere Schwestern sagten, sie sei hübsch.
Ah! Was liegt mir daran! Es bedeutet mir weniger als nichts, es langweilt mich. Wenn man dem Tod so nahe ist, kann man sich nicht über so etwas freuen.

3

Während des mittäglichen Stillschweigens:
Schauen Sie! Sehen Sie dort unten das schwarze Loch

Durst ist nie gestillt", sagte sie. „Wenn ich trinke, wird der Durst ärger. Es ist, als ob ich Feuer in mein Inneres gösse." Jeden Morgen ist ihre Zunge so trocken, daß sie einem Reibeisen gleicht, einem Stück Holz.

(*unter den Kastanienbäumen neben dem Friedhof*), wo man nichts mehr unterscheiden kann; in einem solchen Loch bin ich mit Seele und Leib. O ja! Was für Finsternisse! Aber ich bin darin im Frieden!

4
Sie konnte es nicht mehr ertragen, und sie wimmerte. Ich glaube, dem lieben Gott wäre es lieber, wenn ich nichts sagte.

5
Mütterchen, fangen Sie mir dieses hübsche kleine weiße Ding.
— Was ist es denn?
— Jetzt ist es weg! Es ist ein hübsches kleines Ding, wie sie im Sommer herumfliegen.
(Ein Samen.)

6
Durch eine kleine Öffnung im Vorhang betrachtete sie die Statue der Heiligen Jungfrau ihr gegenüber[54].
Sieh da! Sie belauert mich!

7
Ich liebe die Blumen sehr, die Rosen, die roten Blumen und die schönen rosa Tausendschönchen.

8
Wenn sie hustete und auch nur die kleinsten Bewegungen in ihrem Bett machte, bewegten sich die Vergißmeinnichtzweiglein um ihre Bilder.
Die Blümchen zittern mit mir, das gefällt mir.

9
... Liebe Heilige Jungfrau, das ist der Grund, warum ich fort möchte: ich ermüde meine Schwesterchen zu sehr und mache ihnen Kummer, weil ich so krank bin ... Ja, ich möchte gerne fort!

10
Nach der Matutin:
O liebe Heilige Jungfrau, hab' Mitleid mit mir ... für
„dieses eine Mal!"

29. August

1
Ich las ihr das Sonntagsevangelium vor, das Gleichnis
vom Samariter[55].
Ich bin wie diese arme Reisende „semivivo", halb tot,
halb lebendig.

2
Es ist wirklich hart, ohne jeden inneren Trost zu leiden.
— Ja, aber es ist ein Leiden ohne Unruhe. Ich bin froh
zu leiden, weil der liebe Gott es will.

3
Mütterchen?
(Sie rief mich.)
Was wünschen Sie?
Ich habe gerade auf dem Pflaumenbaum vor dem Fenster neun Pflaumen gezählt. Es müssen noch viel mehr drauf sein. Das freut mich, Sie werden davon essen.
Das ist so gut, das Obst!

4
Heute abend hat sie uns ein Küßchen gegeben.

30. August

1
Sie hat eine sehr friedliche ruhige Nacht verbracht, so wie die Nacht vom 6. August: sehr glücklich in dem Gedanken, daß sie vielleicht sterben würde.

... Ich faltete ganz sanft die Hände und erwartete den **Tod.**

2

Wären Sie froh, wenn man Ihnen ankündigte, daß Sie ganz gewiß spätestens in einigen Tagen sterben werden? **Das wäre Ihnen doch lieber, als wenn man Ihnen sagte, daß Sie noch monatelang und jahrelang mehr und mehr werden leiden müssen?**
O nein! Das wäre mir gar nicht lieber. Nur eines macht mich glücklich: den Willen Gottes zu tun.

3

Man hatte sie auf das Faltbett gelegt und bis zu der in den Kreuzgang führenden Chortür gerollt. Dort hatte man sie ziemlich lange ganz allein gelassen. Sie betete, ihren so tiefen Blick auf das Gitter gerichtet. Dann streute sie Rosenblätter hin.
Bevor man sie zurückbrachte, hat man sie photographiert[56].
Dr. La Néele ist gekommen und hat ihr gesagt: „Es wird bald sein, Schwesterchen, ich bin sicher." Da hat **sie ihn mit einem glücklichen Lächeln angeschaut.**
Herr Youf ist auch gekommen und hat ihr folgendes ge**sagt, was sie mir berichtet hat:**
„Sie haben mehr gelitten, als Sie jetzt noch leiden werden.
... Wir beenden unseren Dienst gemeinsam, Sie als Karmelitin, ich als Priester."

31. August

1

Neuerlicher Besuch von Dr. La Néele.

2

Wenn Sie morgen stürben, hätten Sie nicht doch ein

wenig Angst? Es wäre schon so nahe!
— Ah! Und wenn es heute abend wäre, ich hätte keine Angst, ich würde mich nur freuen.

3
Wieviel Mut brauche ich, um ein Kreuzzeichen zu machen! ... Ah! Schwesterchen! Ah! Mein Gott! Mein Gott!
... Mein Gott, hab' Mitleid mit mir! ... Das ist alles, was ich noch sagen kann.

4
Bald wird das Bett, in dem wir Sie sehen, leer stehen; welch ein Schmerz für uns!
— Ach was! Wie froh wäre ich an Ihrer Stelle!

5
... Jetzt habe ich Appetit für mein ganzes Leben. Immer hab' ich gegessen wie eine Märtyrin, und jetzt möchte ich alles verschlingen. Es kommt mir vor, ich sterbe vor Hunger.
... Wie muß die heilige Veronika gelitten haben!
(Sie hatte gelesen, daß diese Heilige Hungers gestorben ist.)

6
Eine von uns sagte: „Wie schrecklich ist ihre Beklemmung! Es könnte durchaus sein, daß sie heute stirbt." Welch ein Glück!

7
Am Nachmittag — Man sagte mir, sie schlafe; sie öffnete die Augen und sagte:
Aber nein, kommen Sie näher, es ist eine solche Freude für mich, Sie zu sehen!

8
Ich habe ein solches Verlangen, die Herrlichkeit des Himmels zu sehen! Nichts auf Erden berührt mich.

9
Während der Matutin:
Ah! Es ist unglaublich, wie alle meine Hoffnungen sich erfüllt haben. Als ich den heiligen Johannes vom Kreuz[57] las, flehte ich den lieben Gott an, er möge in mir wirken, was der Heilige sagt, nämlich ebensoviel, wie wenn ich sehr alt würde; mit einem Wort, daß die Liebe mich schnell verzehrt. Und ich bin erhört worden!

10
Nachdem sie lange die Statue der Heiligen Jungfrau angeschaut hatte:
... Wer hätte wohl die Heilige Jungfrau erfinden können?

11
Zu mir:
Ah! Wenn Sie mich lieben, wie liebe auch ich Sie!

12
Sie erzählte mir, daß sie früher beim Essen an abstoßende Dinge dachte, um sich abzutöten.
... Aber später habe ich es einfacher gefunden, alles, was mir schmeckte, dem lieben Gott anzubieten.

13
... Vorhin wollte ich ein richtiges Diner machen, und so habe ich eine Beere von einer Traube genommen und dann einen kleinen Schluck Wein, und alles habe ich der Heiligen Jungfrau angeboten. Dann habe ich das Gleiche für das Jesuskind getan, und mein kleines Diner war zu Ende.

September

In den ersten Tagen des Monats hält die durchaus relative Beruhigung der furchtbaren Schmerzen vom 22. bis zum 27. August zunächst noch weiter an. Theresia nimmt etwas Nahrung zu sich, und die Familie Guérin bemüht sich, der Kranken jeden ihrer kleinen Wünsche zu erfüllen. Alle anderen Symptome aber lassen keine Hoffnung aufkommen. Theresia ist schrecklich abgemagert, und ihre Schwäche hat den äußersten Grad erreicht; sie kann nicht einmal mehr die Hände bewegen, sie leidet so sehr, daß man sie nicht mehr anrühren darf. Am 12. September beginnen ihre Füße anzuschwellen. Am 14. gibt ihr Dr. de Corniére nur mehr 14 Tage. Vom 21. an ringt sie nach ihren eigenen Worten unausgesetzt mit dem Tod. In Wahrheit beginnt die Agonie erst am 29., dem Tag vor ihrem Tod.

Der Wert der Septembernotizen des *Gelben Heftes* liegt nicht nur in den Worten, die es uns überliefert, sondern ebenso in der Beschreibung des Mienenspiels, der Gesten der Kranken. Mehr denn je erweist sich Theresia als Lehrmeisterin des Lebens. Ihre kurzen Äußerungen tragen den Stempel der Glaubhaftigkeit, ja geradezu der buchstäblichen Wahrhaftigkeit. Die Themen Krankheit, Leiden, Tod herrschen vor. Die Glaubensprüfung dauert weiter an. Das Gebet der Kranken findet seine Stütze in den Bildern und der Statue, die sie vom Bett aus sehen kann. Theresia hat Freude an der Betrachtung der Natur, zuweilen scherzt sie sogar noch. Sie kann noch zwei Jahrestage feiern: am 8. ihren Profeßtag (an diesem Tag schreibt sie zum letzten Mal ihre Unterschrift) und am 24. den Jahrestag ihres Schleierfestes.

Da die Familie Guérin sich in Lisieux aufhält, liegen für diesen Monat nur sehr wenige Briefe — es sind ihrer sieben — mit Berichten über diese letzten Tage vor, die einen Gang auf den Kalvarienberg einschließen. Die zahlreichen Zeugenberichte über den 30. September dagegen gestatten uns, den Todeskampf Theresias fast Stunde für Stunde nachzuleben.

Anmerkungen für den Monat September siehe S. 344

2. September

1
Sie werden gewiß an einem Feiertag sterben.
Es wird auf jeden Fall ein sehr schönes Fest sein! Ich habe nie danach verlangt, an einem Feiertag zu sterben.

2
... Ich war ungefähr zwei Jahre hier, als der liebe Gott meine Prüfung in bezug auf Sr. Maria von den Engeln aufhören ließ, so daß ich ihr meine Seele öffnen konnte. Zum Schluß tröstete sie mich wirklich.

3
... Es kostete mich viel, die Erlaubnis zu erbitten, im Refektorium Mortifikationen machen zu dürfen, denn ich war schüchtern, ich errötete; dennoch tat ich es getreulich meine zwei Mal in der Woche. Dann, als diese Prüfung der Schüchternheit vergangen war, achtete ich nicht mehr so sehr darauf, und ich muß wohl mehr als einmal meine zwei Mortifikationen vergessen haben.

4
Wir sagten ihr, sie sei der Anführer der Bande, sie habe alle Feinde besiegt und wir bräuchten ihr nur mehr nachzufolgen. Da gab sie uns ein Zeichen, das wir sehr gut kannten. Sie hielt eine Hand in einem ganz kleinen Abstand über die andere und sagte:
„So hoch in der Familie!"
Und dann mit einer wegwerfenden Handbewegung:
Kleiner Däumling!

5
Sr. Genoveva sagte zu ihr: „Wenn man bedenkt, daß man Sie in Saigon noch erwartet!"
— Ich werde gehen; schon bald werde ich gehen; wenn Sie wüßten, wie schnell ich meine Reise gemacht haben werde!

6
... Wenn man den Kummer darüber, böse gewesen zu sein, auf sich nimmt, kommt der liebe Gott sofort wieder zurück.

7
Meine innere Prüfung gegen den Glauben habe ich vor allem für eine Person aufgeopfert, die unserer Familie nahesteht und keinen Glauben hat.
(Für Herrn Tostain.)

8
... O ja! Ich habe Sehnsucht nach dem Himmel! „Zerreiß der süßen Einigung Gewebe"[2], o mein Gott!

3. September

1
Ich berichtete ihr, was man mir über die Ehrenbezeigungen erzählt hatte, die dem Zaren von Rußland in Frankreich bereitet worden waren.
Ah! All das macht auf mich gar keinen Eindruck! Sprechen Sie mir vom lieben Gott, vom Beispiel der Heiligen, von allem, was Wahrheit ist ...

2
Wenn man bedenkt, daß wir eine kleine Heilige pflegen!
Nun ja, um so besser! Aber ich wünschte, der liebe Gott würde das sagen.

3
Die arme Mutter Herz Jesu[3] wurde immer anspruchsvoller, und die Krankenwärterinnen klagten darüber, daß sie ihren Launen nachgeben müßten.
... Ah! Wie sehr hätte mich das alles angezogen!

4. September

1
Man sagte ihr, Sr. St. Stanislas nenne sie einen Engel, weil sie ihr jeden kleinsten Dienst mit Lächeln und Liebkosungen[4] vergelte.
... So habe ich es mit dem lieben Gott gemacht, und deshalb werde ich in meiner Todesstunde von Ihm so gut empfangen werden.

2
Ich bin froh, daß mir das Fleisch Widerwillen einflößt, denn so finde ich wenigstens kein Vergnügen daran. (Man reichte ihr etwas Fleisch.)

3
Im Augenblick, als ich die Krankenwärterei verließ, um ins Refektorium zu gehen:
Ich liebe Sie!

4
Man läutete zum Angelus.
Muß ich meine Hände herausziehen?
Nein, Sie sind sogar zu schwach, um den Angelus zu rezitieren. Rufen Sie nur die Heilige Jungfrau an, indem Sie „Jungfrau Maria!" sagen.
Sie sagte:
Jungfrau Maria, ich liebe Dich von ganzem Herzen!
Sr. Genoveva sagte: „Sagen Sie, daß Sie sie auch für mich lieben." Da fügte sie ganz leise hinzu:
Für „Fräulein Lili", für Mama, für die Patin, für Léonie, für Mariechen, für Onkel, für Tante, für Johanna, für Franz, für „Moritz", für den „kleinen Roulland" und für alle, die ich liebe[5].

5
Sie hatte auf ein — übrigens ganz einfaches — Gericht Lust gehabt, und eine von uns hatte es unserem Onkel mitgeteilt.

... Das ist wirklich komisch, daß man das in der Welt bekannt gibt! Schließlich habe ich es dem lieben Gott aufgeopfert.
Ich sagte ihr, es sei nicht meine Schuld, denn ich hatte es tatsächlich verboten. Sie nahm den kleinen Teller und erwiderte:
Ah! Es ist dem lieben Gott aufgeopfert! Es macht mir nichts mehr. Mögen sie denken, was sie wollen!

6
Während der Matutin:
Mütterchen! O wie liebe ich Sie!
Mit einem reizenden Lächeln, während sie sich anstrengte zu sprechen:
Sagen wir trotzdem etwas, sagen wir ...
... Wenn Sie wüßten, wie mich der Gedanke so gar nicht bewegt, daß ich bald in den Himmel komme. Und doch bin ich sehr glücklich, aber ich kann nicht sagen, daß ich eine lebhafte Freude empfinde, daß ich vor Freude hingerissen bin, nein!

7
Aber trotzdem wollen Sie lieber sterben als leben?
O Mütterchen, ich ziehe weder das eine noch das andere **vor**, ich könnte nicht mit unserer heiligen Mutter Teresa sagen: „Ich sterbe, weil ich nicht sterbe"[6]. Was der liebe Gott vorzieht und für mich wählt, das ist es, was mir besser gefällt.

5. September

1
Es macht Ihnen also keinen Kummer, „Mama" zu verlassen?
(mit kindlicher Miene):
Nein! ... Wenn es kein ewiges Leben gäbe, ja, dann

wohl! ... Aber vielleicht gibt es eines ... ja, das ist sogar sicher!

2
Wenn man Ihnen sagte, daß Sie plötzlich sterben werden, noch in diesem Augenblick, würde Sie das doch ein wenig erschrecken?
... Ah! Welches Glück! Ich möchte gehen!
Dann möchten Sie also lieber sterben als leben?
Nein, keineswegs. Würde ich gesund werden, so würden mich die Ärzte ganz verblüfft anschauen, und ich würde zu ihnen sagen: „Meine Herrn, ich bin sehr froh, gesund geworden zu sein, um dem lieben Gott noch länger auf Erden zu dienen, weil es Sein Wille ist. Ich habe gelitten, als müßte ich sterben, schön: ich werde noch einmal von vorne anfangen.

3
Mit dem Finger zeigte sie auf ihr Glas mit gewässertem Wein und sagte mit einem so lustigen, lieben Ausdruck:
Trinken, Mütterchen, bitte. Es ist Eis drin. Es ist gut!
Nachdem sie getrunken hatte:
Ich habe ohne Durst getrunken! Ich bin ein kleiner „Trinkt-ohne-Durst".
Ich sagte zu ihr, während des Stillschweigens habe sie weniger gelitten.
Oh! Genauso viel! Sehr viel, sehr viel gelitten! Aber ich habe der Heiligen Jungfrau vorgejammert!

4
Besuch von Dr. La Néele. Bei seiner früheren Visite hatte er bestätigt, daß sie sterbenskrank sei, ja sogar ganz plötzlich sterben könne, wenn sie sich im Bett umdrehe. Diesmal sagte er:
„Sie sind wie ein Schiff, das weder vor- noch zurückfährt."
Sie war zunächst verblüfft.

Sie haben es gehört, *sagte sie zu mir,* **Sie sehen, wie sich das ändert! Aber ich will mich nicht ändern, ich will mich weiterhin gänzlich dem lieben Gott überlassen.**

6. September

1
... Sagen Sie mir ein paar liebe Worte nach dem, was mir gestern zugestoßen ist[7].
Ah! Was kann ich tun, um Sie zu trösten, meine arme Kleine? Ich bin ganz ohnmächtig.
... Mit einem Ausdruck tiefen Friedens:
Ich brauche keinen Trost ...

2
Als man ihr am Nachmittag eine Reliquie vom ehrwürdigen Théophane Vénard brachte, weinte sie vor Freude.

Zu meinem Geburtstag gab sie mir ein kleines Maßliebchen mit großer Zärtlichkeit.
Den ganzen Nachmittag war sie sehr liebevoll zu uns und in jeder Hinsicht bezaubernd. Ich sagte zu ihr:
Ich habe bemerkt, daß Sie, wenn Sie nur irgend können, ganz so werden wie früher.
... Ja, das ist wohl wahr! Ja, wenn ich kann, tue ich mein möglichstes, um fröhlich zu sein, um Freude zu machen.

3
Sie erwartete Herrn Youf zur Beichte; er konnte nicht kommen, und das war eine richtige Enttäuschung für sie. Aber gleich darauf hatte sie ihren schönen, friedlichen Ausdruck zurückgewonnen.

4
Man brachte ihr eine Kleinigkeit zum Essen; es ging ihr besser mit ihrem Magen.

O weh! Wie steht es also mit meiner Krankheit? Da haben wir's! Jetzt esse ich!!

7. September

Sie hatte an diesem Tag noch kein Wort zu mir gesagt, so daß ich am Nachmittag dachte, heute werde ich nichts zu schreiben haben.
Aber fast augenblicklich sagte sie:
Ah! Eine Seele wie Sie gibt es nicht ein zweites Mal...
Dann begann sie bitterlich zu weinen aus Angst, mir weh getan zu haben bei einem bestimmten Anlaß, den ich nicht einmal bemerkt hatte.

8. September

Ein kleines Rotkehlchen kam und hüpfte auf ihrem Bett herum.
Léonie hat ihr die Spieldose geschickt, die man aufbewahrt hat; sie spielt zwar nur profane Melodien, aber sie sind so niedlich, daß sie sie sehr gerne anhörte.
Schließlich brachte man ihr einen Strauß Wiesenblumen, um ihren Profeßtag zu feiern. Als sie sich so reich beschenkt sah, weinte sie vor Dankbarkeit und sagte zu uns:
Ich weine wegen der zarten Aufmerksamkeiten, die mir der liebe Gott erweist; äußerlich bin ich damit überschüttet, und doch dauert im Innern die Prüfung an... aber auch der Frieden.

9. September

1
Man hatte die Spieldose überdreht, sie schien kaputt. Auguste[8] reparierte sie, aber seither fehlte (bei einer

bestimmten Melodie) die hübscheste Not. Mir tat das leid, und ich fragte sie, ob auch sie darüber betrübt sei.

Oh, überhaupt nicht! Es tut mir nur leid, daß Sie betrübt sind.

2
... Ah! Ich weiß, was leiden heißt!

10. September

1
Als Herr de Cornière sie untersuchte, schien es ganz bestürzt über ihren Zustand.
Nun, sind Sie zufrieden? fragte ich sie, als der Arzt gegangen war.
Ja, aber ich bin nun schon ein wenig daran gewöhnt, daß sie etwas sagen und es dann wieder zurücknehmen!

2
Am Abend, während man ihre Kissen zurechtlegte, stützte sie ihren Kopf an mich und schaute mich zärtlich an. Dabei mußte ich an den Blick denken, mit dem das Jesuskind auf einem bestimmten Bild die Heilige Jungfrau anschaut, während es der Musik des Engels lauscht. Theresia hatte von der Heiligen Jungfrau auf diesem Bild gesagt: „Das ist Pauline im Ideal."

11. September

1
Das Mütterchen wird als letzte sterben, wir werden sie mit Théophane Vénard holen kommen, wenn sie mit ihrer Arbeit für mich fertig ist ...
... es sei denn, die kleinen Seelen brauchen sie noch.

2
Ich hab' Sie sehr lieb, aber sehr!
Wenn ich höre, daß jemand die Türe öffnet, glaube ich immer, Sie sind es; und wenn dann nicht Sie kommen, bin ich ganz traurig.
Geben Sie mir einen Kuß, einen Kuß, den man hören kann; mit einem Wort, die Lippen müssen „pit" machen!

Erst im Himmel werden Sie wissen, was Sie für mich sind ... Sie sind für mich eine Leier, ein Lied ... viel mehr als eine Spieldose, gehn Sie! Sogar wenn Sie nichts sagen.

3
Sie hatte für die Heilige Jungfrau zwei Kränze aus Kornblumen gemacht, der eine lag zu ihren Füßen, den andern hielt sie in der Hand. Ich sagte:
Sie denken ohne Zweifel, den, den sie in der Hand hält, wird sie Ihnen geben.
O nein! Sie soll machen, was sie will; was ich ihr gebe, ist ihr zur Freude.

4
... Ich fürchte, vor dem Tod Angst gehabt zu haben ... Aber nachher habe ich keine Angst, gewiß nicht! Und um das Leben tut es mir nicht leid, o nein! Es ist nur, weil ich mir sage: Was ist das, diese geheimnisvolle Trennung von Seele und Leib? Es ist das erste Mal, daß ich das empfunden habe, aber ich habe mich sogleich dem lieben Gott anvertraut.

5
Bitte, geben Sie mir mein Kruzifix, damit ich es nach dem Akt der Reue küssen kann, um für die Seelen im Fegfeuer den vollen Ablaß zu gewinnen. Ich gebe ihnen nicht mehr als das!
Geben Sie mir jetzt Weihwasser. Reichen Sie mir die

Reliquien von Mutter Anna von Jesus und von Théophane Vénard, ich möchte sie küssen.
Dann liebkoste sie ihr Bild von der Jungfrau Maria; zuerst streichelte sie das Jesuskind und dann die Heilige Jungfrau.
Sie konnte nicht einschlafen und sagte zu mir:
Ich kenne das, es ist die Bosheit des Teufels; er ist wütend, weil ich nicht meine kleinen Andachtsübungen vergessen habe. Wenn ich sie aus dem einen oder andern Grund unterlasse, dann schlafe ich ein und wache einige Minuten nach Mitternacht auf. Es ist, als wolle er meiner spotten, weil ich den vollkommenen Ablaß nicht erworben habe.

6
Muß ich Angst haben vor dem Teufel? Mir scheint nicht, denn ich tue alles im Gehorsam.

7
O nein! Ich möchte nicht den lieben Gott auf Erden sehen! Und doch liebe ich Ihn! Auch die Heilige Jungfrau und die Heiligen liebe ich sehr, aber auch sie möchte ich nicht sehen.

12. September

Es war das Fest Maria Namen. Sie bat mich, ihr das Evangelium vom Sonntag vorzulesen. Ich hatte das Meßbuch nicht da und sagte ihr einfach: Es ist das Evangelium, wo Unser Herr uns sagt, daß „niemand zwei Herren dienen kann"[9]. Da sagte sie mir die ganze Stelle von Anfang bis zum Ende auf im Ton eines Kindes, das seine Aufgabe hersagt.

13. September

1
Es ging ihr viel schlechter, und seit dem Vorabend hatte sie geschwollene Füße. Man durfte nicht die kleinste Bewegung um sie machen, wie zum Beispiel das Bett ein wenig rücken, vor allem aber sie berühren, ohne ihr starke Schmerzen zu verursachen, so schwach war sie. Wir dachten nicht, daß es so schlimm sei, und nach mir hatte ihr Sr. Maria vom Heiligen Herzen sehr lange den Puls gefühlt. Um uns nicht zu betrüben, ließ sie sich zunächst ihre Erschöpfung nicht anmerken, aber schließlich konnte sie nicht mehr und fing an zu weinen. Und als man dann ihre Kissen und Polster in Ordnung brachte, seufzte sie und sagte so sanft:
Oh! Ich möchte ... Ich möchte ...
— Was denn?
— Meinen Schwesterchen keinen Kummer mehr machen und deshalb schnell fortgehen.
Dabei schaute sie Sr. Maria vom Heiligen Herzen mit einem bezaubernden Lächeln an, denn sie war es, von der sie am meisten fürchtete, ihr weh getan zu haben.
Es glückte nicht, ihr Kissen gut zurechtzulegen, weil man nicht wagte, sie stärker zu bewegen. Da stützte sie sich auf ihre Hände und versuchte, selber wegzurücken, wobei sie liebenswürdig sagte:
Warten Sie, ich werde mich mit den Bewegungen einer kleinen Heuschrecke ans Bettende befördern.

2
Eine Schwester[10] hatte für sie im Garten ein Veilchen gepflückt; sie brachte es ihr und zog sich zurück. Da sagte unser Thereschen zu mir, während sie die Blume betrachtete:
Ah! Der Duft der Veilchen!
Dann machte sie mir ein Zeichen, wie um zu fragen, ob sie ihn einatmen dürfe, ohne unabgetötet zu sein.

14. September

1

Man brachte ihr eine Rose; sie entblätterte sie mit großer Andacht und Liebe über dem Kruzifix; sie nahm jedes einzelne Blatt und liebkoste damit die Wunden des Herrn.
Noch im September, *sagte sie,* entblättert Thereschen die „Frühlingsrose".
Für Dich, um Deine Tränen zu trocknen,
Entblättere ich die Frühlingsrose![11]
Als die Blätter von ihrem Bett auf den Boden der Krankenwärterei hinabglitten, sagte sie sehr ernst:
Sammelt diese Blätter sorgfältig, Schwesterchen, später werdet Ihr damit Freude machen können ... Verliert keines davon ...

2

... Ah! Jetzt ...
„Das läßt mich hoffen, daß meine Verbannung kurz sein wird!"[12]

3

Dr. La Néele hatte ihr versichert, sie würde keinen Todeskampf haben, nun aber, da sie mehr und mehr litt, sagte sie:
... Und doch hat man mir gesagt, ich werde keinen **Todeskampf** haben! ...
... Aber schließlich möchte ich ja einen haben.
Wenn man Ihnen die Wahl ließe, ob Sie einen haben oder nicht?
Ich würde nichts wählen!

15. September

1

Wenn Sie einmal im Himmel sind, dann werden Ihnen Ihre großen Leiden von jetzt ganz gering vorkommen, gehn Sie!

— Oh! Sogar auf der Erde finde ich, daß es sehr wenig ist.

2
Am Abend während der Rekreation:
Als Sr. Martha sich nach meinem Ergehen erkundigte und Sr. Genoveva ihr sofort erwiderte: „Sie ist sehr müde!", dachte ich bei mir selber: Das ist wirklich wahr, so ist es! Ja, ich bin wie ein müder, erschöpfter Reisender, der am Ziel seiner Reise hinfällt ... Ja, aber es sind die Arme Gottes, in die ich falle!

3
Unsere Mutter hat mir gesagt, ich bedarf keiner besondern Vorbereitung auf das Sterben, denn ich bin von vornherein vorbereitet.

16. September

Zu mir allein als Antwort auf Fragen, die ich an sie richtete:
Wir ziehen die Erleuchtungen und die Hilfe Gottes, die wir brauchen, um Seelen zu leiten und zu trösten, dadurch auf uns herab, daß wir nicht über unsere eigenen Kümmernisse reden, um uns zu erleichtern. Außerdem ist das gar nicht eine wirkliche Erleichterung, es regt eher auf als zu beruhigen.

17. September

1
Bei den Kranken muß man fröhlich sein.
(Wir hatten ihr von unserem Kummer gesprochen.)
Schaun Sie, man darf nicht klagen, wie Menschen, die keine Hoffnung haben[13].

Etwas schelmisch:
Sie werden es noch dahin bringen, daß es mir leid ist ums Leben.
— Oh! Das täte uns wirklich leid!
— Es ist wahr. Ich habe das gesagt, um Ihnen Angst zu machen.

2
Sie sprach von ihrer Kindheit und erzählte mir, daß man ihr eines Tages einen kleinen Korb gegeben hatte und daß sie in ihrem Glück ausgerufen hatte:
Jetzt wünsche ich nichts mehr auf Erden!
Aber nach kurzem Besinnen hatte sie schnell hinzugefügt:
Doch, ich wünsche noch etwas, nämlich den Himmel!

18. September

1
Ich sagte zu ihr, ich fürchte, sie durch Sprechen anzustrengen.
Mütterchen, Ihre Konversation ist mir so angenehm! O nein! Sie ermüden mich nicht. Sie ist für mich wie Musik ... Es gibt nicht zwei wie Sie auf Erden. Oh! Wie liebe ich Sie!

2
Sie betrachtete durch das Fenster das rote Weinlaub an der Einsiedelei vom Heiligen Antlitz:
Das Heilige Antlitz zeigt sich in seinem ganzen Glanz. Schauen Sie, einzelne Zweige des wilden Weins reichen bis über die Kastanienbäume hinauf.

3
Heute nachmittag geht es mir besser.
Tatsächlich interessierte sie sich für alles. Mit Vergnügen

schaute sie die Decke an, die Sr. Genoveva für den Altar im Oratorium machte, und den Ornat für Abbé Denis.
Aber am Morgen, als Sr. Amata von Jesus sie in ihre Arme genommen hatte, damit man ihr Bett etwas zurechtmache, glaubte ich, sie würde sterben.

19. September

Man hatte von draußen einen Strauß Dahlien gebracht. Voll Freude betrachtete sie den Strauß und ließ ihre Finger auf eine so reizende Weise durch die Blätter gleiten!
Nach der ersten Messe von Hw. Denis bat sie, ihr seinen Kelch zu zeigen. Lange schaute sie auf den Grund des Kelches, so daß man sie fragte: Warum schauen Sie denn so aufmerksam auf den Grund des Kelches?
Weil ich mich darin spiegle. Ich tat das so gerne in der Sakristei. Es machte mich glücklich zu denken: Meine Züge haben sich dort gespiegelt, wo das Blut Jesu geruht hat und wohin es wieder herabkommen wird.
Wie oft habe ich auch daran gedacht, daß sich in Rom mein Gesicht in den Augen des Heiligen Vaters gespiegelt hat[14].

20. September

1
Besuch von Dr. de Cornière, der uns sagte, sie müsse ein wahres Martyrium durchmachen. Im Weggehen drückte er seine Bewunderung über ihre heroische Geduld aus. Ich berichtete ihr ein wenig von dem, was er gesagt hatte.
Wie kann er sagen, ich sei geduldig! Das ist ja eine Lüge! Ich stöhne unaufhörlich, ich seufze, ich schreie die

ganze Zeit Ach und Weh! Und dann: Mein Gott, ich kann nicht mehr! Hab Mitleid, hab Mitleid mit mir!

2
Am Nachmittag wechselte man ihre Tunika, und wir waren betroffen, sie so mager zu sehen, denn ihr Gesicht hatte sich nicht verändert. Ich ging unsere Mutter holen, damit sie ihren Rücken anschaue. Sie kam lange nicht, und ich bewunderte, wie sanft und geduldig unsere arme kleine Kranke auf sie wartete. Unsere Mutter war schmerzlich überrascht und sagte in gütigem Ton: Was ist denn das? So ein mageres Mädchen?
Ein Kelett!

21. September

1
Ich war, ohne etwas zu sagen, hinausgegangen, um ihre Brechschüssel auszuleeren, und ich stellte sie neben sie hin, wobei ich bei mir dachte: Wie froh wäre ich, wenn sie mir sagen würde, daß sie mir das im Himmel vergelten wird! Und im nächsten Augenblick wandte sie sich mir zu und sagte:
Im Himmel werde ich Ihnen das vergelten.

2
Wenn ich denke, daß sie bald sterben wird, sagte Sr. Genoveva.
Ah! Ja gewiß! Sofort! Ich glaub' dran!

3
Zu denken, daß es kein Thereschen mehr gibt zum Liebhaben!
... Er nannte mich sein Thereschen!
Wer?
Aber P. Bellière!

Er hatte gerade geschrieben, und ich wollte ihr seinen Brief noch einmal vorlesen, weil ich dachte, es werde sie freuen, dieses Wort darin wiederzufinden; aber sie war zu müde und sagte:
O nein! Genug! Ich habe genug von Thereschen!
Dann in schmeichelndem Ton zu mir:
Nicht genug von Paulinchen! O nein!

4
Ich gehe Geschirr waschen. Ich komme zweimal dran[15].
Sehr hart für mich, ach ja!

5
Sr. Genoveva bat mich um einen Bleistift, und obgleich auch ich den meinen brauchte, borgte ich ihn ihr trotzdem. Da sagte Theresia mit Entschiedenheit:
Das ist lieb, das.

6
Ah! Was ist wohl der Todeskampf? Mir scheint, ich bin ununterbrochen im Todeskampf!! ...

7
Als sie sich die Augen abtrocknete, hatten sich einige Wimpern von ihren Lidern gelöst.
Nehmen Sie diese Wimpern, Schwesterchen Genoveva, man soll möglichst wenige davon der Erde geben.
Dann machte sie mit dem Namen von Vater Alaterre[16] (einem Arbeiter), dem Bruder von Sr. St. Vinzenz von Paul, ein Wortspiel:
Der arme gute Mann, wenn es ihm aber doch Freude machen würde!
So war sie, immer fröhlich, trotz ihrer großen seelischen und körperlichen Leiden.

22. September

1
Nachdem ich ihr verschiedene Momente ihres Ordenslebens in Erinnerung gebracht hatte, in denen sie sehr verdemütigt worden war, fügte ich hinzu: Oh, wie oft haben Sie mir leid getan!
Es wäre nicht notwendig gewesen, mich so zu bemitleiden, ich versichere Sie. Wenn Sie wüßten, wie leicht ich über all das hinweggekommen bin! Aus den Verdemütigungen ging ich gestärkt hervor; niemand konnte im Feuer tapferer sein als ich.

2
Sie wollte mit mir sprechen, aber sie konnte nicht.
... O wie hart ist es, so ohnmächtig zu sein!
... Mit Ihnen! Es war so schön, als ich zu Ihnen sprechen konnte! Das ist das Allerhärteste.

3
Ich schaute das Bild von Théophane Vénard an und sagte: Da ist er mit seinem flachen Hut, und zu guter Letzt kommt er Sie gar nicht holen!
Lächelnd:
Oh, Ich spotte nicht über die Heiligen... Ich liebe sie sehr... Sie wollen sehen...
Was? Ob Sie die Geduld verlieren?
Schelmisch und ernst zugleich:
Ja!... Vor allem, ob ich das Vertrauen verliere... wie weit ich mein Vertrauen treiben werde...

4
Sie hatte Sr. Genoveva ihre „bobonne" genannt, Sr. Maria von der Dreifaltigkeit ihre „Puppe", weil sie fand, sie habe ein Puppengesicht. All das tat sie, um uns zu zerstreuen, niemals weil sie ausgelassen oder kindisch gewesen wäre. Aber diese Beinamen wurden mißbraucht, und sie sagte:

Man sollte sich nicht allerlei Namen geben. Das gehört sich doch nicht für Ordensleute!

5
Die Zeit muß Ihnen wohl lang vorkommen?
Nein, die Zeit kommt mir nicht lang vor; mir scheint, daß ich erst gestern am Kommunitätsleben teilnahm und das Heft schrieb (*ihr Leben*).

6
Was für eine schreckliche Krankheit und wieviel haben Sie gelitten!
Ja!!! Welche Gnade, den Glauben zu haben! Hätte ich nicht den Glauben gehabt, ich hätte mich umgebracht, ohne einen Augenblick zu zögern ...

23. September

1
... Oh! Wieviel ich Ihnen verdanke! ... Deshalb liebe ich Sie! ... Aber ich will nichts mehr darüber zu Ihnen sagen, weil ich weinen würde ...
Weinen schadete ihr sehr.

2
Morgen ist der Jahrestag Ihres Schleierfestes und ohne Zweifel auch Ihr Todestag.
Ich weiß nicht wann, ich warte immer, aber ich weiß wohl, daß es nicht mehr lange dauern kann.

3
Sie lächelte uns oft zu, bald der einen, bald der andern, aber wir bemerkten es nicht immer.
... Oft habe ich für „bobonne" oder eine andere ein schönes Lächeln umsonst gelächelt ...

4
Am Abend hatte man durch das geschlossene Fenster so etwas wie ein Vogelgirren gehört. Wir fragten uns, was das sein könne. Die eine sagte: Es ist eine Turteltaube, die andere: Vielleicht ist es ein Raubvogel.
Um so schlimmer, wenn es ein Raubvogel ist! Die Raubvögel kamen ja, um die Märtyrer zu fressen.

5
Eine Schwester hatte ihr eine nicht sehr wichtige vertrauliche Mitteilung gemacht und sie gebeten, sie als Geheimnis zu bewahren.
... Wenn die Schwestern es verbieten, ist es heilig ...
Auch wenn es sich um etwas ganz Geringfügiges handelt, darf man es nicht weitersagen.

6
Nach einem sehr langen Schweigen, indem sie Sr. Maria vom Heiligen Herzen und mich, die wir in diesem Augenblick bei ihr waren, anschaute:
Meine Schwesterchen, Ihr seid es, Ihr habt mich erzogen! ... und ihre Augen füllten sich mit Tränen.

24. September

1
Am Jahrestag ihres Schleierfestes hatte ich die Messe für sie feiern lassen.
Danke für die Messe!
Da ich sah, wie sehr sie litt, sagte ich traurig: Ah! Sie sehen wohl, es ist Ihnen nicht leichter geworden!
Sie haben also deshalb erreicht, daß man die Messe für mich liest, damit es mir besser gehe?
— Für Ihr Wohl.
— Mein Wohl ist ohne Zweifel das Leiden ...

2
Sie erzählte mir, was für ein Schmerz es einmal für sie gewesen war, als man in jenem Jahr die Kastanienbäume viel zu spät geschnitten hatte.
Zunächst war mein Schmerz bitter, und in mir tobten heftige Krämpfe. Ich liebte den Schatten so sehr, und in diesem Jahr würde es keinen geben. Die Äste, die schon grün waren, lagen in Bündeln auf der Erde. Nur die Stämme waren übriggeblieben! Dann aber, plötzlich, habe ich mich darüber erhoben, indem ich mir sagte: Wenn ich in einem andern Karmel wäre, was würde es mir ausmachen, wenn man im Karmel von Lisieux die Kastanienbäume ganz und gar wegschneiden würde?! Und ich empfand großen Frieden und himmlische Freude!

3
Visite von Herrn de Cornière, der sich mehr und mehr erbaut zeigt. Er sagte zu unserer Mutter: „Sie ist ein Engel! Sie hat das Gesicht eines Engels, trotz ihrer großen Leiden hat sich ihr Gesicht überhaupt nicht verändert. Das habe ich noch nie gesehen. Bei ihrem Zustand allgemeiner Abmagerung — das ist übernatürlich."

4
... Ich möchte auf den Himmelswiesen herumlaufen ...
... Ich möchte über die Wiesen laufen, wo das Gras nicht niedergetreten wird, wo es schöne Blumen gibt, die nicht welken, und hübsche kleine Kinder, die Engelchen sind.
Sie schauen nie aus, als wären Sie des Leidens müde. Sind Sie es im Grunde?
Aber nein! Wenn ich nicht mehr kann, dann kann ich nicht mehr, das ist alles!

5
Ich hatte Lust, zu Herrn de Cornière zu sagen: Ich lache, weil Sie mich trotz allem nicht hindern konnten,

in den Himmel zu gehen; aber wenn ich dort bin,
**werde ich Sie zum Dank für Ihre Mühe daran hindern,
schon bald hinzukommen**[17].

6

Bald werde ich nur mehr die Sprache der Engel
sprechen.

7

Im Himmel werden Sie zu den Seraphim kommen.
Ah! Aber wenn ich zu den Seraphim komme, so werde
ich es nicht machen wie sie. Um so schlimmer! Sie bedecken sich alle mit ihren Flügeln vor dem lieben Gott;
ich werde mich hüten, mich mit meinen Flügeln zu
bedecken[18].

8

... Mein Gott! ... Hab' Mitleid mit dem kleinen Mä ...
Mä ... Mädchen!
(Dabei drehte sie sich unter großen Schmerzen um.)

9

— Wie sie ihren „Théophane" liebkost, er wird sehr
geehrt!
— **Das sind keine** *Ehrenbezeigungen* ...
— Was denn sonst?
— **Es sind ganz einfach Liebkosungen!**
(Sie streichelte das Bild von Théophane Vénard.)

10

... Sie haben also kein Vorgefühl, an welchem Tag Sie
sterben werden?
— O Mutter! Vorgefühle! Wenn Sie wüßten, wie armselig ich bin! Ich weiß nichts, was Sie nicht auch wissen;
ich errate nichts, als was ich sehe und fühle, aber meine
Seele ist trotz der Finsternisse in einem erstaunlichen
Frieden.

11

Wer hat Sie auf der Erde am liebsten? ...

25. September

1
Ich hatte ihr erzählt, was man in der Rekreation über Herrn Youf gesagt hatte, der den Tod sehr fürchtete. Die Schwestern hatten über die Verantwortung der Menschen gesprochen, denen die Sorge für die Seelen obliegt und die ein langes Leben haben.
... Was die Kleinen betrifft, so werden sie mit äußerster Milde gerichtet werden[19]. Und man kann sehr wohl klein bleiben, auch wenn man höchst verantwortungsvolle Aufgaben hat, auch wenn man sehr lange lebt. Ob ich mit 80 Jahren gestorben wäre, ob ich in China gewesen wäre, überall wäre ich genauso klein gestorben wie heute, das fühle ich wohl. Und es steht geschrieben, daß „der Herr sich am Jüngsten Tag erheben wird, um alle Sanften und Demütigen auf Erden zu retten"[20]. Es steht nicht *richten*, sondern *retten*.

2
An einem der letzten Tage hatte sie mir von schrecklichen Schmerzen gesprochen:
O Mutter, es ist leicht, schöne Dinge über das Leiden zu schreiben; aber Schreiben ist nichts, nichts! Man muß drinnen sein, um zu wissen! ...
Dieses Wort hatte einen schmerzlichen Eindruck in mir hinterlassen. Heute nun schien sie sich an das zu erinnern, was sie zu mir gesagt hatte, denn sie schaute mich mit einem ganz eigenartigen, gleichsam feierlichen Blick an und sprach die folgenden Worte:
Ich fühle jetzt klar, daß alles, was ich gesagt und geschrieben habe, in allem wahr ist ... Es ist wahr, daß ich sehr viel leiden wollte für den lieben Gott, und es ist wahr, daß ich es immer noch wünsche.

3
Man sagte ihr: Ah! Es ist schrecklich, was Sie leiden!

Nein, es ist nicht schrecklich. Ein kleines Opfer der Liebe kann das nicht schrecklich finden, was sein Gemahl ihm aus Liebe schickt.

26. September

Sie hatte keine Kraft mehr.
Oh! Wie bin ich zerschlagen!...
Durch das Fenster betrachtete sie ein totes Blatt, das sich vom Baum gelöst hatte und an einem dünnen Faden in der Luft schwebte:
Sehen Sie, das ist ein Gleichnis für mich, mein Leben hängt nur mehr an einem dünnen Faden.
Nach ihrem Tod, noch am Abend des 30. September, fiel das Blatt, das bis dahin als Spielball der Winde in der Luft gehangen hatte, zur Erde. Ich habe es aufgehoben mitsamt seinem Spinnenfaden, der immer noch daran haftete.

27. September

Zwischen zwei und drei Uhr wollten wir ihr zu trinken geben. Sie bat um Lourdeswasser und sagte:
Bis 3 Uhr mag ich lieber Lourdeswasser, es ist frömmer.

28. September

1
... Mama![21] ... Die Luft der Erde fehlt mir, wann wird der liebe Gott mir die Luft des Himmels geben?...

... Ah! Noch nie war er so kurz! (*ihr Atem*)

2
— Arme Kleine, Sie sind wie die Märtyrer im Amphi-

theater, wir können nichts mehr für Sie tun!
O ja! Schon allein Sie zu sehen tut mir gut.
Den ganzen Nachmittag schenkte sie uns ihr Lächeln.
Als ich ihr die folgenden Stellen aus dem Offizium des heiligen Michael vorlas, hörte sie aufmerksam zu:
„Der Erzengel Michael kam mit einer großen Schar von Engeln. Ihm hat Gott die Seelen der Heiligen anvertraut, damit er sie in die Freuden des Paradieses heimholt."
„Erzengel Michael, ich habe dich zum Fürsten gesetzt über alle Seelen, die aufgenommen werden sollen."
Sie streckte die Hand nach mir aus und legte sie dann auf ihr Herz zum Zeichen, daß ich dort sei in ihrem Herzen.

29. September

1
Seit dem Morgen schien sie in Agonie zu sein; sie hatte ein sehr schmerzhaftes Röcheln und konnte nicht atmen. Die Kommunität wurde gerufen und versammelte sich um ihr Bett, um die Gebete aus dem Manuale zu rezitieren. Nach ungefähr einer Stunde entließ unsere Mutter die Schwestern wieder.

2
Zu Mittag sagte sie zu unserer Mutter:
Mutter, ist das der Todeskampf? ... Wie werde ich es nur machen, um zu sterben? Nie werde ich zu sterben verstehen! ...

3
Ich las ihr noch weitere Stellen aus dem Offizium des heiligen Michael und die Gebete für die Sterbenden auf französisch vor. Als von den bösen Geistern die Rede

war, machte sie eine kindliche Gebärde, wie um ihnen zu drohen, und rief lächelnd:
Oh! Oh!
in einem Ton, als wolle sie sagen: Die fürchte ich nicht.

4

Nach der Visite des Arztes sagte sie zu unserer Mutter: Ist es heute, Mutter?
— Ja, mein Töchterchen.
Da sagte eine von uns:
Heute ist der liebe Gott voll Freude.
Ich auch.
Wenn ich sogleich stürbe — welch ein Glück!

5

... Wann werde ich endlich ganz und gar ersticken?! ...
Ich kann nicht mehr! Ah! Beten Sie für mich! ... Jesus! Maria!
... Ja! Ich will, ich will schon ...

6

Sr. Maria von der Dreifaltigkeit war gekommen; nach wenigen Augenblicken hatte sie sie auf sehr freundliche Weise aufgefordert, sich zurückzuziehen. Als sie gegangen war, sagte ich: Arme Kleine! Sie hat Sie so geliebt!

War es böse von mir, sie wegzuschicken?
Und ihr Gesicht wurde traurig, aber ich tröstete sie gleich wieder.

7

(6 Uhr). Ein Insekt war in ihren Ärmel hineingekrochen; man quälte sie damit, es herauszuholen.
Lassen Sie nur, es macht nichts.
— O doch, es wird Sie stechen.
— Nein, lassen Sie, lassen Sie! Ich sage Ihnen, ich kenne diese Tierchen da.

8

Ich hatte heftige Kopfschmerzen, und gegen meinen

Willen schloß ich die Augen, während ich den Blick auf sie gerichtet hatte.
Machen Sie Heia, Heia ... und ich auch!
Aber sie konnte nicht schlafen und sagte zu mir:
O Mutter, wie tun mir die Nerven weh!

9
Während der Abendrekreation:
... Ah! Wenn Sie wüßten!
(Wenn Sie wüßten, wie ich leide.)

10
Ich möchte Ihnen die ganze Zeit zulächeln, und dabei kehre ich Ihnen den Rücken zu! Schmerzt Sie das?
(Das war während des Stillschweigens.)

11
Als unsere Mutter nach der Matutin kam, um nach ihr zu sehen, hatte sie die Hände gefaltet und sagte mit sanfter, ergebener Stimme:
Ja, mein Gott, ja, mein Gott, ich will alles, gerne!
— Es ist also schrecklich, was Sie leiden? fragte unsere Mutter.
— Nein, Mutter, nicht schrecklich, aber viel, viel ... gerade so viel, wie ich ertragen kann.
Sie bat, in der Nacht allein bleiben zu dürfen, aber unsere Mutter wollte es nicht. Sr. Maria vom Heiligen Herzen und Sr. Genoveva teilten sich in diesen großen Trost.[a]) Ich blieb in der Zelle, die in den Kreuzgang geht, direkt neben der Krankenwärterei.

---

a) Die *Grünen Hefte* fügen hinzu:
Sie hatte unser Angebot, während ihrer Krankheit die Nächte bei ihr zu verbringen, nicht angenommen. Auch in der letzten Nacht ihres Lebens vom 29. auf den 30. September beschwor sie uns, sie allein zu lassen. Schließlich gelang es Sr. Maria vom Heiligen Herzen

†

30. September

Donnerstag,
Tag ihres kostbaren Todes

Am Morgen während der Messe war ich bei ihr. Sie sagte kein Wort zu mir. Sie war erschöpft, sie keuchte; ich erriet, daß sie unbeschreiblich litt. Einmal faltete sie für einen Augenblick die Hände, blickte auf die Statue der Heiligen Jungfrau und sagte:
Oh! Ich habe inbrünstig zu ihr gebetet! Aber es ist die reine Agonie ohne jeden Trost.
Ich sagte ihr einige mitfühlende, liebe Worte und fügte hinzu, daß sie mich während ihrer Krankheit sehr erbaut habe.
— Und Sie! All der Trost, den Sie mir gespendet haben! Ah! Er war sehr groß!
Ohne zu übertreiben kann man sagen, daß sie den ganzen Tag wahre Folterqualen litt ohne einen Augenblick der Ruhe.
Sie schien am Ende ihrer Kräfte, und doch konnte sie sich zu unserer großen Überraschung bewegen, im Bett aufsetzen.

---

und Sr. Genoveva, sich in diesen Trost zu teilen ...
Sie fanden sie einzig darauf bedacht, nicht die Ruhe derjenigen zu stören, die gerade bei ihr wachte. Und was für Schmerzen hat sie dabei durchgemacht!
Sr. Maria vom Heiligen Herzen schlief ein, nachdem sie ihr einen Arzneitrank gereicht hatte. Mit tiefer Rührung sah sie bei ihrem Erwachen, daß die Kleine immer noch das Gläschen in ihren vor Fieber zitternden Händen hielt und geduldig darauf wartete, daß ihre Schwester erwache und es zurückstelle.

... Sehen Sie, sagte sie zu uns, wieviel Kraft ich heute habe! Nein, ich werde noch nicht sterben! Es reicht noch für Monate, vielleicht für Jahre!
— „Und wenn der liebe Gott das wollte", sagte unsere Mutter, „würden Sie es annehmen?"
In ihrer Herzensangst begann sie zu sagen:
Ich müßte wohl ...
Aber sogleich faßte sie sich, und während sie auf ihre Kissen zurücksank, sagte sie mit einem Ausdruck erhabener Ergebenheit:
Ich will es gerne!
Ich konnte wohl die Worte aufschreiben, die sie sagte, aber der Ausdruck, mit dem sie sie sagte, läßt sich unmöglich wiedergeben.
Ich glaube nicht mehr an den Tod für mich ... Ich glaube nur mehr an das Leben ... Nun gut, um so besser!
O mein Gott! ...
Ich liebe Ihn, den lieben Gott!
O liebe Heilige Jungfrau, komm mir zu Hilfe!
Wenn das der Todeskampf ist, was ist dann der Tod?! ...
Ah! *Guter* Gott! ... Ja, Er ist gut, ich finde Ihn sehr gut! ...
Indem sie die Heilige Jungfrau ansah:
Oh! Du weißt, daß ich ersticke!
Zu mir:
Wenn Sie wüßten, was es heißt, zu ersticken!
— Der liebe Gott wird Ihnen helfen, meine arme Kleine, und bald wird es vorbei sein.
— Ja, aber wann?
... Mein Gott, hab' Mitleid mit Deinem armen kleinen Mädchen! Hab Mitleid mit ihm!
Zu unserer Mutter:
O Mutter, ich versichere Sie, der Kelch ist voll bis zum Rand! ...
... Aber der liebe Gott wird mich nicht verlassen, sicher nicht ...

... Er hat mich nie verlassen.
... Ja, mein Gott, alles, was Du willst, aber hab Mitleid mit mir!
... Schwesterchen, Schwesterchen, betet für mich!
... Mein Gott, mein Gott! Du, der Du so gut bist!!!
... O ja, Du bist gut! Ich weiß es ...
Nach der Vesper legte unsere Mutter ein Bild Unserer Lieben Frau vom Berge Karmel auf ihre Knie.
Sie schaute sie einen Augenblick an und, nachdem **unsere Mutter** ihr versichert hatte, daß sie bald die Heilige Jungfrau so liebkosen werde, wie es das Jesuskind auf diesem Bild tut, sagte sie:
O Mutter, bringen Sie mich schnell zur Heiligen Jungfrau. Ich bin ein „bébé", das nicht mehr kann! ...
Bereiten Sie mich auf ein gutes Sterben vor.
Unsere Mutter erwiderte ihr, sie, die immer die Demut verstanden und geübt habe, sei vollkommen vorbereitet.
Sie dachte einen Augenblick nach und sprach dann demütig die folgenden Worte:
Ja, es scheint mir, daß ich immer nur die Wahrheit gesucht habe; ja, ich habe die Demut des Herzens begriffen ... Es scheint mir, ich bin demütig.
Und sie wiederholte noch einmal:
Alles, was ich über mein Verlangen nach Leiden geschrieben habe — oh! Das ist trotz allem wirklich wahr!
... Und ich bereue nicht, mich der Liebe ausgeliefert zu haben.
Mit Nachdruck:
O nein, ich bereue es nicht, im Gegenteil!
Etwas später:
Nie hätte ich geglaubt, daß es möglich sei, so zu leiden[1]! Nie! Nie! Ich kann mir das nur aus meinem glühenden Verlangen erklären, Seelen zu retten.

---

[1] Man hat ihr nie auch nur eine einzige Morphiumspritze gegeben.

Gegen 17 Uhr war ich allein bei ihr. Plötzlich ging mit ihrem Gesicht eine Veränderung vor sich; ich begriff, daß der letzte Todeskampf einsetzte.
Als die Kommunität in die Krankenwärterei eintrat, **empfing** sie alle Schwestern mit einem liebevollen Lächeln. Sie hielt ihr Kruzifix und schaute es unablässig an.
Über zwei Stunden lang zerriß ihr ein schreckliches Röcheln die Brust. Ihr Gesicht war rot angelaufen, ihre Hände waren violett, ihre Füße eiskalt, und sie zitterte **an allen Gliedern**. Reichlicher Schweiß trat ihr in riesigen Tropfen auf die Stirn und rieselte auf ihre Wangen herab. Ihre Beklemmung nahm dauernd zu, und um sich Luft zu verschaffen, stieß sie von Zeit zu Zeit unfreiwillig kleine Schreie aus.
Während wir diese Stunden voll Herzensangst durchlebten, hörte man durch das Fenster ein Gezwitscher von Rotkehlchen und anderen kleinen Vögeln, aber so stark, so nah und so lang! Ich litt sehr darunter und betete zum lieben Gott, Er möge die Vögel zum Schweigen bringen, dieses Konzert durchbohrte mir das Herz, und ich fürchtete, es würde unserer armen kleinen **Theresia** lästig fallen.

In einem Augenblick schien ihr Mund so trocken, daß Sr. Genoveva ihr ein kleines Stück Eis auf die Lippen legte, um ihr Linderung zu verschaffen. Sie nahm es mit einem Lächeln für Sr. Genoveva, das ich nie vergessen werde. Es war wie ein letztes Lebewohl.
Um 18 Uhr, als es zum Angelus läutete, schaute sie lange auf die Statue der Heiligen Jungfrau hin.
Einige Minuten nach 19 Uhr schließlich, nachdem unsere Mutter die Kommunität fortgeschickt hatte, seufzte sie:
Mutter! Ist das noch nicht der Todeskampf? ... Werde ich nicht sterben?
— Doch meine arme Kleine, das ist der Todeskampf,

aber vielleicht will der liebe Gott ihn einige Stunden verlängern.
Tapfer erwiderte sie:
Also gut! ... Weiter! ... Weiter! ...
Oh! Ich möchte nicht weniger lang leiden ...
Indem sie das Kruzifix ansah:
Oh! Ich liebe Ihn!
Mein Gott! ... Ich liebe Dich!

Als sie diese Worte ausgesprochen hatte, sank sie plötzlich sanft zurück, den Kopf nach rechts geneigt. Unsere Mutter ließ unverzüglich die Glocke der Krankenwärterei läuten, um die Kommunität zusammenzurufen.
— „Öffnet alle Türen", sagte sie gleichzeitig. Dieses Wort hatte etwas Feierliches an sich, so daß ich denken mußte, der liebe Gott sagt jetzt im Himmel das Gleiche zu seinen Engeln.
Die Schwestern hatten noch Zeit, sich rings um das Bett zu knien, und wurden Zeuge der Verzückung der kleinen heiligen Sterbenden. Ihr Gesicht hatte seine Lilienfarbe, die ihm bei voller Gesundheit eigen gewesen war, zurückgewonnen, ihre Augen blickten nach oben, strahlend in Frieden und Freude. Sie bewegte den Kopf auf anmutige Weise, so als habe jemand sie mit einem Liebespfeil göttlich verwundet, dann den Pfeil herausgezogen, um sie von neuem zu verwunden ...
Sr. Maria von der Eucharistie näherte sich mit einer brennenden Kerze, um ihren erhabenen Blick aus der Nähe besser zu sehen. Im Licht dieser Kerze war keine Bewegung ihrer Lider zu sehen. Diese Verzückung dauerte ungefähr so lange wie ein Credo, dann stieß sie ihren letzten Seufzer aus.
Nach ihrem Tod blieb ein himmlisches Lächeln auf ihrem Gesicht. Sie war bezaubernd schön. Sie hielt ihr Kruzifix so fest, daß man es ihr aus den Händen reißen mußte, bevor man sie begrub. Sr. Maria vom Heiligen Herzen und ich taten es zusammen mit Sr. Amata von

Jesus, und wir bemerkten *dabei*, daß sie nicht älter aussah als 12 oder 13 Jahre.
Ihre Glieder blieben geschmeidig bis zu ihrem Begräbnis am Montag, dem 4. Oktober 1897.

Sr. Agnes von Jesus
r. c. i.

Anhang

30. September

... Alle meine kleinen Wünsche haben sich erfüllt ...
Da muß auch dieser große (*aus Liebe sterben*) sich erfüllen!
Am Nachmittag:
Ah! Wieviel Kraft ich heute habe! ... Es reicht noch für Monate! Und morgen und alle Tage wird es noch schlimmer sein! ...
... **Nun gut! Um so besser!**

Ich kann nicht atmen, ich kann nicht sterben ...([1])
... Nie werde ich zu sterben verstehen!

... Ja, mein Gott! ... Ja!

... Ich will gerne noch leiden ...

Gegen 5 Uhr ließ Mutter Maria von Gonzaga die Reliquien vom seligen Théophane Vénard und von der Mutter Anna von Jesus, die rechts am Vorhang des Krankenbettes angenadelt waren, fallen. Man hob sie auf, und Theresia strich zärtlich darüber.

---

(1) Sie hat nie Sauerstoff geatmet — ich glaube, das kannte man damals nicht.

Letzte Gespräche Theresias
mit Céline

Juli – September 1897

Anmerkungen zu diesem Abschnitt siehe S. 345; siehe
auch „Zur Herstellung der vorliegenden Ausgabe" S. 23

12. Juli

1
Mitten in einem Gespräch unterbrach sich Thereschen plötzlich. Sie schaute mich mitleidig an und sagte:
„Ah! ... Schwesterchen Genoveva wird es am meisten spüren, wenn ich nicht mehr dasein werde. Gewiß, sie kommt mir am bedauernswertesten vor, denn immer, wenn sie einen Kummer hat, kommt sie gleich zu mir, und nun wird sie niemanden mehr haben ...
... Ja, aber der liebe Gott wird ihr Kraft geben ... und dann, ich werde wiederkommen!" ...
und an mich gewandt:
„Ich werde Sie so bald wie möglich holen kommen, und ich werde Papa mitbringen, Sie wissen ja, er hatte immer Eile ..."([1])

2
Später, während ich um sie herum meinen Aufgaben als Krankenwärterin nachging und dabei wie immer über die nahe bevorstehende Trennung sprach, trällerte sie ein Liedchen, das sie sich ausdachte, während sie sang, und in dem sie mich an ihre Stelle setzte: (nach der Melodie des Lobgesanges „Mein ist Er")
„Mein ist sie, die zu rauben mir
Sogar der Himmel, der ganze Himmel kam.
Mein ist sie, ich liebe sie! O ja, ich liebe sie.
Nichts wird uns jemals scheiden können."

---

(1) (Damit wollte sie nicht sagen, er sei ein gehetzter Mensch gewesen, sondern sie meinte damit seine Veranlagung, die es ihm unmöglich machte, etwas auf morgen zu verschieben, was er heute tun konnte. Nie zögerte er die Durchführung einer einmal getroffenen Entscheidung hinaus.)

3
Ich sagte zu ihr: „Gleich nach Ihrem Tod wird mich der liebe Gott nicht holen können, denn ich werde noch nicht genug Zeit gehabt haben, gut zu sein." Sie erwiderte:
— „Das macht nichts! Denken Sie an den heiligen Joseph von Cupertino. Seine Intelligenz war durchschnittlich, er war ungebildet und hatte nur eine Stelle aus dem Evangelium ganz begriffen: Beatus venter qui te portavit[1]. Als man ihn gerade über diese Stelle befragte, antwortete er so gut, daß alle voll Bewunderung waren, und ohne jede weitere Prüfung wurden er und seine drei Gefährten mit großen Ehren in den Priesterstand aufgenommen, denn aus seinen wunderbaren Antworten schloß man, daß seine Gefährten ebensoviel wissen mußten wie er.
So werde ich für Sie antworten, und der liebe Gott wird Ihnen *gratis* alles geben, was Er mir gegeben hat."

4
Am selben Tag, während sie mir zuschaute, wie ich in der Krankenwärterei aus- und einging, sagte sie zu mir: „Mein kleiner Valerian..."
(Manchmal verglich sie unsere innige Verbundenheit mit jener zwischen der heiligen Cäcilia und dem Valerian.)

Juli

1
Wenn sie mich ansah, stiegen spontan Gedanken in ihr auf wie die folgenden:
„Wir werden sein wie zwei kleine Küken, Sie wissen, wie sie immer beisammen bleiben!"
„Wie traurig wäre es für mich, wenn ich am andern Knie des lieben Gottes jemanden *x-beliebigen* sitzen sehen würde! Ich würde den ganzen Tag weinen!..."

Die Stelle im Evangelium, wo es Jesus den Söhnen des Zebedäus abschlägt, zu seiner Rechten und zu seiner Linken zu sitzen[2], hatte Thereschen beeindruckt, und **sie sagte: „Ich stelle mir vor, der liebe Gott hat diese Plätze ‚kleinen Kindern' vorbehalten..."** Dabei hoffte sie, sie und ich, wir würden diese beiden bevorzugten Kinder sein... (Das ist der Grund, warum ich immer **wieder Fragen** stellte, in denen meine leider begründete Angst zum Ausdruck kam, ich werde einer solchen Gunst niemals würdig sein.) — Die Gnade des Haec facta est mihi, die mir ungefähr drei Wochen nach ihrem Tod zuteil wurde, war die Antwort auf die innerliche Frage, die plötzlich während der Terz in mir aufstieg: „Theresia hat mir nicht gesagt, daß sie den erhofften Platz auf den Knien des lieben Gottes erhalten hat?..." Und genau in diesem Augenblick sprach der Chor die Worte: Haec facta est mihi[3] ... Ich verstand diese Worte nicht, und kaum war das Offizium zu Ende, schlug ich die Übersetzung nach: Haec facta est mihi... So ist mir geschehen...

2
Ich hatte gesagt, wenn ich sie verliere, werde ich verrückt werden. Sie erwiderte:
„Wenn Sie verrückt sind, *bobonne*, wird der ‚Gute Erlöser'[4] Sie holen kommen!..."
(„Bobonne" war ein Beiname, den sie mir mit Erlaubnis unserer Mutter gab, denn weil ich sie pflegte, mußte sie mich immerzu rufen, und da fand sie *bobonne* weniger mühsam als meinen Namen.)

3
Ich äußerte meine Betrübnis darüber, daß ich nicht alles aufschreiben konnte, sondern nur hastig jene Worte notierte, die mir ganz persönlich galten, während ich sah, wie Mutter Agnes von Jesus all die schönen Aussprüche unseres Engels aufschrieb: — „Ich mache es

nicht wie die andern, ich schreibe gar nicht alles auf, was Sie sagen." Sie erwiderte prompt:
— „Sie werden es nicht brauchen, ich werde Sie holen kommen..."
(Bevor man sie in die Krankenwärterei hinuntergebracht hatte an einem Tag im Juni, sah sie mich voll Verzweiflung über die Aussicht auf ihren baldigen Weggang. Da wandte sie sich an das Jesuskind und, indem sie mit einer reizenden Gebärde den Finger erhob, sagte sie zu ihm, wie um ihm Bescheid zu sagen:)
„Kleiner Jesus, wenn Du mich holst, mußt Du auch Fräulein Lili([1]) holen. Das ist meine Bedingung. Also überlege Dir gut, was Du tust... Einen Mittelweg gibt es nicht, entweder nehmen oder lassen!"

4

Am 22. Juli schrieb ich an meine Tante, Frau Guérin:
... Vor ein paar Tagen las ich meiner kleinen Kranken eine Stelle über die himmlische Seligkeit([2]) vor. Da hat sie mich unterbrochen, um mir zu sagen:
„Das ist es nicht, was mich anzieht...
— Was denn sonst? fragte ich sie.
— „Oh! Die Liebe! Lieben, geliebt werden und auf die Erde zurückkommen,..."[5]
(Das steht nicht im handschriftlichen Manuskript.)

5

In der Nacht hatte sie Blut gespuckt. Voll Freude zeigte sie mir von Zeit zu Zeit in ihrer kindlichen Art den Napf[6]. Dabei wies sie mir oft mit trauriger Miene den

---

(1) Ein Beiname aus unserer Kindheit, mit dem sie mich immer noch anredete, wenn wir unter uns waren. Er stammte aus einer Kindergeschichte: Herr Toto und Fräulein Lili — Sie war Herr Toto und ich Fräulein Lili.
(2) Ich saß nahe am Fenster.

Rand, als wolle sie sagen: Ich wünschte, er wäre voll bis daher!
Ich entgegnete ihr gleichfalls traurig:
— „Oh! Es kommt nicht darauf an, ob da wenig oder viel drin ist, schon die Tatsache allein ist ein Zeichen für Ihren Tod..."
Dann fügte ich hinzu: — „Ach ja! Sie sind glücklicher als ich, denn für meinen hab' ich noch kein Zeichen!"
Prompt entgegnete sie:
— „O ja! Sie haben ein Zeichen! Mein Tod ist ein Zeichen für den Ihren!..."

21. Juli

Während ich meinen Geschäften als Krankenwärterin nachging und das Zimmer in Ordnung brachte, folgte sie mir mit den Augen, und plötzlich unterbrach sie das Schweigen durch ein Wort, das durch nichts provoziert worden war:
„Im Himmel werden Sie neben mir Platz nehmen!"
Und später zitierte sie eine Stelle aus einem schönen Gedicht über Ludwig XVII.[7]
„Bald werden mit mir Sie kommen,
... zu wiegen das weinende Kind.
Und die Sonnen in ihrer brennenden Behausung
Verjüngen mit leuchtendem Hauch..."
„Dann werde ich Ihnen die azurblauen Flügel eines purpurnen Cherubs anstecken... *ich selber werde sie festmachen*, denn Sie würden es nicht treffen, Sie würden sie entweder zu weit unten oder zu weit oben anstecken!"

24. Juli

1
Sie wußte eine Menge Geschichten und hatte sich viele Stellen gemerkt, die sie gelegentlich verwendete. Das machte ihre Konversation anschaulich und reizvoll.
„Sie sind eine Seele voll guten Willens", *sagte sie zu mir*, „fürchten Sie nichts, Sie haben ein ‚Hündchen', das Sie aus allen Gefahren erretten wird ..."
(Anspielung auf das Geständnis, das der Teufel P. Surin während eines Exorzismus gemacht hatte: „Ich erreiche alles, es gibt nur eines, diesen Hund von gutem Willen, gegen den ich nichts vermag.")

2
Ich sagte zu ihr: „Sie sind mein Ideal, und dieses Ideal kann ich nicht erreichen! Oh, wie grausam ist das! Mir scheint, ich habe nicht das, was es dazu braucht. Ich bin wie ein kleines Kind, das kein Gefühl für Entfernungen hat. Vom Arm der Mutter streckt es seine kleine Hand aus, um den Vorhang oder einen Gegenstand zu ergreifen. ... Es gibt sich keine Rechenschaft darüber, daß es davon sehr weit entfernt ist!"
— „Ja, aber am Jüngsten Tag wird der gute Jesus sein Célinchen allem nahebringen, was es gewünscht hat, und dann wird es alles packen."

1. August

„Sie sind *ganz klein*, denken Sie daran, und wenn man ganz klein ist, hat man keine schönen Gedanken ..."

4. August

1
In den ersten Jahren meines Ordenslebens mußte ich eine wahre Vernichtung meiner Natur durchmachen, ich

sah nichts als Ruinen rings um mich, und so beklagte
ich mich oft; — in einem solchen Augenblick hörte ich sie
einmal singen (Melodie)([1]):
„Bobonne, auf Erden unvollkommen,
Sie werden vollkommen sein im Himmel!" (dreimal)

2
Mein liebes Schwesterchen hatte sehr heftige Schmerzen
in der rechten Schulter und im rechten Arm. Um ihr
Linderung zu verschaffen, hatte ich mir ausgedacht, ein
breites Stück Leinen zur Schlinge gebunden von ihrem
Betthimmel herabhängen zu lassen, in dem ihr Arm frei
im Raum ruhte. Diese Linderung war allerdings nicht
lange wirksam, aber sie war trotzdem sehr dankbar dafür und sagte voll Zärtlichkeit:
„Der liebe Gott wird auch für *bobonne* Schlingen
machen!"

3
Mitten in einem Gespräch überfiel mich der Gedanke an
ihren Tod und ich rief:
— „Ich werde ohne Sie nicht leben können!"
— „Sie haben ganz recht", entgegnete sie lebhaft, „deshalb werde ich Ihnen zwei bringen..." (Flügel[8]).

4
Als ich mit Theresia allein war, sagte ich zu ihr: „Sie
möchten, daß aus einem Spatzenei ein so entzückendes
Vögelchen ausschlüpft wie Sie, aber das ist unmöglich!"

---

(1) Melodie der beiden letzten Zeilen eines Liedes zum
heiligen Joseph:
„Joseph, unbekannt auf Erden,
Wie groß bist Du im Himmel!" (dreimal)
(Die erste Strophe dieses Liedes begann so:
Edles Blut rollte in deinen Adern...
und die erste Zeile des Refrains lautete:
Menschlicher Ruhm ist vergänglich.)

— „Ja, aber! Ich werde ein Zauberstück der Natur machen, um alle Heiligen zu unterhalten. Ich werde das kleine Ei nehmen und zu den Heiligen sagen: Schaut gut zu! Ich mache jetzt ein Taschenspielerkunststück:

‚Hier seht Ihr ein kleines Spatzenei. Gut! Ich werde daraus ein hübsches Vögelchen auskriechen lassen, wie ich es bin!'
Dann werde ich mein kleines Ei dem lieben Gott hinreichen und ganz leise, aber ganz, ganz leise zu Ihm sagen: ‚Verwandle die Natur des kleinen Vogels, indem Du das Ei anhauchst ...' Und wenn Er es mir dann zurückgegeben hat, werde ich es der Heiligen Jungfrau reichen und sie bitten, es zu küssen ... Dann werde ich es dem heiligen Joseph anvertrauen und ihn bitten, es zu streicheln ... Schließlich werde ich mit lauter Stimme zu allen Heiligen sagen:
‚Sagt alle, daß ihr das Vögelchen, das aus dem Ei ausschlüpfen wird, genauso lieb habt wie ich!'
Und sogleich werden alle Heiligen ausrufen: — ‚Wir haben das Vögelchen, das aus dem kleinen Ei ausschlüpfen wird, genauso lieb wie du.'
Dann werde ich mit triumphierender Miene das kleine Ei zerbrechen, und ein ganz reizendes Vögelchen wird sich neben mich dem lieben Gott auf die Knie setzen. Und alle Heiligen werden sich unbeschreiblich freuen, wenn sie die beiden Vögelchen singen hören ..."

5. *August*

1
Zu der Stelle aus dem Evangelium: „Zwei Frauen mahlen zusammen, die eine wird aufgenommen, die andre wird zurückgelassen ..."[9]:
— „Wir machen unser kleines Geschäft zusammen, ich werde schon sehen, daß Sie den Weizen nicht ganz

allein mahlen können, also werde ich Sie holen kommen ... Wachen Sie also, denn Sie wissen nicht, zu welcher Stunde Ihr Herr kommt"[10].
Immer wieder sprach sie mir davon, daß wir wie zwei Geschäftspartner seien. Was tut's, wenn der eine unfähig ist? Solange sie sich nicht voneinander trennen, werden sie eines Tages an demselben Gewinn teilhaben.

In ihrem Vergleich vom Vögelchen, das auf der Mauer des Kreuzgangs sitzt und den göttlichen Adler erwartet[11], den es unablässig voll Liebe anschaut, sagte mein liebes Thereschen mir immer, daß sie sich dabei nicht allein sehe, sondern daß da zwei Vögelchen seien ...

2
Sie gab sich Mühe, mir die Armut des Geistes und des Herzens beizubringen durch Worte wie:
— „*Bobonne* muß an ihrem Platz bleiben, sie darf nicht versuchen, eine große Dame zu sein, niemals!"
Und als ich einmal noch eine von den kleinen Horen zu beten hatte, sagte sie in kindlichem Ton:
— „Gehn Sie die Non beten. Und denken Sie daran, daß sie eine ganz kleine Nonne sind, die letzte unter den Nonnen!"[12]

3
Sie werden mich also verlassen!
— „Oh! Nicht einen Fuß breit!"
Und ich nahm mein Lieblingsthema wieder auf: „Glauben Sie, daß ich noch hoffen kann, mit Ihnen im Himmel zu sein? Es scheint mir so unmöglich, wie wenn man von einem kleinen Einarmigen verlangen würde, hoch oben von einem Klettermast den Preis herunterzuholen ..."
— „Ja, aber wenn da ein Riese ist, der den kleinen Einarmigen auf den Arm nimmt, ihn hochhebt und ihm selbst das gewünschte Ding gibt!

... So wird es der liebe Gott mit Ihnen machen, aber Sie dürfen es nicht selber machen wollen, Sie müssen dem lieben Gott sagen: ‚Ich weiß wohl, daß ich niemals würdig sein werde, zu erhalten, was ich erhoffe, aber ich halte Dir meine Hand hin wie ein kleiner Bettler, und ich bin gewiß, Du wirst mich erhören, weil Du so gut bist! ...‘"

8. August

— Wenn man Ihr kleines Leben[13] schreibt, nachdem Sie von uns gegangen sind, da möchte ich lieber vorher sterben ... Glauben Sie mir das?
— „Ja, ich glaube es, aber man darf nicht die Geduld verlieren ... Schauen Sie mich an, wie brav ich bin, so müssen Sie es auch machen."

August
(Bild)

1
Mein liebes Schwesterchen bemühte sich bei jeder Gelegenheit, mich von mir selber loszuschälen, und sie verglich uns beide mit den auf obigem Bild dargestellten zwei Kindern. Sie ging weg, frei von allem, nur mit einem Hemd bekleidet, nichts in den Händen; nur ihr Schwesterchen hält sie an der Hand und zieht es mit sich. — Dieses aber sträubt sich, es muß Blumen pflükken, sich mit einem großen Strauß beladen, so daß ihm keine Hand freibleibt.

2
Eines Tages erzählte sie mir die folgende allegorische Geschichte:
„Es war einmal ein ‚Fräulein‘, das besaß Reichtümer,

die ungerecht machen und auf die es großen Wert legte. Es hatte einen kleinen Bruder, der besaß nichts und lebte doch im Überfluß! Dieses Bübchen wurde krank und sagte zu seiner Schwester: — ‚Fräulein', wenn Sie nur wollten, würden Sie alle Ihre Reichtümer, die Ihnen nur Sorgen machen, ins Feuer werfen; Sie würden meine *bobonne* werden und Ihren Titel ‚Fräulein' ablegen, und wenn ich dann im Zauberland wäre, in das ich bald gehen muß, käme ich wieder und holte Sie, weil Sie arm gelebt hätten wie ich, ohne sich um das Morgen zu sorgen.
Das ‚Fräulein' sah ein, daß sein kleiner Bruder recht hatte. Es wurde arm wie er, es wurde seine *bobonne*, und nie mehr quälten es die Sorgen um seine vergänglichen Reichtümer, die es ins Feuer geworfen hatte . . .
Sein Brüderlein hielt Wort; es kam, seine Schwester zu holen, als es im Zauberland war, wo der liebe Gott **König** ist und die Heilige Jungfrau Königin, und *alle beide* werden ewig auf den Knien des lieben Gottes **leben; das ist** der Platz, den sie gewählt haben, denn sie hatten sich keine Throne verdienen können, weil sie zu arm gewesen waren . . ."

3
Ein andres Mal spielte sie wieder auf das Gleichnis der beiden Kinder an und fügte noch eine Hausfrau hinzu, der es in allen ihren Schränken an nichts fehlte. Sie sagte:
„Fräulein zu reich: mehrere Rosenknospen, mehrere Vögel, um ihr ins Ohr zu singen([1]), einen Rock, eine Küchenausstattung, kleine Päckchen . . ."

---

(1) Sie griff eine Stelle auf, die sie gelesen hatte, wo der Verfasser seinen Helden Théophane Vénard mit folgenden Worten rühmt: „Er hatte eine Rosenknospe auf den Lippen und einen Vogel, der ihm ins Ohr sang."

4

Eines Abends, als sie mir beim Auskleiden zusah, rief sie beim Anblick unserer armseligen Kleider unter Verwendung eines komischen Ausdruckes, den sie gehört hatte, voll Mitleid aus:

— „Arme-Arme!(²) Wie *fadenscheinig*(³) Sie sind! Aber Sie werden nicht immer so sein, das sage *ich* Ihnen!"

5

„Wenn ich im Himmel bin, werde ich aus den Schätzen des lieben Gottes schöpfen und sagen:
‚Das ist für Marie, das ist für Pauline, das ist für Léonie, das ist für die *ganz kleine Céline*...' Und ich **werde Papa ein Zeichen geben und sagen:** — ‚Sie ist jetzt die *Kleinste*, wir müssen uns beeilen und sie holen!' "

6

Sie erzählte mir den folgenden Traum, den sie kurz vor ihrer Erkrankung gehabt hatte:

„Sie waren mit zwei Personen, die ich nicht kannte, am Meeresstrand. Eine von den beiden schlug vor, man solle einen Spaziergang machen, aber sie und ihre Gefährtin waren sehr geizig; sie sagten, anstatt eines Esels solle man ein Lamm mieten, auf das sich alle drei zusammen setzen sollten. Als Sie nun das Lamm beladen mit den beiden Frauen sahen, sagten Sie, Sie würden zu Fuß gehen.

Das arme Lamm ging ganz an der Hecke entlang, aber bald konnte es nicht mehr und brach unter seiner Last erschöpft zusammen.

Da erschien an einer Wegbiegung vor Ihnen ein bezauberndes ganz weißes Lämmlein, das sich Ihnen anbot. Da verstanden Sie, daß es Sie auf der Reise durchs

---

(2) Ein Beiname, den sie mir oft gab.
(3) „tore" — lateinisch „torus" — Strick, Seil, Schnur.

Leben tragen würde; und das Lämmlein fügte hinzu:
‚Weißt Du, ich möchte auch dein Herzschlag sein ...'
— Nachher habe ich verstanden, daß das die Belohnung
für die Barmherzigkeit war, die Sie diesen beiden Personen erwiesen hatten, indem Sie sie ertrugen, ohne
sich zu beklagen. Deshalb ist Jesus selber gekommen,
um sich Ihnen zu geben."

16. August

Ich war sehr früh aufgestanden und fand mein liebes
Schwesterchen vor Schmerzen und Angst bleich und entstellt vor. Sie sagte:
„Der Teufel ist um mich, ich sehe ihn nicht, aber ich
spüre ihn ... Er quält mich, er hält mich wie mit eiserner
Faust gepackt, um es mir unmöglich zu machen, mir
auch nur die kleinste Erleichterung zu verschaffen; er
steigert meine Leiden, damit ich verzweifeln soll ...
Und ich kann nicht beten! Ich kann nur die Heilige
Jungfrau anschauen und sagen: Jesus! ... Wie notwendig ist die Bitte aus der Komplet: ‚Procul recedant
omnia et noctium phantasmata!' Bewahre uns vor den
Schreckgespenstern der Nacht."
„Ich fühle etwas Geheimnisvolles ... Bis jetzt hatte ich
hauptsächlich in der rechten Seite Schmerzen, aber der
liebe Gott hat mich gefragt, ob ich für Sie leiden will,
und ich habe sofort geantwortet, daß ich es gerne
will ... Im selben Augenblick hat in der linken Seite
ein unsagbar heftiger Schmerz angefangen ... Ich leide
für Sie, und der Teufel will es nicht!"
Zutiefst beeindruckt zündete ich eine gewisse Kerze an,
und bald darauf hatte sie wieder Ruhe gefunden, ohne
daß jedoch ihr neuer physischer Schmerz von ihr genommen worden wäre.
Seither nannte sie ihre rechte Seite „Theresias Seite"
und ihre linke Seite „Célines Seite".

20. August

„O ja, ich werde Sie holen kommen, denn wenn Sie lieb sind, schauen Sie nicht aus, als ob Sie lange leben würden."

21. August

„Wenn ich sage: ‚Ich leide', fügen Sie hinzu: ‚um so besser!' — Ich habe nicht die Kraft dazu, und so werden Sie sagen, was ich sagen möchte."
In diesem Augenblick war die Beklemmung sehr arg, und um sich das Atmen zu erleichtern, sagt sie so, wie wenn man einen Rosenkranz abbetet: „Ich leide" ... „Ich leide" ... Bald aber warf sie sich vor, sich beklagt zu haben, und darum sagte sie das zu mir, was ich gerade geschrieben habe.

22. August

„Mein kleines Fräulein? Ich liebe Sie sehr, und es ist mir sehr lieb, von Ihnen gepflegt zu werden."
Sie hatte mich gerufen, um mir das zu sagen.

24. August

Wir unterhielten uns miteinander in einer Art von Kindersprache, die die andern nicht verstehen konnten. Die 1. Krankenwärterin Sr. St. Stanislas sagte in bewunderndem Ton: „Wie lieb sind diese beiden kleinen Mädchen da mit ihrem unverständlichen Jargon!"
Etwas später sagte ich zu Theresia: „Ja, wir sind wirklich lieb, alle beide! Aber Sie sind auch ganz allein lieb, ich dagegen bin nur mit Ihnen zusammen lieb!"

Sie erwiderte lebhaft:
— „Eben deshalb werde ich Sie holen kommen!"

31. August

„*Bobonne*, ich hab' Sie sehr lieb!"

3. September

1
Ich hielt mich vor dem Kamin der Krankenwärterei auf, ich kam und ging und machte Ordnung, und dabei ärgerte ich mich über etwas, das nicht ging, wie ich wollte. Sie sagte zu mir:
„*Bobonne*, nicht die Ruhe des Geistes verlieren!"

2
Am selben Tag, aber nicht bei der gleichen Gelegenheit, teilte ich ihr die folgende Überlegung mit: — „Die Geschöpfe werden nicht wissen, daß wir uns so sehr geliebt haben..." Sie erwiderte:
„Es ist nicht der Mühe wert, daß die Geschöpfe es glauben; die Hauptsache ist, daß es so sei..."
Und in zuversichtlichem Ton:
„Ja, aber! Da wir doch beide auf den Knien des lieben Gottes sitzen werden!"
(Sie hatte eine entzückende Art, „ja, aber!" zu sagen, einen Ausruf, den sie oft verwendete.)

5. September

1
„Ich werde Sie beschützen!..."

2
Ich war sehr geizig mit meinen Sonntagen, mit der freien Zeit, in der es mir erlaubt war, die Notizen, die ich hastig auf Zettel geschrieben hatte, ins reine zu schreiben. Ich sagte:
— „Der heutige Sonntag war Null, ich habe nichts in unser Kleines Schreibzeug[14] geschrieben."
Sie erwiderte:
— „Das ist Lilis Maß, aber nicht Jesu Maß!"

11. September

1
„*Bobonne*, Sie sind nicht mehr *bobonne*, Sie sind meine Amme ... und Sie pflegen ein *bébé*, das des Todes ist."
Sie wandte sich dem Bild ihres lieben Théophane zu und sagte zu ihm:
„*Bobonne* pflegt mich sehr gut, darum werden wir, sobald ich dort oben bin, beide wiederkommen, um sie zu holen, *n'wahr?*" (*nicht wahr*).

2
„Ich liebe meine *bobonne* sehr, aber sehr ... und so werde ich, wenn ich gegangen bin, sie holen kommen, um ihr dafür zu danken, daß sie mich so gut gepflegt hat."

3
Indem sie mich zärtlich ansah:
„... Aber ich werde Sie wiedersehen, und Ihr Herz wird sich freuen, und niemand wird Ihnen Ihre Freude nehmen!"[15]

16. September

1
Ich hatte gerade eine Unvollkommenheit begangen, da machte sie ganz runde Augen und sagte zu mir:
„Trotzdem werden Sie dort an meiner Seite sein!"[16]

2
Über die Pflege, die ich ihr angedeihen ließ, zu Tränen gerührt, rief sie aus:
„Oh! Wie dankbar bin ich Ihnen, arm' ‚klein' *bobonne!* ... Sie werden sehen, was ich alles für Sie tun werde!"

3
Ich fürchtete, es sei ihr kalt, und ich sagte:
— „Ich werde einen kleinen ‚Trost'([1]) holen gehen." Aber sie erwiderte lebhaft:
— „Nein, mein kleiner Trost, das sind Sie..."

19. September

„Meine *bobonne* ist sanft, sie pflegt mich sehr gut... Ich werde es ihr vergelten!"

21. September

„Wer Sie liebt, das bin ich... Und wer Sie nicht liebt, das ist nicht der liebe Gott!... Das ist der Teufel!"

23. September

„Sie brauchen nicht zu verstehen, Sie sind zu klein..." (verstehen, was der liebe Gott in mir wirkt).

---

(1) (Als „Trost" werden einfache Wollstoffstücke bezeichnet, die das Wäscheamt zusammen mit den Winterkleidern austeilt.)

25. September

„Ich werde sterben, das ist gewiß ... Ich weiß nicht wann, aber es ist gewiß!"

September ohne Datum

1
Eines Tages sagte ich zu ihr: „Sie werden vom Himmel auf uns herabschauen, nicht wahr?" — Da antwortete sie spontan:
— „Nein, ich werde herunterkommen!"

2
Trotz ihres Einspruchs stand ich in der Nacht mehrmals auf. Bei einem dieser Besuche fand ich mein liebes Schwesterchen mit gefalteten Händen, den Blick zum Himmel gerichtet vor:
„Was machen Sie denn?" sagte ich zu ihr, „Sie müssen versuchen zu schlafen."
— „Ich kann nicht, ich habe zu große Schmerzen, so bete ich ..."
— „Und was sagen Sie Jesus?"
— „Ich sage Ihm nichts, *ich liebe Ihn!*"

3
An einem der letzten Tage ihres Lebens, in einem Augenblick, wo sie große Schmerzen hatte, flehte sie mich an:
„Oh! Schwesterchen Genoveva! Beten Sie für mich zur Heiligen Jungfrau. Wenn Sie krank wären, würde ich inbrünstig zu ihr flehen! Selber wagt man nicht zu bitten" ... („für sich selber wagt man nicht zu bitten" ... das ist der Sinn.)
Sie seufzte noch einmal und wandte sich an mich:
„Oh! Wie wichtig ist es, daß man für die Sterbenden betet, wenn man wüßte!"

(Diese Worte und die meisten anderen, die Mutter Agnes von Jesus laufend aufgeschrieben hat, habe ich gehört, und nur weil ich sah, daß sie ohnehin festgehalten wurden, habe ich sie nicht aufgeschrieben. Ich war Zeuge von allem, außer von dem, was während der Horen des Offiziums gesprochen wurde, weil da Mutter Agnes von Jesus allein bei ihr blieb.)
Für weitere Einzelheiten verweise ich auf meine schriftliche Aussage.

27. September

„Oh, *bobonne!* In meinem Herzen ist eine große Zärtlichkeit für Sie!..."

30. September

Letzter Tag der Verbannung meines lieben Thereschens ...
Als am Nachmittag ihres Todestages nur Mutter Agnes von Jesus und ich bei ihr waren, rief uns unsere liebe kleine Heilige zitternd und völlig am Ende zu Hilfe ... Sie hatte unerträgliche Schmerzen in allen Muskeln. Sie legte einen Arm auf die Schulter von Mutter Agnes von Jesus und den andern auf meine Schulter, und so blieb sie liegen, die Arme im Kreuz ausgebreitet. In diesem Augenblick schlug es 3 Uhr, und wir mußten an Jesus am Kreuz denken: war unsere arme kleine Märtyrin nicht sein lebendiges Abbild? ...
Auf unsere Frage: „Wem wird wohl ihr letzter Blick gelten?" hatte sie einige Tage vor ihrem Tod geantwortet: „Wenn es der liebe Gott mir überläßt, dann wird er unserer Mutter gelten" (Mutter Maria von Gonzaga).
Nun, während ihrer Agonie, nur wenige Minuten bevor sie starb, hielt ich ein kleines Stück Eis an ihre brennen-

den Lippen, und in diesem Augenblick richtete sie die Augen auf mich und schaute mich mit prophetischer Eindringlichkeit an.

Ihr Blick war erfüllt von Zärtlichkeit, es war darin ein übermenschlicher Ausdruck von Ermutigung und Verheißung zugleich, als habe sie zu mir gesagt:
„Komm, komm! Céline! Ich werde mit dir sein! ..."
(Hat ihr damals der liebe Gott den langen und mühevollen Weg geoffenbart, den ich ihretwegen hier unten zurücklegen mußte, und wollte Er mich durch diesen Blick wegen meiner langen Verbannung trösten? Denn die Erinnerung an diesen letzten Blick, den alle so sehr ersehnt hatten und der mir gegolten hatte, diese Erinnerung ist mir für immer eine Stütze und eine unsagbare Kraft.)
Die anwesende Kommunität hielt bei diesem großartigen Anblick gleichsam den Atem an. Aber gleich darauf senkte unsere liebe kleine Heilige ihre Augen, um unsere Mutter zu suchen, die an ihrer Seite kniete, und ihr verschleierter Blick nahm wieder den leidenden Ausdruck von vorher an.

Letzte Worte unserer lieben kleinen Theresia

30. September 1897

Oh! Das ist wirklich das reine Leiden, denn es gibt keinen Trost dabei. Nein, nicht einen!
O mein Gott!!! Und doch liebe ich Ihn, den lieben Gott ... O liebe Heilige Jungfrau, komm mir zu Hilfe! Wenn das der Todeskampf ist, was ist dann der Tod? ...
O Mutter! Ich versichere Sie, der Kelch ist voll bis zum Rand!
Ja, mein Gott, soviel Du willst ... Aber hab' Mitleid mit **mir! Schwesterchen ... Schwesterchen ...** Mein Gott, mein Gott, hab' Mitleid mit mir!

Ich kann nicht mehr ... Ich kann nicht mehr! Und doch muß ich durchhalten ...
Ich bin ... Ich bin am Ende ... Nein, nie hätte ich geglaubt, daß man so leiden kann ... Nie, nie!
O Mutter, ich glaube nicht mehr an den Tod für mich ... Ich glaube nur noch an das Leiden!
Morgen wird es noch schlimmer sein! Nun gut, um so besser!

Am Abend

(Unsere Mutter hatte gerade die Kommunität weggeschickt, weil der Todeskampf, wie sie sagte, noch länger dauern würde. Sogleich erwiderte die kleine kranke Heilige:)
Gut! Weiter! Weiter! Oh! Ich möchte nicht weniger leiden! ...
Oh! Ich liebe Ihn ...
„Mein Gott ... ich ... liebe Dich!"

Letzte Worte
Sr. Theresias vom Kinde Jesus

gesammelt von Sr. Maria vom Heiligen Herzen

Anmerkungen zu diesem Abschnitt siehe S. 345; siehe auch „Zur Herstellung der vorliegenden Ausgabe" S. 23.

8. Juli

1
Wegen einer Novizin, mit der es Schwierigkeiten gab, sagte ich zu ihr: „Das ist der richtige Kampf für Sie! Haben Sie Angst davor?"
— Ein Soldat hat keine Angst vor dem Kampf, und ich bin ein Soldat.
(Nachdem sie die erwähnte Novizin zurechtgewiesen hatte.)
— Habe ich nicht gesagt, daß ich mit der Waffe in der Hand sterben werde?

2
— Der „Dieb"[1] ist noch weit weg, er ist andere Kinder stehlen gegangen!

3
— Heute ist der 8. Juli, am 9. Juni sah ich den Dieb. Wenn er es so macht, kommt er mich noch nicht bald stehlen ...

4
— Man hat mich in ein „Unglücksbett" gelegt, in ein Bett, in dem man den Zug versäumt.
Damit spielte sie auf Mutter Genoveva an, die in diesem Bett dreimal die Letzte Ölung empfangen hatte.

9. Juli

Nach der Visite des Arztes, der fand, es gehe ihr besser.
— Der „Dieb" ist wieder gegangen! Nun ja, wie der liebe Gott will!

12. Juli

— Wenn Sie Ihr Leben noch einmal von vorne anfangen müßten, was würden Sie tun?
— Ich würde tun, was ich getan habe.

13. Juli

1
— Wenn Sie wüßten, wie ich Pläne schmiede, was ich alles machen werde, wenn ich im Himmel bin ... Ich werde meine Sendung beginnen ...
— Was für Pläne haben Sie denn?
— Pläne, mit meinen Schwesterchen zurückzukommen, herabzukommen, um den Missionaren zu helfen und zu verhindern, daß die kleinen Wilden sterben, bevor sie getauft sind.

2
Ich sagte ihr, mir scheine, wenn sie einmal von uns gegangen wäre, würde ich nicht mehr den Mut finden, mit jemandem ein Wort zu sprechen, ich würde in einen Zustand völliger Niedergeschlagenheit versinken.
— Das entspricht nicht dem Gebot des Evangeliums. Man muß allen alles sein[2].

3
Freuen Sie sich, bald werden Sie von aller Trübsal des Lebens befreit sein!
— Ich, die ich ein so wachsamer Soldat bin!

4
Und was soll die kleine Patin tun?
— Sie soll über allem stehen, was die Schwestern sagen, über allem, was sie tun. Sie sollen so sein, als wären Sie nicht in Ihrem Kloster, als müßten Sie nicht mehr als

zwei Tage hier zubringen. Da würden Sie sich hüten zu sagen, was Ihnen mißfällt, weil Sie ja wieder gehen müßten.
(Weil ich diese Worte fertig notierte, während es zum Salve Regina läutete.)
Genau betrachtet wäre es weit besser, das verlorengehen zu lassen und statt dessen einen Akt der Regeltreue zu vollziehen. Wenn man wüßte, was das ist!

16. Juli

— Wenn der liebe Gott zu mir sagte: „Wenn du jetzt gleich stirbst, wirst du in eine sehr große Herrlichkeit eingehen. Wenn du mit 80 stirbst, wird deine Herrlichkeit lange nicht so groß sein, Mir aber würde es viel mehr Freude machen." Ich würde ohne Zögern antworten: — Mein Gott, ich will mit 80 Jahren sterben, denn ich suche nicht meine Herrlichkeit, sondern nur Deine Freude.
Die großen Heiligen haben für die Verherrlichung Gottes gearbeitet; aber ich, die ich nur eine ganz kleine Seele bin, ich arbeite ausschließlich für seine Freude, für sein Vergnügen, und gerne würde ich die größten Leiden ertragen, ja, wenn das möglich wäre, sogar ohne daß der liebe Gott etwas davon wüßte, nicht etwa um vorübergehend zu seiner Verherrlichung beizutragen, sondern einzig, um Ihm ein Lächeln abzugewinnen.

25. Juli

Ich beugte mich ein wenig vor und sah durch das Fenster, wie die Sonne unterging und ihr letztes Feuer über die Natur ergoß, so daß die Wipfel der Bäume ganz vergoldet schienen. Da sagte ich mir: Welch ein Unterschied, ob man im Schatten bleibt, oder ob man sich im Gegenteil der Sonne der Liebe aussetzt ... da erscheint man ganz golden. Deshalb scheint es, als sei ich ganz golden. In Wirklichkeit bin ich es nicht, und würde ich mich von der Liebe entfernen, so würde ich gleich nicht mehr golden sein.

28. Juli

1
Wir sagten, für jede andere außer ihr würde es uns viel kosten, unsere Rekreation zu verlieren. Augenblicklich erwiderte sie:
— Und ich wäre so glücklich gewesen, sie zu verlieren! Da man auf der Erde lebt, um zu leiden, ist man um so glücklicher, je mehr man leidet ... Man übt viel mehr Liebe, wenn man einem Menschen etwas zuliebe tut, der einem weniger sympathisch ist.
Oh, wie schlecht versteht man doch, auf Erden seine kleinen Vorteile wahrzunehmen!

2
Ich sagte zu ihr, wie glücklich das Sterben für einen Menschen sei, der sein Leben in der Liebe verbracht hat.
— Ja, aber man darf es auch nicht an der Liebe zum Nächsten fehlen lassen.

29. Juli

Ich sagte zu ihr, ein gewisses kleines Konzert zum Fest der heilige Martha sei eine gute Gelegenheit für sie gewesen, Verdienste zu erwerben; prompt gab sie zurück:
— Nicht Verdienste! Dem lieben Gott Freude machen ... Hätte ich Verdienste gesammelt, da wäre ich gleich verzweifelt!

1. August

— Ich weiß nicht, wie ich es anstellen werde, um zu sterben ... Ah! Ich liefere mich gänzlich aus ... Wie der liebe Gott will!

10. August

Ich sagte zu ihr: Ich, die ich darum gebetet habe, daß Sie nicht viel leiden müssen, und nun leiden Sie so!
Sie erwiderte:
— Ich habe den lieben Gott darum gebeten, kein Gebet zu erhören, das die Erfüllung seiner Pläne für mich hindern würde, und alle entgegenstehenden Schwierigkeiten aus dem Weg zu räumen.

11. August

Ich sagte zu ihr: Ich werde also Mutter Agnes von Jesus mein Herz nicht ausschütten dürfen?
— Nur für den Fall, daß sie Trost nötig haben sollte. Zu Ihrem eigenen Trost aber dürfen Sie nie mit ihr sprechen, solange sie nicht Priorin ist. Ich versichere Sie, ich habe es immer so gemacht. So hatte unsere Mutter zwar ihr die Erlaubnis gegeben, mit mir zu sprechen, aber ich hatte keine Erlaubnis, und so habe ich ihr nichts über meine Seele gesagt. Das ist es meiner Meinung nach, was das Ordensleben zu einem Martyrium macht. Ohne das wäre es ein leichtes Leben ohne Verdienste.

15. August

1
Am 13.[3] hatte das Confiteor, das die Kommunität rezi-

tierte, bevor sie die heilige Kommunion empfing, sie ganz besonders ergriffen. Sie sagte zu mir:
— Als ich alle Schwestern für mich sagen hörte: Ich bekenne Gott dem Allmächtigen, der allerseligsten Jungfrau Maria und allen Heiligen, da dachte ich: O ja! Es ist gut, daß man alle Heiligen um Verzeihung bittet ... Ich kann meine Empfindungen nicht wiedergeben. Auf diese Weise läßt mich der liebe Gott fühlen, wie klein ich bin. Das macht mich so glücklich!

2

Ich sagte: Mich schmerzt vor allem der Gedanke, daß Sie noch viel leiden werden.
— Mich nicht, denn der liebe Gott gibt mir, was ich brauche.

3

Wir sagten: Wenn der liebe Gott sie heute nacht holen käme, so würde sie von uns gehen, ohne daß wir es merkten ... Welch ein Schmerz wäre das für uns!
— Ah! Ich finde, das wäre sehr lieb von Ihm, Er würde mich stehlen!

20. August

— Es ist nicht wie bei den Menschen, die an der Vergangenheit leiden und an der Zukunft leiden. Ich leide nur im gegenwärtigen Augenblick — so ist es nicht viel.

22. August

Man weiß nicht, was es heißt, so zu leiden ... Nein, man muß es spüren ...
(Nach diesem Tag ununterbrochenen Leidens.)
— Sehen Sie, wie gut der liebe Gott ist! Heute hatte ich

nicht die Kraft zu husten, und ich habe fast nicht gehustet. Jetzt, da es mir etwas besser geht, wird es wieder anfangen.

27. August

Ich frage sie: Möchten Sie Eiswasser?
— Oh! Ich habe solche Lust darauf! ...
— Unsere Mutter hat es Ihnen zur Pflicht gemacht, um alles zu bitten, was Ihnen not tut; tun Sie es aus Gehorsam.
— Ich bitte um alles, was mir not tut.
— Nicht um das, was Ihnen Freude macht?
— Nein, nur um das, was ich nötig habe. Wenn ich zum Beispiel keine Trauben habe, so bitte ich nicht darum.
— Einige Zeit, nachdem sie getrunken hatte, schaute sie ihr Wasserglas an. — Ich sagte: Trinken Sie ein wenig.
— Nein, meine Zunge ist nicht trocken.
(Wenn ich bedenke, daß Sie immer noch Möglichkeiten finden, sich abzutöten, obwohl Sie so krank sind?)
— Was wollen Sie, wollte ich auf mich hören, ich würde zu oft trinken.

1. September

(Zum Thema Mutter H. vom Herzen Jesu, der man so viele kleine Dienste erweisen mußte.)
— Wie glücklich wäre ich gewesen, ihre Krankenwärterin zu sein. Meiner Natur wäre es vielleicht schwergefallen, aber ich glaube, ich hätte sie mit großer Liebe gepflegt, weil ich an das denke, was Unser Herr gesagt hat: „Ich war krank, und ihr habt Mich erquickt"[4].

8. September

— Ah! Die Heilige Jungfrau! Sie ist mich nicht holen gekommen! ...

17. September

(Man sprach vom Friedhof.)
— Daß Ihnen das etwas macht, verstehe ich. Aber ich! Was wollen Sie, was sollte mir das machen? ... Man wird etwas Totes in die Erde legen; es ist nicht, als ob ich nur bewußtlos wäre, dann wäre es grausam.

21. September

Ich wünschte, sie würde etwas über die Vergangenheit sagen, über die Hingabe, mit der ich mich in ihrer Kindheit um sie angenommen hatte. Kaum war dieser Gedanke in mir aufgestiegen, da blickte sie Mutter Agnes von Jesus und mich mit Tränen in den Augen an und sagte:
„Schwesterchen ... Ihr seid es, Ihr habt mich aufgezogen!..."

25. September

Ich schaute sie zärtlich an.
— „Patin, wie schön sind Sie, wenn Ihr Gesicht von einem Strahl der Liebe erhellt wird ... das ist so rein!"

30. September

— „Oh! Das ist wirklich das reine Leiden, weil es ganz ohne Trost ist ... Nein, nicht einer!
O mein Gott!!! Und doch liebe ich Ihn, den lieben Gott ... O liebe Heilige Jungfrau, komm mir zu Hilfe! Wenn das der Todeskampf ist, was ist dann der Tod? ... O armes Mütterchen, ich versichere Sie, der Kelch ist voll bis zum Rand!

Ja, mein Gott, alles was Du willst!... Aber hab' Mitleid mit mir!
Schwesterchen ... Schwesterchen ... Mein Gott ... Mein Gott, hab' Mitleid mit mir! Ich kann nicht mehr... Ich kann nicht mehr! Und doch muß ich es ertragen ... Ich bin ... Ich bin am Ende ... Nein, nie hätte ich geglaubt, daß man so leiden kann ... Nie! Nie!
O Mutter, ich glaube nicht mehr an den Tod für mich ... An das Leiden glaube ich wohl!
Wird es morgen noch ärger sein? Nun gut, um so besser!"
Bei ihrem letzten Wort schaute sie ihr Kruzifix an: „Oh ich liebe Ihn ...
Mein Gott ... Ich liebe Dich!"

Andere Worte Theresias

Für Anmerkungen mit den Quellen dieser Worte siehe S. 346; siehe auch „Zur Herstellung der vorliegenden Ausgabe" S. 25.

Mutter Agnes von Jesus

Mai

Eines Tages, als sie zur Messe kam und kommunizierte, obgleich man ihr kurz vorher ein Zugpflaster abgenommen hatte, begann ich zu weinen und konnte nicht zu den Horen gehen. Ich ging ihr nach in ihre Zelle, und ich werde sie immer vor mir sehen, wie sie auf ihrer kleinen Bank saß, den Rücken an den armseligen Bretterverschlag gelehnt. Sie war erschöpft und schaute mich mit einem traurigen und so sanften Ausdruck an! Ich weinte noch stärker, und da ich wohl einsah, wie weh ich ihr damit tat, bat ich sie auf den Knien um Verzeihung. Sie antwortete einfach:
„Es ist nicht zu viel zu leiden, um eine Kommunion zu gewinnen!" ...
Aber diesen Satz wiederholen ist nichts, man muß gehört haben, wie sie ihn sagte![1]

*

Damals hustete sie sehr viel, besonders in der Nacht. Sie war dann gezwungen, sich auf ihrem Strohsack aufzusetzen, um die Beklemmung zu mildern und wieder atmen zu können. Wie hätte ich gewünscht, sie wäre in die Krankenwärterei hinabgezogen, wo man ihr eine Matratze hätte geben können. Aber sie sagte so nachdrücklich, sie bleibe lieber in ihrer Zelle, daß man sie dort ließ, bis es nicht mehr ging.
„Hier hört man mich nicht husten, ich störe niemanden", *sagte sie*, „und dann, *ich habe keine Freude mehr*, wenn man mich zu gut pflegt."

*

Für ein weiteres Zugpflaster hatte sie ihre Krankenwärterin, eine sehr gute, sehr fürsorgliche ehrwürdige alte Schwester, diesmal in einem Lehnstuhl in der Krankenwärterei untergebracht. Um aber ihren Rücken recht weich abzustützen, türmte sie so viele Kissen überein-

ander gegen die Lehne des Sessels, daß die arme kleine Kranke bald nur mehr am Rand des Lehnstuhls saß und in Gefahr war, jeden Augenblick herunterzufallen. Anstatt sich zu beklagen, dankte sie der guten Schwester herzlich und ließ sich den ganzen Tag von den mitleidigen Besucherinnen beglückwünschen: „O gut! Ich hoffe, Sie sitzen gut! Wie viele Kissen haben Sie doch?! Man sieht, daß Sie von einer Mama gepflegt werden", usw.
Auch ich ließ mich täuschen, bis ein Lächeln, das ich gut kannte, mich alles begreifen ließ ... Aber da war es zu spät, um noch etwas zu ändern.

Juni

Am 9. Juni 1897 sagte Sr. Maria vom Heiligen Herzen zu ihr, wir würden nach ihrem Tod sehr traurig sein. Sie entgegnete:
„O nein! Sie werden sehen ... Es wird sein wie ein Regen von Rosen ..."
Sie fügte hinzu:
„Nach meinem Tod werden Sie zum Briefkasten gehen, dort werden Sie Tröstungen finden"[2].

*

(Mutter Agnes von Jesus hat die folgende mit Juni datierte Erinnerung, die mit den Milchflaschen zusammenhängt, verzeichnet.):
Zu einer Zeit, als es mich sehr betrübte, daß Sr. Theresia vom Kinde Jesus so krank war, daß sie nichts anderes zu sich nehmen konnte als Milch, überreichte sie mir mit schelmischem Lächeln die (nachstehend beschriebene) aus einem zufällig gefundenen Zeitungsblatt herausgeschnittene Zeichnung.
Sie tat es, um mich zum Lachen zu bringen. Sie sagte:
„Schauen Sie, mir folgt meine Milchflasche genauso treulich nach wie diese Flasche dem Trunkenbold, von dem man nur die Spitze des Stockes sieht!"

Sie war so lustig, unser kleiner Liebling!
(Loses Manuskriptblatt, in das die fragliche Zeichnung eingeschlagen ist; sie stellt einen Hund dar, der mit einer Flasche im Maul vom Stock eines Herrn angeregt im Galopp angerannt kommt)[2b].

Juli

Der Himmel war für sie die Schau und der volle Besitz Gottes. Nach dem Vorbild verschiedener Heiliger, besonders des heiligen Thomas von Aquin, erstrebte sie keine andere Belohnung als Gott selber.
Sie dachte an das Wort Unseres Herrn: „Das ist das ewige Leben, daß sie Dich erkennen...", und da Gott kennen für sie bedeutete, Ihn lieben, konnte sie sagen: „Nur eine Erwartung läßt mein Herz höher schlagen, nämlich die Liebe, die ich empfangen werde und die ich schenken können werde"[3].

*

Ich bat sie, mir den Weg, den sie, wie sie sagte, nach ihrem Tod die Seelen lehren wollte, näher zu erklären.

„Mutter, es ist der Weg der geistlichen Kindschaft, es ist der Weg des Vertrauens und der gänzlichen Hingabe. Ich will Ihnen die kleinen Mittel weisen, mit denen es mir so vollkommen gelungen ist, Ihnen sagen, daß man hienieden nur eines zu tun braucht, nämlich Jesus Blumen streuen in Form von kleinen Opfern, Ihn von der zärtlichsten Seite nehmen; so habe ich es mit Ihm gemacht, und darum werde ich so gut empfangen werden"[4].

August

Eines Abends in der Krankenwärterei fühlte sie sich angeregt, mir mehr über ihre Leiden zu sagen als gewöhnlich. Noch nie hatte sie sich über diesen Gegenstand so verbreitet. Bis dahin hatte ich nur ganz vage von ihrer Prüfung gewußt.

„Wenn Sie wüßten", *sagte sie zu mir*, „von was für schrecklichen Gedanken ich besessen bin! Beten Sie für mich, damit ich nicht auf den Teufel höre, der mir so viele Lügen einreden will. Es sind die Überlegungen der schlimmsten Materialisten, die sich meines Geistes bemächtigen: Später wird die Wissenschaft, die beständig Fortschritte macht, alles auf ganz natürliche Weise erklären, man wird ein absolutes Wissen haben von allem, was existiert und gegenwärtig noch ein Problem bildet, denn vieles muß erst noch entdeckt werden... usw. usw.

„Ich möchte Gutes tun nach meinem Tod, aber ich werde es nicht können! Es wird sein wie mit Mutter Genoveva: von ihr erwartete man Wunder zu sehen, statt dessen ist an ihrem Grab völlige Stille eingetreten. O Mütterchen! Muß man solche Gedanken haben, wenn man den lieben Gott so liebt!

Auf alle Fälle, ich opfere diese wirklich großen Leiden auf, um das Licht des Glaubens für die armen Ungläubigen zu erlangen, für alle, die sich vom Glauben der Kirche entfernen."

Sie fügte hinzu, sie gehe nie auf diese Gedanken der Finsternis ein:

„Ich ertrage sie gezwungenermaßen", *sagte sie*, „aber während ich sie ertrage, erwecke ich unaufhörlich Akte des Glaubens"[5].

*

„Im Karmel habe ich unter der Kälte gelitten zum Umkommen."

Ich war erstaunt, sie das sagen zu hören, denn aus ihrem Verhalten im Winter konnte man in keiner Weise entnehmen, daß sie unter der Kälte litt. Nie, auch nicht bei der ärgsten Kälte, habe ich gesehen, daß sie sich die

Hände gerieben hätte, daß sie schneller oder gebeugter als gewöhnlich gegangen wäre, wie man es ganz unbewußt tut, wenn einem kalt ist[6].

*

Wie oft mag sie wohl in dieser Phase ihrer Krankheit durch ihre Geduld dem lieben Gott ein Lächeln abgewonnen haben! Was für Leiden hat sie ertragen müssen! Manchmal wimmerte sie wie ein armes Lämmlein, das geopfert wird:
„Achten Sie sorgfältig darauf, Mutter", *sagte sie eines Tages zu mir*, „nie giftige Medikamente in Reichweite von Kranken stehen zu lassen, die so starke Schmerzen aushalten müssen wie ich. Ich versichere Sie, wenn man so leidet, kann man jeden Augenblick den Verstand verlieren. Und dann könnte man sich leicht vergiften"[7].

September

Eines Tages sprach die Mutter Priorin in ihrer Gegenwart mit dem Arzt darüber, daß man gerade ein neues Grundstück für den Stadtfriedhof gekauft habe, weil im alten kein Platz mehr sei. Man werde jetzt, fügte sie hinzu, die Gräber recht tief graben, damit darin drei Särge übereinander gestellt werden könnten.
Sr. Theresia vom Kinde (Jesus) sagte lachend:
„So werde also ich es sein, die diesen neuen Friedhof einweiht?"
Ganz betroffen sagte der Arzt zu ihr, sie solle doch noch nicht an ihr Begräbnis denken.
„Und doch ist es ein sehr heiterer Gedanke", *erwiderte sie*. „Aber es beunruhigt mich, wenn das Loch so tief **ist**, denn es könnte leicht den Männern, die mich hinunterlassen, ein Unglück zustoßen."
Und in scherzendem Ton fuhr sie fort:
„Ich höre schon einen Leichenträger schreien: Nicht den **Strick so stark anziehen** dort! Und ein anderer erwidert:

Da herüberziehen! Hoppla! Achtung! Das haben wir zu guter Letzt geschafft! Man wirft Erde auf meinen Sarg, und alle gehen fort."

Als Dr. de Corniére gegangen war, fragte ich sie, ob ihr der Gedanke wirklich nichts ausmache, so tief in die Erde versenkt zu werden. Sie erwiderte erstaunt:

„Ich verstehe Sie nicht! Was sollte mir das ausmachen? Selbst wenn ich wüßte, daß man mich in ein Massengrab wirft, würde das nichts Abstoßendes für mich haben"[8].

Schwester Genoveva

Juni

Zu einer Zeit, als sie schon krank war, hatte sie sich mühsam mit der Kommunität zur Einsiedelei vom Heiligen Herzen geschleppt und sich dort niedergesetzt, während der Lobgesang gesungen wurde. Eine Schwester machte ihr ein Zeichen, sich zum Chor zu stellen. Sie war erschöpft und konnte sich nicht aufrecht halten. Dennoch stand sie sogleich auf, und als ich ihr nach der Zeremonie deswegen einen Vorwurf machte, erwiderte sie einfach:

„Ich habe mir angewöhnt, jeder zu gehorchen, als sei sie der liebe Gott, der mir seinen Willen kundtut"[9].

*

Im Laufe des Jahres 1897, noch bevor sie krank war, sagte Sr. Theresia vom Kinde Jesu zu mir, sie erwarte sich, noch in diesem Jahr zu sterben; als sie dann im Juni wußte, daß sie von einer Lungentuberkulose befallen war, gab sie mir dafür die folgende Begründung:

„Sehen Sie", *sagte sie*, „der liebe Gott nimmt mich in einem Alter weg, wo ich noch nicht Zeit gehabt hätte, Priester zu sein ... Hätte ich Priester werden können, so hätte ich in diesem Juni die heiligen Weihen empfangen. Kurz und gut, der liebe Gott erlaubt mir, krank zu sein, damit ich nichts zu bedauern habe, denn ich hätte sowieso nicht hingehen können und würde sterben, bevor ich mein Amt ausgeübt hätte"[10].

Juli

Eine Schwester sagte zu ihr, vielleicht würde ihr doch vor ihrem Tod eine Stunde der Angst beschieden sein, damit sie ihre Sünden abbüße.

„Todesangst, um Sünden abzubüßen ...? Das hätte nicht mehr Kraft als schlammiges Wasser! Darum werde ich diese Ängste, wenn ich sie habe, dem lieben Gott für die Sünder aufopfern, denn das wird ein Akt der Liebe sein und dadurch wird dieses Leiden für die andern eine viel stärkere Wirkung haben als Wasser. — Mich reinigt einzig das Feuer der göttlichen Liebe"[11].

*

(Eines Tages, nachdem sie die Kommunion empfangen hatte.):
„Es war, als hätte man zwei kleine Kinder zusammengebracht, und die kleinen Kinder sagen einander nichts; und doch, ich habe Ihm schon ein paar kleine Dinge gesagt, aber Er hat mir nicht geantwortet; ohne Zweifel schlief Er."

*

„Wenn ich gestorben bin, werde ich nichts sagen, ich werde keinen Rat geben, mag man mich nach rechts oder links drehen, ich werde nicht mithelfen. Man wird sagen: Auf dieser Seite liegt sie besser; und wenn man an meiner Seite Feuer legt, ich werde nichts sagen."

*

(Eines Tages, als sie vor einer Bibliothek stand.):
— Oh, wie trübselig wäre ich, wenn ich alle diese Bücher da gelesen hätte!

— Warum denn? Es wäre doch ein Gewinn, sie gelesen zu haben. Ich verstehe, daß man traurig werden kann beim Gedanken, sie lesen zu müssen, aber nicht, sie gelesen zu haben.
— Hätte ich sie gelesen, so hätte ich mir dabei den Kopf zerbrochen, ich hätte kostbare Zeit verloren, die ich ganz einfach dazu hätte verwenden können, den lieben Gott zu lieben ...

*

Ich bin in einer geistigen Verfassung, wo es mir scheint, daß ich nicht mehr denke.
— Das macht nichts; der liebe Gott kennt Ihre Absichten; solange Sie nur demütig bleiben, werden Sie glücklich sein.

*

Einmal, als die Stunde schlug und ich nicht schnell genug davon Notiz nahm, sagte sie:
„Gehen Sie zu Ihrer kleinen *Pflicht*."
Dann verbesserte sie sich:
„Nein, zu Ihrer *kleinen Liebe!*"
Und ein andres Mal, als ich sagte: Ich muß arbeiten, sonst wird Jesus traurig sein, erwiderte sie:
„Aber nein. Sie werden traurig sein; Er kann nicht traurig sein, weil wir es uns bequem machen, *aber welch ein Schmerz für uns, Ihm nicht alles zu geben, was wir geben können!*"

*

Bei Anfällen von Blutbrechen freute sie sich bei dem Gedanken, ihr Blut für Gott zu vergießen:
„Es konnte nicht anders sein", *sagte sie,* „und ich wußte wohl, daß ich diesen Trost haben würde, mein Blut vergossen zu sehen, denn ich sterbe ja als Märtyrin der Liebe."

*

Ein anderes Mal sagte ich zu ihr: Da Sie nach Saigon gehen wollten, so werde vielleicht ich an Ihrer Stelle

gehen, wenn Sie im Himmel sind, um Ihr Werk zu vollenden: so werden wir gemeinsam ein vollkommenes Werk vollbracht haben.
„Ah! Sollten Sie jemals hingehen, denken Sie nicht, Sie tun es, um etwas zu vollenden. Das ist nicht nötig. Alles ist gut, alles ist vollkommen, vollendet, allein die Liebe zählt ... Wenn Sie hingehen, so wird das eine Laune Jesu sein, nichts weiter. Glauben Sie nicht, es sei ein *nützliches* Werk, eine *Laune* Jesu wird es sein ..."[12]

Schwester Maria vom heiligen Herzen

Mai

Die Krankenwärterin hatte ihr geraten, jeden Tag eine Viertelstunde spazieren zu gehen. Ich begegnet ihr, wie sie sich mühsam und sozusagen am Ende ihrer Kräfte dahinschleppte. „Es wäre besser", sagte ich zu ihr, „Sie würden sich ausruhen. Unter solchen Umständen kann Ihnen dieser Spaziergang unmöglich guttun; Sie erschöpfen sich, das ist alles."
„Das ist wahr", *erwiderte sie,* „aber wissen Sie, was mir Kraft gibt? Nun, ich gehe für einen Missionar spazieren. Ich denke mir, daß dort in weiter Ferne einer von ihnen vielleicht erschöpft ist von seinen apostolischen Gängen, und um seine Müdigkeit zu verringern, biete ich dem lieben Gott die meine dar"[13].

Juli

Ihr großes Leid im Karmel war, daß sie nicht jeden Tag kommunizieren konnte. Einige Zeit vor ihrem Tod sagte sie zu Mutter Maria von Gonzaga, die vor der täglichen Kommunion Angst hatte:

„Mutter, wenn ich im Himmel bin, werde ich machen, daß Sie Ihre Meinung ändern."
Und so kam es. Nach dem Tod der Dienerin Gottes reichte uns unser hochwürdiger Hausgeistlicher täglich die heilige Kommunion, und Mutter Maria von Gonzaga war glücklich darüber, anstatt sich dagegen zu sträuben wie früher[14].

*

Eines Tages sagte ich zu ihr: Oh, wenn nur ich allein über Ihren Heimgang trauern würde! Aber wie soll ich Mutter Agnes von Jesus trösten, die Sie so liebt?
„Seien Sie ruhig", *sagte sie,* „sie wird keine Zeit haben, an ihren Kummer zu denken, denn sie wird bis an ihr Lebensende mit mir beschäftigt sein; sie wird gar nicht alles schaffen können"[15].

*

Ungefähr im August 1897, etwa sechs Wochen vor ihrem Tod, war ich mit Mutter Agnes von Jesus und Sr. Genoveva an ihrem Bett. Plötzlich und ohne daß irgendein Gespräch dazu Anlaß gegeben hätte, blickte sie uns mit einem überirdischen Ausdruck an und sagte sehr deutlich:
„Ihr wißt wohl, daß Ihr eine kleine Heilige pflegt."

Interrogata a R. D. Judice Vicario Generali an Serva Dei aliquam hujusce sermonis explicationem vel correctionem addiderit? — Respondit:
Ich war von diesem Wort sehr ergriffen. Es war, als hätte ich einen Heiligen vorhersagen hören, was nach seinem Tod geschehen würde. Im Banne dieser Ergriffenheit entfernte ich mich für kurze Zeit aus der Krankenwärterei, und ich erinnere mich nicht, noch etwas anderes gehört zu haben[16].

Schwester Maria von der Eucharistie

11. Juli

„Wenn Sie Anfechtungen gegen die Liebe haben, so rate ich Ihnen, lesen Sie in der Nachfolge Christi das Kapitel ‚Daß man die Fehler der andern ertragen soll'. Sie werden sehen, Ihre Anfechtungen werden vergehen; mir hat es immer genützt, es ist sehr gut und sehr wahr"[17].

18. Juli

Ich bat sie, mir große Gnaden zu erwirken, wenn sie im Himmel sei, und sie erwiderte:
„Oh, wenn ich im Himmel bin, werde ich sehr vieles tun, *große Dinge* ... Es ist unmöglich, daß es nicht der liebe Gott ist, der mir diesen Wunsch eingibt, *ich bin sicher, daß Er mich erhören wird!* — Und außerdem, wenn ich dort oben bin, werde ich Ihnen ganz aus der Nähe nachgehen! ..."
Und als ich zu ihr sagte, vielleicht würde sie mir Angst machen:
„Macht Ihnen Ihr Schutzengel Angst? ... Und doch folgt er Ihnen die ganze Zeit; gut, ich werde Ihnen genauso nachgehen, und ganz aus der Nähe! Ich werde Ihnen nichts durchgehen lassen ..."

Juli

„Es tut dem lieben Gott immer ein ganz klein wenig weh, wenn man an dem, was die Mutter Priorin sagt, ein bißchen herumdeutelt; und wenn man viel daran herumdeutelt, tut es Ihm sehr weh, auch wenn man es nur innerlich tut."

2. August

„Wenn man mich liebt, verhätschelt, so empfinde ich keinerlei natürliche Freude; wohl aber empfinde ich eine sehr große Freude, wenn man mich demütigt. Wenn ich eine Dummheit gemacht habe, die mich demütigt, und mir zeigt, was ich bin, oh! dann empfinde ich eine natürliche Freude, eine wahre Freude, wie Sie, wenn Sie geliebt werden."

11. September

„Sie müssen ganz sanft werden; nie harte Worte, nie ein harter Ton; zeigen Sie nie eine harte Miene, seien Sie immer sanft.
So haben Sie gestern Sr. XX weh getan; kurz darauf hat noch eine andere Schwester sie betrübt. Und was ist geschehen? ... Sie hat geweint! ... Sehen Sie, wenn Sie nicht hart zu ihr gewesen wären, hätte sie den zweiten Schmerz besser ertragen können, er wäre unbemerkt vorbeigegangen. Aber zwei Kümmernisse so rasch hintereinander haben sie in eine große Traurigkeit versetzt; wären Sie dagegen sanft gewesen, so wäre nichts geschehen."

*

Eines Tages nahm sie mir das Versprechen ab, eine Heilige zu werden. Sie fragte mich, ob ich Fortschritte mache; ich erwiderte: „Ich verspreche Ihnen, heilig zu sein, wenn Sie im Himmel sind; von dem Augenblick an werde ich mich mit ganzem Herzen darum bemühen."

— „Oh! Warten Sie nicht auf das", *erwiderte sie mir*, „fangen Sie schon jetzt damit an. Mir ist der Monat vor meinem Eintritt in den Karmel eine süße Erinnerung. Am Anfang sagte ich mir wie Sie: ‚Wenn ich im Karmel bin, werde ich heilig sein; während ich noch warte,

werde ich mich nicht in Unkosten stürzen' ... Aber der liebe Gott hat mich den Wert der Zeit begreifen lassen; ich habe genau das Gegenteil von dem getan, was ich gedacht hatte. Ich beschloß, mich durch große Treue auf meinen Eintritt vorzubereiten, und es ist einer der schönsten Monate meines Lebens geworden.
Glauben Sie mir, warten Sie nie auf morgen, um mit dem Heiligwerden anzufangen."

Schwester Maria von der Dreifaltigkeit

April

Sie erzählte mir den folgenden Vorfall, der sich fünf Monate vor ihrem Tod zugetragen hatte:
„Eines Abends kam die Krankenwärterin und legte mir eine Wärmflasche auf die Füße und rieb mir die Brust mit einer Jodtinktur ein. Das Fieber verzehrte mich, und ein brennender Durst marterte mich. Während ich diese Behandlung aushalten mußte, konnte ich nicht umhin, mich bei Unserem Herrn zu beklagen: ‚O Jesus', sagte ich zu Ihm, ‚Du bist Zeuge, ich brenne schon, und man bringt mir noch mehr Wärme und Feuer! Ah! Könnte ich statt dessen ein halbes Glas Wasser haben! ... O Jesus! Dein Töchterchen hat schrecklichen Durst! Aber es ist doch glücklich über diese Gelegenheit, das Notwendige zu entbehren, um Dir dadurch ähnlicher zu werden und Seelen zu retten.' Bald darauf ging die Krankenwärterin fort, und ich erwartete nicht, sie vor dem nächsten Morgen wiederzusehen; aber zu meiner großen Überraschung kam sie nach einigen Minuten zurück und brachte mir ein erfrischendes Getränk ... O wie gut ist doch Unser Jesus! Wie süß ist es, sich Ihm anzuvertrauen!"[18]

Mai

Gestern hat das Lied „Die entblätterte Rose" in mir eine Erinnerung wachgerufen, die mir teuer ist. Mutter Marie-Henriette aus dem Karmel in der Avenue de Messine in Paris hatte mir aufgetragen, Sr. Theresia vom Kinde Jesus zu bitten, für sie ein Gedicht über die entblätterte Rose zu verfassen. Da dieses Thema unserer lieben Heiligen sehr lieb war, legte sie ihr ganzes Herz in diese Aufgabe. Mutter Henriette war mit dem Ergebnis sehr zufrieden, nur vermißte sie, wie sie mir schrieb, eine letzte Strophe, die besagen sollte, daß der liebe Gott nach dem Tod die abgepflückten Rosenblätter sammelt und daraus eine schöne Rose bildet, die in alle Ewigkeit leuchten wird. Da sagte Sr. Theresia vom Kinde Jesus zu mir:
„Die gute Mutter soll diese Strophe selber machen, so wie sie sie haben möchte; ich fühle mich dazu in keiner Weise angeregt. Mein Wunsch ist es, ein für allemal entblättert zu werden, um dem lieben Gott Freude zu machen. Ein Punkt, das ist alles!..."[19]

Juni

Die drei langen Monate der Agonie unseres Engels (...) sind mir immer gegenwärtig. Man hatte mir verboten, mit ihr zu sprechen, mit der Begründung, da ich noch so jung sei, könne ich mich anstecken. (Ich aber war vom Gegenteil überzeugt, denn Sr. Theresia vom Kinde Jesus hatte mir versichert, niemand werde sich bei ihr anstecken, sie habe den lieben Gott darum gebeten.) Die Berichte über ihr Ergehen wurden von Tag zu Tag trauriger; ich war vor Schmerz erstarrt... Eines Tages ging ich in den Garten, um ein bißchen an die frische Luft zu kommen. Da sah ich sie in ihrem Krankenwagen unter den Kastanienbäumen. Sie war allein und forderte

mich durch ein Zeichen auf, zu ihr zu kommen. „Ach nein!" sagte ich, „man wird uns sehen, und ich habe keine Erlaubnis." Ich ging in die Einsiedelei vom Heiligen Antlitz und begann zu weinen. Als ich den Kopf erhob, sah ich zu meiner Überraschung mein Schwesterchen Theresia vom Kinde Jesus neben mir auf einem Baumstumpf sitzen. Sie sagte zu mir:
„Mir ist es nicht verboten, zu Ihnen zu kommen; ich will Sie trösten, und müßte ich daran sterben."
Sie brachte meine Tränen zum Versiegen, indem sie meinen Kopf an ihr Herz legte. Ich beschwor sie, in ihren Wagen zurückzukehren, denn sie zitterte vor Fieber:
„Ja, aber nicht bevor Sie mir gelacht haben!"
Das tat ich sogleich aus Furcht, sie möchte zu Schaden kommen, und dann half ich ihr zurück in ihren Wagen[20].

Es war ein großer Schmerz für mich, sie krank zu sehen, und immer wieder sagte ich zu ihr: „Oh, wie traurig ist doch das Leben!" Aber sie verwies mir das gleich und sagte:
„Das Leben ist nicht traurig! Im Gegenteil, es ist sehr heiter. Wenn Sie sagten: ‚Die Verbannung ist traurig', würde ich Sie verstehen. Es ist irrig, das, was aufhören muß, als Leben zu bezeichnen. Nur den Dingen des Himmels, dem, was nie sterben muß, darf man diesen Namen in Wahrheit geben; und so gesehen ist das Leben nicht traurig, sondern heiter, sehr heiter!"[21]

Juli — August

An einem Feiertag hatte man im Refektorium vergessen, mir die Nachspeise zu geben. Nach dem Essen ging ich zu Sr. Theresia vom Kinde Jesus in die Krankenwärterei, und als ich dort meine Tischnachbarin antraf, gab ich ihr sehr deutlich zu verstehen, daß man mich

übersehen hatte. Sr. Theresia vom Kinde Jesus hatte zugehört und befahl mir zu gehen, um die Tischdienerin darauf aufmerksam zu machen. Als ich sie anflehte, mir das nicht aufzuerlegen, sagte sie:
„O doch! Das wird Ihre Strafe sein; Sie sind der Opfer nicht würdig, die der liebe Gott von Ihnen verlangt. Er verlangt von Ihnen den Verzicht auf Ihren Nachtisch, denn Er ist es, der erlaubt hat, daß man Sie vergißt. Er hielt Sie für großmütig genug, dieses Opfer zu bringen, aber Sie enttäuschen Seine Erwartung, indem Sie hingehen und protestieren!"
Ich darf sagen, ihre Lehre hat Frucht gebracht und mich ein für alle Mal von dem Verlangen geheilt, mich zu beklagen[22].

August

Dabei fällt mir ein Erlebnis ein, das ganz zwischen meiner lieben Schwester Theresia von Kinde Jesus und mir geblieben ist. Es war ungefähr einen Monat vor ihrem Tod. Die ganze Kommunität war sehr traurig, und mein Schmerz war gewiß nicht geringer als der der Mitschwestern. Als ich Theresia in der Krankenwärterei aufsuchte, sah ich am Fuß ihres Bettes einen großen roten Luftballon liegen, den man ihr gebracht hatte, um sie zu zerstreuen. Dieser Ballon erregte mein Verlangen, und ich konnte nicht umhin, ihr zu sagen: „Wie gerne möchte ich damit spielen!" Sie lächelte, aber da sie so schwach war, daß sie keinerlei Lärm ertragen konnte, sagte sie zu mir:
„Stellen Sie sich hinter mich und spielen Sie damit, solange niemand da ist; ich werde die Augen schließen, damit es mich nicht betäubt."
Entzückt nahm ich den Ballon, und mein Spiel machte mir ein solches Vergnügen, daß Klein-Theresia blinzelte, um mir zuzuschauen, ohne es merken zu lassen, und

sich nicht enthalten konnte zu lachen. Da sagte ich zu ihr: „Die Traurigkeit hat schon zu lange gedauert für mich! Ich kann nicht mehr! Ich habe sozusagen Versuchungen, mich zu zerstreuen, ich habe Lust, mit dem Kreisel zu spielen, den Sie mir zu Weihnachten geschenkt haben; aber wenn man mich sieht, nimmt man womöglich Ärgernis und sagt, ich sei herzlos."
— „Nein, nein!" *erwiderte sie.* „Ich mache es Ihnen zur Pflicht, Ihren Kreisel zu nehmen und damit eine Stunde lang im Abstellraum des Noviziats zu spielen; dort wird Sie niemand hören, und sollte man es dennoch bemerken, so sagen Sie, daß ich es Ihnen aufgetragen habe. Gehen Sie schnell, es macht mir Vergnügen zu denken, daß Sie sich unterhalten gehen"[23].

*

„Wenn ich im Himmel bin", *sagte sie zu mir,* „müssen Sie oft meine kleinen Hände mit Gebeten und Opfern füllen, um mir das Vergnügen zu machen, sie als Gnadenregen auf die Seelen herabfallen zu lassen"[24].

September

Acht Tage vor ihrem Tod hatte ich bei dem Gedanken an ihren nahen Tod einen ganzen Abend geweint. Sie bemerkte es und sagte:
„Sie haben geweint. — Ist es in der Muschel?"[25]
Ich konnte nicht lügen ... und als ich es zugab, wurde sie traurig. Sie sagte:
„Ich werde sterben, aber ich werde Ihrethalben nicht zur Ruhe kommen, wenn Sie mir nicht versprechen, meiner Weisung treu zu folgen. Das ist meiner Meinung nach von entscheidender Bedeutung für Ihre Seele."
Mir blieb nichts anderes übrig, als mich zu fügen, und ich gab ihr mein Wort, allerdings nicht ohne mir die Gunst zu erbitten, ihren Tod ungehemmt beweinen zu dürfen[26].

An ihrem Todestag begab ich mich nach der Vesper in die Krankenwärterei, wo ich Zeuge war, wie die Dienerin Gottes mit unbeugsamer Tapferkeit in den letzten Phasen des schrecklichen Todeskampfes aushielt. Ihre Hände waren ganz violett, sie preßte sie angstvoll zusammen und rief mit einer Stimme, die infolge der übermäßigen Erregung grausamen Leidens klar und stark war:
„O mein Gott!... Hab' Mitleid mit mir!... O Maria! Komm mir zu Hilfe!... Mein Gott, wie ich leide!... Der Kelch ist voll... Voll bis zum Rand!... Nie werde ich sterben können!..."
— „Mut!" sagte unsere Mutter zu ihr, „es geht zu Ende, nur noch ein wenig, und alles wird vorbei sein."
— „Nein Mutter, es ist noch nicht zu Ende!... Ich fühle es wohl, ich werde noch monatelang so leiden müssen."
— „Und wenn es der Wille des lieben Gottes wäre, Sie so lange auf dem Kreuz zu lassen, würden Sie einwilligen?" Mit wahrhaft heroischer Tapferkeit erwiderte sie: „Ich will es gerne!"
Und ihr Kopf fiel auf das Kissen zurück mit einem so ruhigen, so ergebenen Ausdruck, daß wir unsere Tränen nicht mehr zurückhalten konnten. Sie war ganz wie eine Märtyrin, die neue Martern erwartet. Ich verließ die Krankenwärterei, denn ich hatte nicht den Mut, dieses so schmerzliche Schauspiel länger zu ertragen. Erst für die letzten Augenblicke kam ich mit der Kommunität wieder zurück und wurde Zeugin ihres schönen, langen, verzückten Blickes im Augenblick ihres Todes am Donnerstag, 30. September 1897, um 7 Uhr abends[27].

Schwester Theresia vom heiligen Augustin

Juli

„Sagen Sie mir, ob Sie Kämpfe gehabt haben."
— „O ja, ich habe Kämpfe gehabt. Meine Natur hat es mir nicht leichtgemacht; es sah zwar nicht so aus, aber ich fühlte es sehr wohl; ich kann Sie versichern, daß für mich kein Tag ohne Leiden war, nicht ein einziger!"
— „Aber man behauptet, Sie hätten nicht zu leiden gehabt."
— „Ah! Die Urteile der Geschöpfe. Weil sie nicht sehen, glauben sie nicht"[28].

*

Manche Schwestern glauben, Sie werden die Todesangst erleben.
„Sie ist noch nicht eingetreten. Wenn sie kommt, werde ich sie ertragen; aber wenn ich sie habe, wird sie nicht genügen, um mich zu läutern; es wird nur Lawendelwasser sein ... für mich braucht es das Feuer der Liebe"[29].

Schwester Maria von den Engeln

Eines Tages, als die Kommunität um ihr Bett versammelt war, sagte Mutter Agnes von Jesus zu ihr: „Wenn Sie der Kommunität Blumen streuten!"
— „O nein, Mütterchen, antwortete sie, verlangen Sie das bitte nicht von mir. Ich will nicht den Geschöpfen Blumen streuen. Für die Heilige Jungfrau und den heiligen Joseph will ich es noch gerne tun, aber für andere Geschöpfe nicht"[30].

*

Einige Tage vor dem Tod der Dienerin Gottes hatte man ihr Bett in den Kreuzgang gerollt.

Sr. Maria vom Heiligen Herzen, die Gärtnerin des Klosterhofes, die gerade in der Nähe war, sagte zu ihr: „Da ist ein Rododenthrumsproß (*sic*); er stirbt ab, ich werde ihn ausreißen."

— „O Schwester Maria vom Heiligen Herzen", *sagte sie in klagendem, flehendem Ton,* „ich verstehe Sie nicht ... O bitte, für mich, die ich sterben muß, lassen Sie ihm das Leben, dem armen Rododendthrum, ich flehe Sie an."

Sie mußte noch weiter drängen, aber dann wurde ihr Wunsch respektiert[31].

Schwester Amata von Jesus

In den letzten Tagen des September 1897, als sich unsere liebe Heilige infolge ihrer großen Schwäche nicht mehr bewegen konnte, mußte man sie einmal für ein paar Augenblicke auf ein provisorisches Bett legen, um ihr Krankenbett in Ordnung zu bringen. Als sie bemerkte, daß die Krankenwärterinnen nicht wußten, wie sie zu Werke gehen sollten aus Angst, ihr weh zu tun, sagte sie:

„Ich glaube, Sr. Amata von Jesus kann mich leicht in ihre Arme nehmen; sie ist groß und stark und sehr sanft mit den Kranken."

Man rief also unsere gute Schwester, und sie hob die kleine heilige Kranke mit Leichtigkeit auf, ohne ihr die geringste Beschwerde zu verursachen. Da dankte ihr unser Engel, der seine Arme um ihren Hals geschlungen hatte, mit einem so lieben und dankbaren Lächeln, daß sie dieses ideale Lächeln nie mehr vergessen hat. Es hat sie sogar für ihren Kummer darüber entschädigt, daß sie als einzige die Glocke der Krankenwärterei nicht gehört hat, die die Schwestern zusammenrief, um den erhabenen Augenblick des schönsten Todes zu erleben, den man im Karmel von Lisieux je gesehen hat[32].

Anonym

Man fragte sie, unter welchem Namen man sie im Himmel anrufen solle.
„Sie werden mich *kleine Theresia* nennen", *erwiderte sie demütig*[33].

Briefe
über
Theresias Krankheit

Auszüge
(April – September 1897)

In den Briefen sind die Worte Theresias kursiv gedruckt.
Anmerkungen zu den Briefen siehe S. 347; siehe auch
„Zur Herstellung der vorliegenden Ausgabe" S. 25.

Schwester Maria von der Eucharistie
an Herrn Guérin, am 5. Juni 1897

Liebes Väterchen,
Unser Schwesterchen Theresia vom Kinde Jesus ist wirklich sehr krank, wir sind zutiefst beunruhigt. Herr de Cornière muß heute vormittag kommen. Sie ist zwar auf, fühlt sich aber elend. Sie sieht jetzt wohl ein, daß sie wirklich krank ist. Sie leidet an *starken* Schmerzen in der Seite, sie kann fast nicht mehr essen. Gestern hat sie ihr Abendessen erbrochen, oft bricht sie bei ihren Hustenanfällen, wir sind sehr in Sorge ... Unsere Mutter pflegt sie, so gut es nur möglich ist (...). Da Sr. Th. vom Kinde Jesus sich jetzt stark verändert und bald nicht mehr aufbleiben können wird, möchten wir sie für das Fest unserer Mutter photographieren; wenn es so weitergeht, wird sie bis zum Ende der Woche so schlecht ausschauen, daß nicht mehr daran zu denken ist, besonders wenn Herr de Cornière Zugpflaster verordnet. Bei ihrer großen Schwäche wird sie sich davon kaum erholen können (...). Ich fürchte, Dich zu beunruhigen, liebes Väterchen, aber wir sind selber sehr beunruhigt. Wenn man die Fortschritte sieht, die die Krankheit seit 8 Tagen macht, ja sogar seit meinem Schleierfest[1]; sie fühlt sich ganz zerschlagen und leidet manchmal, wie sie uns sagt, an solchen Angstzuständen, als müsse sie sterben, sie fühlt, wie das Leben sie verläßt. Mama soll so lieb sein und uns jetzt Kleinigkeiten zum Essen schicken (...). Mit einem Wort, sie versteht sich ja darauf, kleine Leckerbissen zu finden, die unserem lieben Engel guttun, der, wie ich glaube, bald fortfliegen wird in den Himmel.
Gestern sagte sie zu uns: *„Zu sterben wird mein Glück sein, aber auch weiterzuleben, denn ich will nur das, was der liebe Gott will, alles aus Liebe zu Ihm."* Wir **halten** eine Novene zu Unserer Lieben Frau vom Siege,

unsere Mutter läßt dort Messen lesen; während dieser Novene mischt sie (Theresia) Lourdeswasser in alles, was sie zu sich nimmt. Gestern abend sagte sie zu uns: *„Die Heilige Jungfrau wird mich entweder gesund machen, oder sie wird mich holen kommen, es kann nicht mehr lange dauern."* Wir haben großes Vertrauen zu Unserer Lieben Frau vom Siege.

Mutter Agnes von Jesus
an Herrn und Frau Guérin, am 7. Juni 1897

Geliebte Eltern,

Unserem kleinen Engel geht es eher besser; sie hustet viel weniger, und wir atmen auf. Nur der Appetit fehlt *völlig*, aber mit den guten Sachen, die *Mama* ihr schickt[2], werden wir, wie ich hoffe, diese schlimme Schwäche unterkriegen.

Gestern abend haben wir sie in Papas Wagen im Garten spazieren gefahren, und ich versichere Sie, Sr. M. von der Eucharistie hat sich das Vergnügen geleistet. Für ihre Mühe haben wir dann sie gefahren.

Danke für *alles*, was Sie uns geschickt haben, für alle Mühe, die Sie auf sich nehmen, um alle unsere kleinen Wünsche zu erfüllen.

(...) Unsere gute Mutter ist Ihnen sehr dankbar und bittet Sie, sich mit uns in der Novene zu Unserer Lieben Frau vom Siege zu vereinigen. Die arme Mutter hat heiße Tränen vergossen, als sie am Samstag das Salve Regina anstimmte. Freilich war an diesem Tag unser armer kleiner Engel *sehr krank*.

Schwester Maria von der Eucharistie
an Herrn Guérin, am 8. Juli 1897

Liebes Väterchen,

Ich möchte Dir über das Befinden Deiner kleinen Königin berichten. Unsere Sorge nimmt dauernd zu ... Gestern ist Herr de Cornière zweimal gekommen, er ist überaus beunruhigt. Es ist nicht Tuberkulose[3], sondern eine Lungenattacke, eine ausgesprochene Lungenstauung. Gestern hat sie zweimal Blut erbrochen; es sind Blutklumpen, als erbräche sie Leber, und den ganzen übrigen Tag hat sie Blut gespuckt. Herr de Cornière hat ihr gestern früh jegliche Bewegung untersagt, er erlaubt nicht einmal, daß man sie in die Krankenwärterei hinunterbringt, bevor die in der rechten Lunge entstandene Wunde vernarbt ist. Sie nimmt ständig Eis, eine blutstillende Arznei, Senfpflaster, glaube ich, und Senfmehlsäckchen. Sie wird wunderbar gepflegt, man hat ihr auch zwei trockene Schröpfköpfe angesetzt. Die Nacht ist sehr schlecht gewesen; sie sagte heute morgen zu uns, ärger könne man wohl auch im Fegfeuer nicht brennen, so stark war das Fieber, dazu kamen noch Erstickungsanfälle. Heute geht es eher etwas besser; das Fieber ist gefallen, aber sie fühlt sich ganz erschöpft, sie kann nicht einmal die Hand zum Mund führen, die Hand fällt von selber zurück. Als Herr de Cornière heute früh kam, fand er zwar mehr Atem in der Lunge, aber die Stauung in der rechten Seite war immer noch vorhanden. Er sagte, die Zerstörung in der Brust sei noch nicht groß, aber ein Ausgangspunkt ist bereits vorhanden. Die große Schwäche macht ihm große Sorge, und heute morgen sagte er zu unserer Mutter, daß in einem Zustand wie dem ihren nur 2 von 100 mit dem Leben davonkommen. Wenn sie essen könnte, hat er gesagt, könnte man ihr Leben verlängern, aber eine Genesung ist ausgeschlossen, und wenn sie die Milch nicht besser verdaut, gibt er ihr nur mehr einige Tage. Wenn man sie besucht, ist sie ganz verändert, stark abgemagert, aber sie hat immer dieselbe Ruhe und ein Wort zum Lachen. Sie sieht den Tod mit Freuden kommen und hat nicht die geringste Angst vor ihm. All das wird Dich wohl traurig machen, liebes Väterchen, versteht sich; wir alle verlieren den größten Schatz, sie aber ist nicht zu bedauern; so wie sie den lieben Gott liebt und wie man sie dort oben aufnehmen wird, wird sie sicher geradewegs in den Himmel kommen. Als wir ihr vom Fegfeuer für uns sprachen, sagte sie: „*O wie tun Sie mir weh, wie sehr beleidigen Sie den lieben Gott, wenn Sie glauben, daß Sie ins Fegfeuer kommen werden. Wenn man liebt, kann es kein Fegfeuer geben."*

Um Dir zu sagen, in welchem Zustand die Kommunität **ist: Tränen, Schluchzen, Verzweiflung** auf allen Seiten. Mutter Agnes von Jesus ist bewunderungswürdig in ihrer Tapferkeit, ihrer Ergebung. Unsere Mutter bezeigt uns allen soviel mütterliche Güte inmitten des größten Schmerzes, denn Sr. Th. vom Kinde Jesus war ihr größter Schatz.

Schwester Maria von der Eucharistie
an Herrn Guérin, am 9. Juli 1897

Heute habe ich etwas bessere Nachrichten; seit zwei Tagen hat sie kein Blut erbrochen, ja nicht einmal Blut gespuckt. Herr de Cornière ist zufriedener heute morgen; man hat ihm davon gesprochen, ihr die Letzte Ölung zu spenden, und er hat erwidert: „Oh! Glücklicherweise ist es noch nicht so weit, sie könnte sogar noch einige Anfälle von Blutbrechen haben, ohne vollkommen verloren zu sein." — Wenn sie sich ernährt, wenn sie die Milch verdaut, kann sie sich wieder etwas erholen, die Schwäche ist das Beunruhigendste. Mit einem Wort, nach dem schweren gestrigen Tag kommt

wieder etwas Hoffnung auf. Gestern konnte sie mindestens 7 Tassen Milch behalten, aber ohne das Eis, das man ihr nach der Milch gibt, hätte sie, glaube ich, alle wieder heraufgebracht.
Gestern habe ich Dich sehr beunruhigt, liebes Väterchen, aber wir selber waren es geradeso und ebenso Herr de Cornière.
Wenn Du unsere liebe kleine Kranke sehen würdest, könntest Du nicht umhin zu lachen; immer muß sie etwas Lustiges sagen. Seit sie glaubt, daß sie sterben wird, ist sie kreuzfidel. Es gibt Augenblicke, wo man dafür bezahlen würde, bei ihr zu sein. Heute früh sagte sie plötzlich: *"Wenn ich eine von den beiden wäre, hm!!"* ... — Wir blickten einander an und fragten uns, was das bedeute. Sie fuhr fort: *"Ja, eine von den zweien auf 100. Wäre das ein Unglück! ..."* Ganz einfach, weil unsere Mutter ihr erzählt hatte, daß Herr de Cornière sagte, in ihrem Zustand würden nicht mehr als 2 von 100 durchkommen. Und sie fürchtete, sie könnte eine von den beiden sein, die gerettet werden.
Es war wirlich lustig, ihr Lachen und den schelmischen Blick zu sehen, mit dem sie uns das sagte. Als ich ihr ankündigte, daß ich Euch schreiben würde, um Euch etwas zu beruhigen, sagte sie: *"Sagen Sie ihnen, daß ich sie wahnsinnig gerne habe und daß ich ein kleines Mädchen des Widerspruchs bin; man glaubt mich sterbend, ich sterbe noch nicht ... man glaubt mich lebendig, ich liege fast im Sterben; ich bin reiner Widerspruch; aber schreiben Sie ihnen vor allem, daß ich sie alle sehr, sehr liebe ..."*
Unser Vater[4] hat sie heute vormittag besucht und ausgerufen: „Oh! Aber! Sie wollen uns etwas weismachen, Sie sind noch nicht zum Sterben, und bald werden Sie im Garten herumlaufen, Sie sehen nicht aus wie eine Sterbende. Ihnen die Letzte Ölung geben? Aber das Sakrament würde nicht gültig sein, Sie sind nicht krank genug." — Unser Vater ist ein wenig hart gewesen, aber

ich glaube, er tat es absichtlich, denn als er fortging, zeigte er sich sehr erbaut, ein so junges Kind zu sehen, das ein so großes Verlangen nach dem Tod hat und ihm mit solch freudiger Erwartung entgegensieht.

Nachdem er gegangen war, zeigte sich die kleine Kranke ärgerlich über ihn, weil er ihr die Sakramente nicht hatte spenden wollen, und sie sagte: „Das nächste Mal *werde ich mir nicht mehr so viel Mühe geben. Aus Höflichkeit hatte ich mich in unserem Bett aufgesetzt, ich habe die Liebenswürdigkeit gespielt, ich habe ihm den Hof gemacht, und er verweigert mir, worum ich ihn bitte! Das nächste Mal werde ich schlauer zu Werke gehen. Ich werde eine Tasse Milch nehmen, bevor er kommt, denn danach sehe ich immer viel schlechter aus, ich werde ihm kaum antworten und sagen, daß ich im Sterben liege."* — (Und sie spielte uns diese Komödie tatsächlich vor.) *„Ja, ich sehe wohl, ich kenne mein Handwerk nicht, ich weiß nicht, wie ich es machen muß."*

Sie ist eine sehr liebenswürdige kleine Kranke und sehr unterhaltsam, sie bringt einen immer zum Lachen, aber sie darf nicht sprechen, um sich nicht zu ermüden.

Schwester Maria von der Eucharistie

an Frau Guérin, am 10. Juli 1897

Unserer kleinen Kranken geht es immer gleich. Die Sorge bleibt, und ich glaube, wenn kein Zwischenfall eintritt, kann sie noch einige Wochen leben. Heute nacht hat sie wieder Blut erbrochen, man gab ihr sehr viel Eis und brachte es damit zum Aufhören. Herr de Cornière sagte, es überrasche ihn nicht, sie werde noch mehr als einmal Blut brechen. Aber die Schwäche nimmt von Tag zu Tag zu, und sie magert sichtlich ab. Mit dem Essen ist es immer das gleiche: jeden Tag erbricht sie 2, 3 Tassen Milch. Heute hat Herr de Cornière es bei ihr mit

Eigelb mit Zucker und heißem Wasser versucht; sie hat es nicht erbrochen, litt aber unter starken Magen- und Kopfschmerzen; sie hat heftige Koliken gehabt, mit einem Wort, die Verdauung ist sehr schwierig geworden.

Sie ist so schwach, daß sie sich nicht einmal mehr allein die Hände waschen kann; es bedeutet eine richtige Arbeit für sie, alle Glieder schmerzen sie davon. Heute nacht, bevor sie erbrach, hatte sie einen derartigen Schweißausbruch, daß ihre Kissen durchnäßt waren und man sie umziehen mußte. Aber ihre seelische Verfassung ist immer die gleiche, sie ist der Frohsinn in Person, sie bringt alle zum Lachen, die zu ihr kommen, und sie spricht mit Freude vom Dieb (dem lieben Gott), der bald kommen wird. Nein, unser Schwesterchen ist nicht zu beklagen, sie wird so glücklich sein, sie ist so gut vorbereitet, im Himmel wird sie ein solcher Schutz für uns alle sein, wie sie uns gesagt hat: *„Ich werde Euch noch näher sein als vorher, ich werde Euch nicht verlassen, ich werde über Onkel, über Tante, über die kleine Léonie, kurz über alle wachen; wenn sie einmal bereit sind, in den Himmel einzugehen, werde ich ihnen schnell entgegengehen. Und was die liebe Johanna anlangt, so wird es das erste sein, was ich im Himmel tun werde, daß ich in das große Kaufhaus für Engelchen gehe, das Allerliebste wähle und ihm sage: Du mußt schnell zu Frau La Néele gehen, um ihre Freude und ihr Glück zu sein."*
Gestern sagte Unser Vater zu ihr: „Sie ... bald in den Himmel gehen! ... Aber Ihre Krone ist ja noch nicht gemacht, Sie fangen sie gerade erst an! ..." Da hat sie ihm mit engelgleichem Ausdruck geantwortet: *„O Vater, Sie haben recht, ich habe meine Krone nicht gemacht, aber der liebe Gott hat sie gemacht!"*
O ja! Ihre Krone ist fertig.

Schwester Maria von der Eucharistie
an Herrn Guérin, am 12. Juli 1897

Liebes Väterchen,
Die Krankheit der kleinen Königin scheint Dir sehr
nahezugehen, das bereitet ihr Kummer; sie möchte,
daß ihr liebes Onkelchen sich mit ihr darüber freut, daß
sie in den Himmel kommt, was sich von Tag zu Tag zu
verzögern scheint ... Gegenwärtig sind die Nachrichten
besser. Herr de Cornière hat gestern abend gesagt: „Ich
bin wirklich zufrieden, es geht besser." Es ist gewiß, die
Besserung besteht. Sie nimmt Pankreatin, um die Milch
besser verdauen zu können, und seit zwei Tagen hat sie
weder gebrochen noch Durchfall gehabt. Auch das Fieber ist nicht so stark, daß man es messen würde[5]. An
den beiden ersten Tagen der letzten Woche hatte sie
ein sehr starkes Fieber, aber seither ist es ein gewöhnliches Fieber, das nur manchmal für eine halbe Stunde
oder eine Stunde auftritt, es dauert nicht den ganzen
Tag oder ist sehr harmlos. Seit Samstag gab es keinen
neuen Zwischenfall mehr. Mit einem Wort, seit gestern
geben wir uns wieder der Hoffnung hin, nicht auf Genesung, denn das wäre ein Wunder, wohl aber, sie noch
eine Zeitlang behalten zu dürfen; es ist sicher, wie Herr
de Cornière sagt, daß noch mehr als ein Zwischenfall eintreten kann; augenblicklich ist sie gewiß nicht
sterbenskrank, und wenn es nicht zu einem Blutsturz
kommt, so kann es mit ihr noch Wochen, ja vielleicht
sogar einige Monate dauern, besonders wenn sie ißt.
Liebes Väterchen, nach allem, was ich sehe, glaube ich
tatsächlich, daß sie uns noch eine Zeitlang erhalten
bleibt, wenigstens wenn die Anfälle nicht schwerer und
häufiger werden, aber bei ihrem jetzigen Zustand besteht eine gewisse Hoffnung. Du darfst nicht denken,
daß sie sehr leidet ... Sie leidet nur an Schwäche, an
dem Gefühl, gänzlich vernichtet zu sein, an durchaus

erträglichen Schmerzen in der rechten Seite und an Herzweh, aber all das ist nicht so schlimm, wie Ihr glauben könntet. Heute nacht hat sie sechs Stunden lang gut geschlafen...
Wie du siehst, liebes Väterchen, geht es besser; freilich kann sich das von einem Tag auf den anderen ändern. Die kleine Königin ist nach wie vor sehr fröhlich; man hat sie heruntergebracht in die Krankenwärterei, in das Bett von Mutter Genoveva, und da auch Mutter Genoveva den Tod mehr als einmal erwartet und ersehnt hat und mehr als einmal in ihrer Hoffnung enttäuscht worden ist, sagt die kleine Königin oft: *„Welch ein Unglücksbett, wenn man da drinnen ist, versäumt man immer den Zug..."*, und *„Der Dieb ist weit fortgegangen, er hat mich gelassen, um andere Kinder stehlen zu gehen... Wann werde wohl ich an der Reihe sein, ich weiß jetzt gar nichts darüber... Sagen Sie Onkelchen, Tante, Léonie, mit einem Wort allen, meine größte Freude im Himmel wird sein, daß ich ihnen dann meine ganze Liebe werde zeigen können; auf der Erde kann ich das nicht, meine Liebe ist zu stark, aber im Himmel, wenn ich dort bin, werde ich mich ihnen verständlich machen können... Das wird dort meine Freude sein..."* Und heute morgen, als ich sie fragte, was sie tun, was sie sagen wird, wenn sie den lieben Gott zum ersten Mal sieht, hat sie mir erwidert: *„Sprechen Sie mir nicht davon, ich darf nicht daran denken, es macht mich zu glücklich; was ich tun werde ...ich werde vor Freude weinen."* Ah! Welch eine schöne Seele, und wie dankbar muß ich doch dem lieben Gott sein, daß ich sie gekannt habe; sie kann uns nun keine Ratschläge mehr geben, aber was uns bleibt und immer bleiben wird, das ist ihr Beispiel.
Eines macht mich sehr glücklich, liebes Väterchen, nämlich das, was sie mir einige Tage vor meinem Schleierfest gesagt hat und was ich als ihr Testament für mich betrachte... Es war das letzte Mal, daß ich sie auf-

suchen und mit ihr über meine Seele sprechen konnte; damals war noch keine Rede von ihrem Tod, ihr Schleimzustand war noch nicht erklärt; plötzlich schaute sie mich mit einem so tiefen Blick an, den ich nie vergessen werde, und sagte: „O Schwesterchen! Versprechen Sie mir, eine Heilige, eine große Heilige zu werden", und als ich sie niedergeschmettert ansah, fuhr sie fort: „Ja, ich sage Ihnen das deshalb, weil ich in Ihnen alles finde, was es dazu braucht, und wenn Sie es nicht werden, dann liegt es daran, daß Sie sehr ungehorsam sind gegen die Gnade, glauben Sie mir. Oh! Ich bitte Sie, werden Sie eine Heilige, der liebe Gott fordert es von Ihnen. — Wenn ich nicht mehr auf der Erde bin, müssen Sie heilig sein für zwei, damit der liebe Gott nichts dabei verliert, ich fühle, daß Ihre Seele zu derselben Art von Vollkommenheit bestimmt ist wie die meine, Sie müssen mich ersetzen, wenn ich nicht mehr da bin."
Ich brauche Dir nicht zu sagen, liebes Väterchen, daß diese Worte meinem Herzen eingegraben bleiben, ja, das ist bestimmt ihr Testament für mich, und seit diesem Tag habe ich nie mehr daran gezweifelt, daß ihr Heimgang in den Himmel nahe bevorsteht ...

Schwester Genoveva

an Frau La Néele, am 12. Juli 1897

Liebe Johanna,

Dein Brief hat mich sehr gerührt; Du verstehst das ganze Leid meines Herzens ... Es ist wahr, unsere älteren Schwestern können sich ihre Mutter nennen, aber wir beide, die zwei Kleinen, wir bilden zusammen nur eine, wir hatten einander nie verlassen, unsre Seelen, unsre Herzen waren ein einziger Gleichklang. Der liebe Gott holt sie aus der Verbannung fort, sollte ich sie Ihm streitig machen! O nein! ... Unser lieber kleiner

Engel wiederholt uns oft das Wort des Herrn: „*Es ist gut für Euch, daß ich hingehe, denn wenn ich nicht hingehe, wird der Tröster nicht zu euch kommen. Wenn ich aber hingehe, werde ich Ihn zu euch senden...*"[6]. Auch hat sie zu mir gesagt: „*Sie erinnern sich gewiß an die beiden kleinen blauen Vögel, die ich Ihnen in Havre*[7] *gekauft hatte; sie hatten nie gesungen; als aber der eine starb, begann der andere zu zwitschern; er sang sein süßestes Lied, und dann starb auch er...*" Sobald meine allerliebste Theresia fortgeflogen sein wird, werde ich mich bemühen, dem Herrn ein Lied zu singen, das ich bis jetzt noch nie gesungen habe; die Bitterkeit des Schmerzes wird mir eine neue Stimme geben.

Aber ich höre auf, ich könnte nicht mehr darüber sagen, mein Kummer ist zu groß! Es ist meine kleine Gefährtin, meine liebste Schwester, meine Freundin, meine liebe kleine Hälfte, die mich verläßt. Ich kann nicht tiefer auf alles eingehen, was geschehen wird, in meinem Geist entsteht eine Leere, es ist der schwerste Schlag, der mich treffen kann, vielleicht wird es der letzte sein!

Ihr Zustand ist immer der gleiche, er hat sich nicht verschlimmert. Herr de C. bezeichnet die Lage nach wie vor als sehr ernst und sehr beunruhigend, meint aber, Todesgefahr würde nur im Falle einer Komplikation eintreten; sonst kann es noch einige Wochen so weitergehen.

Sie ist ein Engel; ich glaube, es hat noch nie eine Seele gegeben wie sie; was könnte ich Euch alles sagen!

Schwester Maria vom Heiligen Herzen
an Frau Guérin, am 14. Juli 1897

Ihr Zustand hat sich nicht verschlechtert, aber auch nicht gebessert. Herr de Cornière hat gestern gesagt: „Nach wie vor habe ich keine Hoffnung, denn das Übel wird eher schlimmer als besser werden." Unser Liebling hat das erfahren. Wenn Sie gesehen hätten, wie sie strahlte. Nur weil man es Ihnen schon gestern schreiben wollte, sagte sie zu uns: *„Nein, es ist besser, daß sie nichts erhalten; schließlich ist es immer das gleiche; lassen Sie sie, sie werden denken, es geht mir besser, man muß ihnen kleine Freuden machen.*

(...) Wir haben aus Beuvilliers[8] einen großen Korb Wiesenblumen bekommen. Ich habe das Ganze Thereschen ans Bett gebracht; sie war ganz entzückt über all diesen Schmuck für ihren König[9] ... Wie sehr liebt Sie doch Ihre kleine Königin, man sieht, sie möchte auf jede Weise versuchen, Ihnen jeden Schmerz um ihretwillen zu ersparen. Gerade sagte sie zu mir: *„Oh! Wenn unsere Mutter es erlaubt, werde ich nach La Musse schreiben und sie über mich zum Lachen bringen"*[10]. Augenblicklich leidet sie nicht sehr, oder vielmehr, wenn sie stärker leidet, so hat sie eine solche Energie und so viel Tugend, daß sie nicht darüber klagt. Sie liegt da wie ein kleines Lämmlein, das sich vom guten Jesus sein ganzes Vließchen nehmen läßt, Haar für Haar.

Herr Decornières (sic) ist heute gekommen; er glaubt, daß es im gegenwärtigen Zustand noch eine Weile weitergehen kann. Das bedeutet einen kleinen Aufschub, ohne daß unsere Sorge von uns genommen wäre.

(...) Sie können sich nicht vorstellen, wie gut unsere Mutter zu uns ist, vor allem zu unserem Thereschen. Die liebe Kleine sagte heute morgen mit ihrem reizenden Lächeln zu ihr: *„Mutter, in Ihren Armen möchte ich sterben ... nicht auf dem Kissen, sondern an Ihrem Herzen."* Oh, der liebe kleine Engel, ihr Leben wird nichts anderes gewesen sein als eine himmlische Melodie!

Mutter Agnes von Jesus
an Herrn und Frau Guérin, am 16. Juli 1897

Unserer lieben kleinen Kranken geht es immer gleich. Ich glaube nicht, daß die Auflösung so nahe ist, wie wir zuerst gedacht hatten. Unser Engel wird noch einige Monate bei uns bleiben, um uns zu erbauen und auf seinen Heimgang vorzubereiten.

Kürzlich sagte sie zu mir in fast beunruhigtem Ton: „O weh! Wenn ich gesund würde?" Ich habe sie schnell beruhigt, denn ich für meinen Teil hege keinerlei Hoffnung.

Zerstreuen Sie sich nach Möglichkeit in La Musse, das ist es, was Ihr Töchterchen von ganzem Herzen wünscht, und wirklich, warum sollten Sie traurig sein über einen Heimgang, der ihr selber so viel Freude macht. Sie schaut dem Tod entgegen wie dem liebenswertesten Boten. Es ist geradezu komisch und drollig zu hören, mit welcher Freude sie feststellt, daß sie abmagert: *„Wie froh bin ich, meine Zerstörung zu sehen",* sagte sie, während sie ihre Hände anschaute, und weiter: *„Der arme Herr Clodion"* (so nennt sie Herrn de Cornière wegen seiner langen Haare). *„Man muß es sehen, wie er seinen Kopf von meiner Schulter zurücknimmt; er weiß sich nicht mehr zu helfen, er ärgert sich, um in die Luft zu gehen ... Er findet nichts wie Lumpen, Knochen, alte Kleider! ..."*

Vor kurzem sagte eine Schwester zu ihr: — Aber Sie haben gar keine Angst vor dem Tod, und doch ist der Tod etwas Schreckliches. — „Ja", antwortete sie, *„er macht auch mir große Angst, wenn ich ihn auf Bildern als ein großes Gespenst dargestellt sehe; aber das ist nicht der Tod. Diese Vorstellung ist dumm, sie entspricht nicht der Wahrheit. Um sie zu vertreiben, brauche ich mich nur an die Antwort aus meinem Katechismus zu erinnern: Der Tod ist die Trennung der*

Seele vom Leib. — Das ist der Tod. Nun eben, ich fürchte mich nicht vor einer Trennung, die mich auf immer mit dem lieben Gott vereinigt ..."
Vor einigen Tagen sagte ich zu ihr, es wird ein sehr großes Glück für sie sein, endlich diese Welt des Elends zu verlassen, um die himmlischen Freuden zu genießen. Sie erwiderte: — *„Ah! Mütterchen! Heute abend hörte ich von weitem aus der Gegend des Bahnhofs eine schöne Musik, und ich dachte, bald werde ich viel süßere Harmonien vernehmen; aber es war nur ein vorübergehendes Gefühl der Freude; übrigens weiß ich schon lange nicht mehr, was lebhafte Freude ist, und ich bin nicht fähig, mich am Genießen zu freuen. Nicht das zieht mich an, ich kann nicht viel an mein Glück denken, ich denke nur an die Liebe, die ich empfangen werde und die ich geben können werde ..."*

Schwester Maria von der Eucharistie
an Herrn Guérin, am 20. Juli 1897

Zuerst möchte ich Dir über Deine kleine Königin berichten. Heute morgen hat sie noch Blut gespuckt; es ist so regelmäßig eingeteilt wie Notenpapier: alle drei Tage am Morgen. Im Verlauf einer Viertelstunde spuckt sie ein gutes Glas voll. So fühlt sie sich heute müder. Herr de Cornière geht gerade fort; er ist nicht zufrieden, daß es so weitergeht; er findet, daß die Zerstörung der Lunge Fortschritte macht, sie greift weiter zur Spitze hinauf und breitet sich nach der Schulter zu aus. Er (findet) mehrere Kavernen, er selber sagt, wenn nicht ein großes Wunder geschieht, ist sie verloren, und darüber jubelt unsere kleine Kranke. Alles übrige, das Fieber usw. ist immer gleich, dieselben Details, die Milch scheint sie besser zu verdauen, aber sie nützt ihr nichts, denn sie magert von Tag zu Tag mehr ab. Ach ja! Wir sind nun ergeben und zum Opfer bereit; der liebe Gott hat uns hinlänglich darauf vorbereitet. Für uns ist es ein Trost zu sehen, daß sie nicht mehr leidet und mit welcher Freude sie ihrem Heimgang in den Himmel entgegensieht.

Schwester Maria von der Eucharistie
an Frau Gaston Pottier (Céline Maudelonde), am 20. Juli 1897

Ich danke dem lieben Gott, daß Er mich diese kleine Heilige hat kennen lassen, denn hier in der Kommunität wird sie als solche geliebt und geschätzt. Wenn Du sie sehen könntest, würdest Du dasselbe sagen wie wir und Du hättest nur den einen Wunsch, in ihren Spuren zu wandeln. Es ist keine außergewöhnliche Heiligkeit, keine Neigung zu außerordentlichen Bußübungen, nein, es ist einfach die *Liebe* zum lieben Gott; die Menschen in der Welt können ihre Heiligkeit nachahmen, denn sie hat sich nur einfach darin geübt, alles aus Liebe zu tun und alle kleinen Widerwärtigkeiten, alle kleinen Opfer, wie sie jeder Augenblick bringt, als aus Gottes Hand kommend anzunehmen. In allem sah sie den lieben Gott, und alles, was sie tat, tat sie so vollkommen wie möglich. Immer die Pflicht vor allem anderen, und sie verstand auch, das Vergnügen zu heiligen, indem sie es dem lieben Gott aufopferte, obgleich sie es genoß. Oh! Wie viele Verdienste hat sie erworben, wenn Du wüßtest! ... Was wird man alles im Himmel entdecken!! ... Kürzlich fragte ich sie: Haben Sie dem lieben Gott manchmal etwas versagt? ... Sie erwiderte: *"Nein, ich erinnere mich an nichts; sogar als ich ganz klein war, in meinem dritten Lebensjahr, habe ich angefangen, nichts zu verweigern, was der liebe Gott von mir verlangte."* Das sagt alles, nicht wahr? Diese Antwort hört man selten, sogar in unseren Karmeln. Dem lieben Gott nie etwas verweigert haben!! Und wenn Du sehen könntest, wie sie sich aufs Sterben freut. Zu sterben, um vom Leben des lieben Gottes zu leben, zu sterben, um in den Himmel zu kommen, das ist ihr einziger Wunsch ... Und wenn man ihr sagt, ihr Wunsch werde sich bald erfüllen, dann strahlt ihr Gesicht auf. So dem Tod entgegenzusehen ist wirklich schön und ein Trost für die Zurückbleibenden. Es hindert einen, den Tod zu fürchten, man schaut ihm selber mit mehr Freude entgegen.

Liebes Célinchen, ich habe gedacht, ich kann Dir keinen besseren Rat geben, als daß ich Dir unsre kleine Kranke als Vorbild hinstelle. Oh, wenn sie an Deiner Stelle wäre, wenn sie wie Du eine kleine Prüfung von seiten ihrer Familie zu bestehen hätte, wieviel Gewinn würde sie daraus ziehen! In allem, was geschieht, würde sie den lieben Gott sehen, und jeden kleinen Stich, der das Herz verwundet, würde sie Ihm als einen Akt vollkommener Liebe anbieten. So würde sie handeln und einen großen Frieden empfinden. Aber sie hat mir oft gesagt, *„das will nicht heißen, daß man den Schmerz, das Leiden nicht zu spüren braucht. Wo wäre das Verdienst, wenn man ihn nicht spürt? Man kann ihn sogar sehr stark empfinden, aber man kann ihn dem lieben Gott aufopfern und in diesem Opfer inmitten der größten Leiden frohen Frieden finden."*

Ich habe ihr Dein Briefchen vorgelesen, und sie hat mich beauftragt, Dir folgendes zu antworten: *„Sagen Sie Céline, daß ich meine kleine Kindheitsfreundin nie vergessen werde, und wenn ich im Himmel bin, werde ich in ganz besonderer Weise über sie wachen. Sagen Sie ihr, daß der liebe Gott sie dazu beruft, eine echte Heilige in der Welt zu sein, und daß Er mit ihr besondere Absichten hat und eine ganz besondere Liebe für sie hegt."* Ich schreibe ihre Worte nieder, wie sie sie mir gesagt hat.

Schwester Genoveva
an Frau Guérin, am 22. Juli 1897

Meiner kleinen Kranken geht es nicht schlechter, aber auch nicht besser; die Krankheit nimmt ihren Fortgang, sagt Herr de C., und fügt hinzu, daß sich Kavernen in der Lunge bilden und er eine Eiterung befürchtet. Vor ein paar Tagen sagte er zu uns: „Sie wird ihren Prozeß gewinnen!" Unser lieber kleiner Engel ist immer gleich, ein Vorbild an Geduld und Sanftmut, die Liebenswürdigkeit in Person. Kürzlich las ich ihr eine Stelle über die himmlische Seligkeit vor. Da unterbrach sie mich und sagte: *„Nicht das ist es, was mich anzieht."* — Was denn dann? — *„Oh, die Liebe, lieben, geliebt werden und auf die Erde zurückkommen..."*[11]
Liebste Tante, ich kann Ihnen nicht mehr sagen, stellen Sie sich vor, wie es in meinem Herzen aussieht... Die Prüfung, die mir bevorsteht, läßt mich erschauern, ich bin im Garten der Todesangst, und jeden Augenblick steigt das Gebet unseres Herrn aus meinem Herzen auf...

Schwester Maria von der Eucharistie
an Frau Guérin, am 30. Juli 1897

Liebes Mütterchen,
Seit gestern (29. Juli) sind die Nachrichten nicht gut. Herr de Cornière findet, daß die Krankheit sich stark verschlimmert hat, sie spuckt jeden Tag Blut, jetzt zwei- bis dreimal am Tag, heute morgen war es ununterbrochen, auch fühlt sie sich sehr beengt und leidet an Atemnot; es gibt Augenblicke, wo sie buchstäblich erstickt, sie atmet fortwährend Äther ein, und manchmal ist die Beklemmung so arg, daß auch der Äther nicht hilft. Heute vormittag hat unsere Mutter mit Herrn de Cornière wegen der Letzten Ölung gesprochen. Er sagte,

es sei vielleicht klug, denn man weiß nicht, was geschehen kann; er findet seit gestern eine starke Veränderung. — Wir machen uns keine Illusionen, denn wir sehen wohl, daß es nicht mehr lange dauern kann; so hatte sie gestern abend ein so starkes Fieber, daß ihr Rücken wie Feuer brannte und sie selber sagte, *"sie käme sich vor wie im Fegfeuer"*, so heftig brannte das Fieber. Ich glaube, Unser Vater wird heute oder morgen kommen, um ihr die Letzte Ölung zu spenden.

Schwester Maria von der Eucharistie
an Herrn Guérin, am 31. Juli 1897

Liebes Väterchen,
Nur zwei Worte, um Dir über die kleine Königin Nachricht zu geben. Die Nachrichten sind nach wie vor sehr schlecht; immerhin hat sie heute etwas weniger Blut gespuckt, aber gestern glaubten wir wirklich, sie würde die Nacht nicht überleben. Auch Herr de Cornière fürchtete es, denn als er bei seinem Besuch um 4 Uhr sah, daß die Blutung seit dem Vorabend nicht mehr aufgehört hatte, sagte er zu unserer Mutter, sie solle mit der Letzten Ölung nicht bis zum nächsten Tag warten.
Unser Vater ist um 6 Uhr gekommen, er hat ihr die Letzte Ölung gegeben und ihr dann den lieben Gott gebracht ... Ich versichere Dich, es war wirklich rührend, unsere kleine Kranke mit ihrem stets ruhigen und reinen Ausdruck zu sehen; als sie die ganze Kommunität um Verzeihung bat, ist mehr als eine Schwester in Tränen ausgebrochen. Gestern abend hat sie noch Blut gespuckt, auch noch in der Nacht; die Nacht war nicht gut, aber doch auch nicht so schlecht, wie man es nach dem gestrigen Tag hätte erwarten können. Der Vormittag war erträglich; kein Blutspucken heute bis um 3 Uhr nachmittag, dann einmal. Immer noch brennt sie

im Fieber und leidet an Beklemmung und an Schmerzen in der Seite; mit einem Wort, sie ist sehr krank, und ich glaube, Ihr solltet Eure Reise nach Vichy lieber aufschieben, denn so kann es nicht mehr viele Tage weitergehen mit ihr, besonders wenn solche Tage kommen wie der gestrige.
Man kann sich unmöglich ihre Freude darüber vorstellen, daß sie bald sterben wird, sie ist wie ein kleines Kind, das von ganzem Herzen wünscht, wieder zu seinem Vater zu gehen, niemals hat man jemanden in solcher Ruhe sterben gesehen. *„Was wollen Sie"*, sagte sie zu uns, *„warum sollte mir der Tod Angst machen, ich habe alles immer nur für den lieben Gott getan..."* Und als man ihr sagte: „Sie werden vielleicht an diesem oder jenem Feiertag sterben...", erwiderte sie: *„Ich brauche keinen Feiertag zu wählen zum Sterben; mein Todestag wird der höchste aller Feiertage für mich sein..."* Heute, da sie etwas weniger Blut spuckte und in ihrem Napf seit dem Morgen nur wenig Auswurf war, schaute sie ihn unentwegt tieftraurig an... *„So wenig"*, sagte sie, *„für so viel Leiden"*, und dann: *„So wenig! Ah! So wird es also nicht heute sein... Ich kann nicht sterben... Ich glaube, ich muß jetzt sehr lieb sein und ganz brav auf den ,Dieb' warten."*
Da wir gestern stark befürchteten, sie würde die Nacht nicht überleben, hatte man im Nebenzimmer eine geweihte Kerze und Weihwasser bereitgestellt; nun schaut sie diese beiden Gegenstände dauernd aus den Augenwinkeln wohlgefällig an und sagt zu uns: *„Sehen Sie, diese Kerze da, wenn der Dieb mich fortträgt, wird man sie mir in die Hand geben, aber den Leuchter darf man mir nicht geben, er ist zu häßlich";* dann amüsiert sie sich damit, uns davon zu sprechen, was nach ihrem Tod alles geschehen wird. Sie erzählt uns das auf eine Art, daß man laut lacht, wo man eigentlich weinen müßte, so amüsant ist sie. Sie läßt alles an uns vorbeiziehen, das macht sie glücklich, und sie teilt es uns auf eine

Weise mit, daß wir herzlich lachen müssen. Ich glaube, sie wird lachend sterben, so lustig ist sie.
Ich hatte meinen Brief unterbrochen, weil ich Herrn de Cornière läuten hörte. Nach dem heutigen Tag ist er ganz verlegen, weil er sieht, daß all dieses Blutspucken sie nicht so stark schwächt, daß wirklich eine große Schwäche eintritt. Er sagt, in ihrem Alter ist so viel Leben da, daß man nicht viel darüber sagen kann, ob es noch wenige Tage gehen wird oder lange Zeit.

Mutter Agnes von Jesus
an Herrn und Frau Guérin, am 5. August 1897

Unserem lieben kleinen Engel geht es nicht schlechter. Ebensowenig aber geht es ihr besser, ihr Zustand ist wieder stationär, wenngleich er beschwerlicher und qualvoller ist als vor dem 28. Aber sie leidet mit bewunderungswürdiger Geduld und Sanftmut, sie bleibt immer sie selber. Wie wahr ist es doch, wenn man sagt, der Tod ist das Echo des Lebens. Unsere kleine Heilige erwartet diesen Tod geduldig, keine glühenden Wünsche quälen sie, jeden Tag findet sie ihren Frieden in diesem Psalmvers, der sie bezaubert: „Herr, ich finde meine Freude in allem, was Du tust..."[12]. Vor einigen Tagen tat sie mir leid, sie schaute mich so leidend an, ich sagte zu ihr: „Ah! Arme Kleine, für Sie ist es ein Schmerz zu sehen, daß der Himmel sich nicht schon morgen für Sie auftut, nicht wahr?" — Prompt erwiderte sie: „Mütterchen, Sie kennen mich also immer noch nicht? Schauen Sie, in dieser Strophe eines meiner Gedichte sind alle meine Gefühle ausgedrückt:
Lange noch will ich leben
Herr, wenn so Du's gedacht,
Dir nach zum Himmel streben,
Wenn es Dir Freude macht.
Die drüben die Himmlischen erben,

Die Liebe verzehrt mich schon hier,
Was kümmert mich Leben, was Sterben,
Mein Glück ist die Liebe zu Dir!"[13]

Ihr Brief, lieber Onkel, und auch der Ihre, liebe Tante, haben ihr eine so große Freude gemacht, daß sie durchaus darauf antworten wollte; gleich bat sie, man möge ihr ihren Bleistift geben, aber sie ist zu erschöpft! Es wäre nicht klug; am Abend ist ihre Beklemmung so arg, daß es zum Erbarmen ist, und in der Seite hat sie heftige Schmerzen, in der Nacht schwitzt sie so stark, daß sie ihre Matratze durchnäßt. Arme Kleine, wie glücklich wird sie im Himmel sein, wie gut wird sie aufgenommen werden! Als man ihr gestern eine ganz mit **Körnern** beladene Ähre in die Hand gab, sagte sie demütig mit einem unbeschreiblichen Ausdruck zu mir: *„So hat der liebe Gott mich mit Gnaden beladen."* Ja, sie ist wirklich mit Gnaden beladen!...

Schwester Genoveva
an Frau La Néele, am 8. August 1897

Unserer lieben kleinen Kranken geht es nicht schlechter, seit vier Tagen hat sie nicht mehr Blut gespuckt, erschreckend ist vor allem die extreme Schwäche, die von Tag zu Tag zunimmt, und die rasch fortschreitende Abmagerung. Am meisten setzen ihr die Beklemmungen zu, man sieht so recht, wie ihr armes Leben dahinschwindet. Ah! Das Leben ist nicht heiter, was kommen doch für Stunden der Angst und Traurigkeit über unser armes Herz! Wenn ich so vollkommen wäre wie sie, würde mich das nicht so berühren. Vor kurzem sagte sie zu mir: *„Warum schmerzt es Sie so, daß ich sterbe? Da müßte es auch mich sehr schmerzen, Sie zu verlassen; und wenn ich dächte, ich verlasse Sie, so würde mich das auch wirklich schmerzen, aber da ich Ihnen* *sage, daß ich Ihnen ohne meinen Körper näher sein werde als mit meinem Körper."*

Schwester Maria von der Eucharistie

an Herrn Guèrin, am 17. August 1897

Mein Brief war gerade abgegangen, als Franz kam und mich ins Sprechzimmer bitten ließ. Er ist nach Lisieux gekommen, um *Bonne maman*[14] zu besuchen, die ihn sehen wollte, weil sie Herzklopfen gehabt hatte. Da hat unsere Mutter ihn hereinkommen lassen, und er hat unsere kleine Kranke gesehen. Dieser Besuch hat ihn sehr ergriffen. Er fand sie sehr krank und gibt ihr nicht viel mehr als 14 Tage, bis sie in den Himmel eingeht. Seit Sonntag scheint die Heilige Jungfrau den Verlauf der Krankheit beschleunigt zu haben, denn am Abend ihres Festes litt sie (Theresia) an einem heftigen Schmerz in der anderen Lunge. Er fing vor der Abreise Herrn de Cornières an, und Franz hat festgestellt, daß die Krankheit seit 8 Tagen auch in der zweiten Lunge Fortschritte gemacht hat. Er hat uns gesagt, die Tuberkulose sei in das letzte Stadium eingetreten, Ihr würdet vielleicht Zeit haben, Eure Kur in Vichy gerade noch zu beenden; jetzt sagt er, es könne vielleicht auch schneller gehen, man könne es nicht wissen. Er fand, daß unsere kleine Kranke bewundernswert betreut werde, und sagte, wenn sie trotz aller Pflege, die man ihr auf Anweisung des Herrn de Cornière angedeihen läßt, nicht gesund geworden ist, dann beweist das, daß der liebe Gott sie trotz allem zu sich nehmen will.

O wenn Du wüßtest, liebes Väterchen, wie lieb Deine kleine Königin ist und wie sie Euch beide liebt; wenn sie mir von Euch spricht, spürt man ihre große Zuneigung und daß sie wie eine Tochter über Euch wachen wird, wenn sie im Himmel ist. Man darf aber nicht glauben, daß ihr Wunsch, bald in den Himmel zu kommen, voll Begeisterung ist; o nein, es ist ein ganz friedlicher Wunsch. Heute morgen sagte sie mir: „*Glauben Sie nicht, es würde mich betrüben, wenn man mir sagte, ich werde gesund werden; ich wäre genauso zufrieden wie mit dem Sterben. Ich habe große Sehnsucht nach dem Himmel, aber mein Glück rührt vor allem daher, daß ich in einem großen Frieden bin, denn daß ich eine ungeheure Freude empfände wie manchmal, wenn man vor Freude Herzklopfen hat, o nein! ... Ich bin im Frieden, deshalb bin ich glücklich.*" Franz hat sie sehr lieb und engelgleich gefunden.

(...) Sr. Theresia vom Kinde Jesus kann nicht mehr aufstehen, sie ist viel zu schwach und kann sich nicht mehr ganz allein umdrehen; seit gestern schwellen ihr die Beine an, ich glaube, das ist ein sehr schlechtes Zeichen, aber das Blutspucken ist nicht wieder aufgetreten. Heute scheint es ihr vielleicht etwas besser zu gehen, sie ist weniger erschöpft, weniger fiebrig, aber am Abend fingen die Beklemmungszustände wieder an.

Schwester Maria von der Eucharistie
an Frau Guérin, am 22. August 1897

Die Krankheit der kleinen Königin nimmt ihren Lauf; die Schwäche hat einen geradezu unvorstellbaren Grad erreicht; ganz allein kann sie überhaupt nichts mehr tun. Sie hat starke Schmerzen in den Gelenken und auch weiterhin in beiden Seiten. Als Beweis dafür, daß ihre Krankheit immer ärger wird, kann ich Dir sagen, daß sie sich das Glück versagen muß, den lieben Gott zu empfangen. Sie empfing ihn alle zwei oder drei Tage, jetzt aber kann es höchstens einmal in der Woche sein. Wenn man ihr die heilige Eucharistie bringt, kommen wir alle zu ihr hinein; dabei singen wir das Miserere; das letzte Mal war sie so schwach, daß ihr unser Singen fast auf die Nerven gegangen ist, sie litt ein Martyrium.

Heute vormittag hat sie mir ein Bild zum Namenstag geschenkt, das sie unterschreiben wollte. Das hat all ihre Kraft gekostet, sie glaubte, sie würde es nicht fertigbringen. So kann sie auch nicht auf Papas Brief antworten, was ihr sehr leid tut; sie sagte zu mir: *„Sie werden nicht alles zum Ausdruck bringen können, was ich fühle; Sie werden ihnen nicht genug sagen, wie sehr ich sie liebe und wie tief mich ihre Liebe ergreift."* Sie wurde nicht müde, diesen Brief anzuhören; man muß ihr hübsches, nachdenkliches Gesicht gesehen haben, während ich ihn las. Mehrmals mußte ich von vorne anfangen, sie konnte ihn nicht oft genug hören und sagte: *„Oh, wie gut ist der Onkel, wie groß ist seine Seele!"* Aber um diese wenigen Worte zu sagen, muß sie wegen ihrer Beklemmung nach jedem Wort eine Minute aussetzen.

Ps. — Jetzt, am Nachmittag, leidet unser Thereschen sehr, sie hat Schmerzen in den Eingeweiden, sie kann es nicht ertragen, daß man neben ihr redet oder sich rührt. Die Beklemmung und das Fieber sind immer gleich. Das Blutspucken hat ausgesetzt.

Mutter Agnes von Jesus
an Frau Guérin, am 24. August 1897

Unsere arme kleine Kranke ist sehr schwach und leidet sehr; besonders die Nächte könnten nicht qualvoller sein (...). Als einzige Erleichterung hat man mit der berühmten Milchkur aufgehört, man konnte sie einfach nicht mehr fortsetzen, die arme Kleine kam sich direkt vergiftet vor, und es bedurfte wirklich einer Tapferkeit wie der ihren, um nicht schon früher etwas zu sagen. Wir bemerkten ihren außerordentlichen Abscheu nur, wenn sie die Tasse nahm (...). Ich frage mich, wie man in einem Zustand wie dem ihren leben kann. Ich versichere Sie, ich werde mich leichter mit ihrem Tod ab-

finden, weil ich sie so leiden gesehen habe, sie wird so
glücklich sein! Wenn sie ihre heftigen Leibschmerzen
hat, sagt sie wohl, das ist ein Schmerz zum Schreien —
„*aber ich kann mich beherrschen*", fügt sie hinzu, „*es
ist nicht wie bei den Erstickungsanfällen, da kann ich
nicht umhin zu wimmern...*" Und wissen Sie, liebe
Tante, was sie mit Sr. Genoveva abgemacht hat? Ich
zitiere die Worte unseres Engels: „*Schwesterchen Genoveva, wenn ich schreie: Wie ich leide!, so werden Sie für
mich antworten: Um so besser!, weil ich selber nicht die
Kraft habe, etwas anderes zu sagen.*" Und so geschieht
es tatsächlich. Sr. Genoveva muß gehorchen, sie würde
Angst haben, ihr Kummer zu bereiten.

Dr. Franz La Néele
an Herrn Guérin, am 26. August 1897

Ich habe meinen Aufenthalt in Lisieux ausgenützt und
bin in den Karmel gegangen; ich habe Maria[15] gesehen,
oder vielmehr gehört, die sich sehr gefreut hat, ihren
Schwager wiederzusehen. Ich bat sie, die Mutter Priorin
für mich um Erlaubnis zu bitten, daß ich Theresia
untersuche, um festzustellen, ob wir unsere Reise nach
Lourdes machen können. Sobald ich eingelassen war
— welche Gunst —, habe ich unsere kleine Heilige für
Sie und Mama und die ganze Familie auf die Stirn geküßt. Um die Form zu wahren, habe ich die Mutter
Priorin um die Erlaubnis dazu gebeten, und, weil es
die Regel vielleicht verbietet, habe ich mir, ohne die
Antwort abzuwarten, herausgenommen, was Ihnen zu-
steht. Welch ein himmlisches Gesicht! Welch engelhaftes strahlendes Lächeln! Ich war bis zu Tränen gerührt,
während ich zu ihr sprach und ihre durchsichtigen, im
Fieber brennenden Hände hielt. Als ich sie abgehorcht
hatte, ließ ich sie sich auf ihren Kissen aufsetzen.
„*Werde ich bald den lieben Gott sehen?*" fragte sie

mich. — „Noch nicht, liebes Schwesterchen, der liebe Gott will Sie noch einige Wochen warten lassen, damit Ihre Krone im Himmel noch schöner sei. — „*O nein! Daran denke ich nicht, nur um Seelen zu retten möchte ich noch leiden.*" — „Ja, das ist wohl wahr, aber indem Sie Seelen retten, werden Sie höher hinaufsteigen im Himmel, näher zu Gott." Ihre Antwort war ein Lächeln, das ihr Gesicht erstrahlen ließ, als öffne sich der Himmel vor ihren Augen und überflute sie mit seiner göttlichen Klarheit. „Sie werden gewiß an uns denken dort oben?" — „*O ja! Und ich werde den lieben Gott bitten, Ihnen einen seiner kleinen Cherubim zu schicken. Ja, abgemacht. Und ich werde bitten, daß er Ihnen gleicht.*" — „Nicht mir, sondern seinem Mütterlein, die viel besser ist als ich." — „*Daß er allen beiden gleicht. In wieviel Tagen werde ich im Himmel sein?*" — „Bei Ihrer Krankheit, Schwesterchen, läßt sich das sehr schwer sagen, in einigen Wochen, einem Monat, vielleicht mehr, wenn nicht eine Komplikation eintritt, wenn Sie es nicht sehr eilig haben, den lieben Gott zu sehen." — „*Ich werde warten, solange Er will; außerdem möchte ich Ihnen nicht lästig fallen, weder Ihnen noch dem Onkel, ich werde warten, bis Sie beide zurückkommen. Sie werden in Lourdes innig für mich beten. Sagen Sie Onkel und Tante, wie sehr ich sie liebe; umarmen Sie beide von mir und auch Léonie und Johanna. Vom Himmel aus werde ich immer mit Ihnen sein.*" Eine gute halbe Stunde bin ich mit Céline und der Mutter Priorin bei ihr gewesen. Beim Fortgehen habe ich sie wieder geküßt, und sie hat mich mit ihrem Lächeln, das ich nie versessen werde, bis zur Tür begleitet.

Die rechte Lunge ist völlig verloren, voller Tuberkeln, auf dem Weg der Erweichung. Die linke ist in ihrem unteren Drittel erfaßt. Sie (Theresia) ist stark abgemagert, aber ihr Gesicht macht ihr noch immer Ehre. Sie litt stark an intercostalen Neuralgien; diesem Umstand habe ich das Glück zu verdanken, sie gesehen zu haben. Am folgenden Mittwoch[16] bin ich wieder hingegangen in der Hoffnung, noch einmal hineinkommen zu dürfen, aber Marie und die kleine Priorin[17] haben nicht gewagt, Mutter Gonzaga ein zweites Mal um Erlaubnis für mich zu bitten. Ich habe ihr ein Rezept für ein schmerzstillendes Mittel geschrieben, denn an diesem Tag hatte sie starke Schmerzen, und ich habe Céline rufen lassen, um ihr einige Ratschläge zu geben.

Schwester Maria von der Eucharistie
an Herrn Guérin, am 27. August 1897

Jetzt wartest Du schon ungeduldig auf Nachrichten über Deine kleine Königin, liebes Väterchen. Es ist immer das gleiche, sie wird immer schwächer, sie erträgt nicht mehr den geringsten Lärm um sich, nicht einmal das Knistern von Papier oder einige leise gesprochene Worte. Seit Maria Himmelfahrt hat sich ihr Zustand in vieler Hinsicht verändert. Wir sind sogar schon so weit, ihr ihre Befreiung zu wünschen, denn sie leidet ein Martyrium. Gestern sagte sie zu uns: *„Zum Glück habe ich nicht um Leiden gebeten. Hätte ich darum gebeten, müßte ich befürchten, daß ich nicht die Geduld aufbringe, es zu ertragen; so aber, da es einzig der Wille Gottes ist, kann Er mir die nötige Geduld und Gnade nicht vorenthalten."* Immer noch leidet sie sehr unter Beklemmungszuständen, aber am qualvollsten ist für sie, daß sie die Einläufe so schwer wieder herausbringt; sie bringt sie nicht heraus, weil es so schmerzhaft ist; ich glaube wirklich, es ist der Darm, der herauskommt; so hält sie alles drinnen und hat davon einen ganz gespannten und harten Leib. Das ist im Augenblick ihr größtes Leiden. Gestern sagte sie: *„Ich sage dem lieben Gott, daß alle Gebete, die man für mich verrichtet, nicht der Linderung meiner Leiden dienen, sondern den Sündern zugute kommen sollen ..."*

Schwester Genoveva
an Frau Guérin, Anfang September 1897

Liebes Tantchen,
Hören Sie, was meine kleine Kranke gerade zu mir sagte: *„Ich habe große Lust auf etwas, was mir aber nur Tante oder Léonie verschaffen könnten; da ich jetzt esse, möchte ich gerne einen kleinen Schokoladenkuchen haben, innen ist er weich."* Also schlage ihr ihr eine Rippe Schokolade vor. *„O nein, es ist etwas viel Besseres, es ist lang, schmal, ich glaube, es heißt Eclair."* Nur habe ich wohl gesehen, daß sie glaubt, es sei mit Schokolade gefüllt. Auf alle Fälle, wenn außen viel drauf ist, ist es auch gut. *„Aber nur einen",* sagte sie. Danke, danke.

Schwester Maria von der Eucharistie
an Herrn Guérin, am 17. September 1897

Die kleine Kranke ist immer noch sehr krank, die Füße schwellen immer mehr an; Herr de Cornière sagt, das ist ein ganz schlechtes Zeichen...
(...) Die kleine Kranke dankt für die Artischocken; sie hat fast geweint, als sie erfuhr, daß der Onkel selbst sie hergebracht hat. Gestern sagte sie: *„Oh, ich glaube, ich werde sehr geliebt, nie hätte ich gedacht, daß sie mich so lieben."* Johanna hat sie sehr gerührt mit dem Bild und dem liebevollen Brief, die sie ihr geschickt hat; es war nach allen diesen Liebesbeweisen, daß sie das zu mir gesagt hat. Den Rahmkäse hat sie köstlich gefunden; *noch nie hatte sie etwas so Gutes gegessen,* sagte sie, *er muß mindestens 5 Franken gekostet haben.* Sie hat sich damit auch eine Art Verdauungsstörung zugezogen.

Herr Guérin

an Frau La Néele, am 25. September 1897

Theresia hat eine sehr schlechte Nacht gehabt. Heute vormittag geht es ihr wie gewöhnlich. Es scheint, de Corrière war voll Bewunderung über die Sanftmut und Geduld der Kranken, die, wie es scheint, grausam leidet. Er versteht nicht, daß sie noch am Leben ist, und er schreibt diese unerklärliche Verlängerung einer übernatürlichen Ursache zu wie einst bei Mutter Genoveva.

Frau Guérin

an Frau La Néele, am 30. September 1897

Der Zustand ist unverändert heute vormittag; die Nacht ist nicht gut gewesen, versteht sich, aber der Zustand ist unverändert. Sie ist wirklich ein kleines Opfer, das der liebe Gott sich erwählt hat. Inmitten aller Leiden zeigt sie immer das gleiche Gesicht, dieselbe engelgleiche Miene. Hochwürden Faucon, der sie gestern gesehen hat, hat mir durch die Schneiderin, Frau Lahaye, sagen lassen, daß er sie bewundert hat. Er mußte ihr Beichte hören, dann hat sie ihn um seinen Segen gebeten. Aber immer alles lächelnd mit ihrer engelhaften Miene, die sie nie verläßt. Auch ihr Geist ist immer ganz klar.
Hochwürden Youf sagt, es gehe ihm besser, aber es ist das Fieber, das ihn so sprechen läßt. Er glaubt, nur die Schwäche macht es ihm unmöglich aufzustehen[18].
Unsere armen Karmelitinnen sind schwer geprüft. Gegenwärtig durchleben sie wirklich schmerzliche Tage.

Mutter Agnes von Jesus

an Herrn und Frau Guérin und an Léonie Martin, am 30. September 1897

Geliebte Eltern,

Liebste Léonie,

Unser Engel ist im Himmel. Um 7 Uhr hat sie ihren letzten Seufzer getan. Dabei preßte sie ihr Kruzifix ans Herz und sagte: „*Oh, ich liebe Dich!*" Sie hatte gerade zum Himmel aufgeblickt; was hat sie gesehen!!!

Ihr Töchterchen
das Sie mehr liebt denn je
Sr. Agnes von Jesus
r. c. i.

Chronologie

3. April — 30. September 1897

April

Anfang April
   (Ende der Fastenzeit): Theresia wird schwer krank.
6. 4. Anfang der letzten Gespräche.

Mai

18. 5. Sie wird von allen Arbeiten befreit.
30. 5. Sie teilt Mutter Agnes mit, daß sie am 3. April 1896 einen Anfall von Blutbrechen hatte.
   In den letzten Tagen des Monats nimmt man ihr die Sorge für die Novizinnen ab.

Juni

3. 6. *Mutter Maria von Gonzaga beauftragt sie, die Niederschrift ihrer Erinnerungen fortzusetzen (Geschichte einer Seele).*

4. 6. Theresia beginnt Manuskript C: sie wird einen Teil davon in ihrem Krankenwagen unter den Kastanienbäumen schreiben.

5. 6. Die Krankheit macht rasche Fortschritte.
   Man beginnt eine Novene zu Unserer Lieben Frau vom Siege. — „Alles ist Gnade."

7. 6. Schwester Genoveva macht drei verschiedene Aufnahmen von ihrer Schwester.
   Episode mit der weißen Henne.

9. 6.	Zweiter Jahrestag ihres Weiheaktes als Opfer der Barmherzigen Liebe. Theresia beschreibt in Manuskript C (SS S. 217 ff.) die Glaubensprüfung. *Sie hat die Gewißheit ihres baldigen Todes.* In dieser Woche beginnt die Milchdiät.
11. 6.	Im Garten streut sie der Statue des heiligen Joseph Blumen.
13. 6.	Dreifaltigkeitssonntag, Ende der Novene. Es geht der Kranken wesentlich besser.
25. 6.	Herz-Jesu-Fest. Sie hat starke Schmerzen in der Seite.
30. 6.	Letztes Gespräch mit Onkel Guérin im Sprechzimmer.

Juli

2. 7.	Theresia ist am Ende ihrer Kräfte. Das Manuskript C bleibt unvollendet.
6. 7.	Starke Anfälle von Blutspucken treten erneut auf (bis 5. August). Beunruhigung in der Kommunität.
7. 7.	Starkes Fieber, das Blutbrechen dauert an. Erstickungsanfälle, sie scheint sterbend. Der Arzt verordnet Eis.
8. 7.	*Theresia wird in die Krankenwärterei heruntergebracht.* **Schwester Genoveva** schläft in der Zelle neben der Krankenwärterei.
14. 7.	Durch Vermittlung von Bruder Simeon empfängt sie aus Rom den Segen *in articulo mortis.*

16.	7.	Fest Unserer Lieben Frau vom Berge Karmel. Erste Messe von Hochwürden Troude, der Theresia die Kommunion bringt; Schwester Maria von der Eucharistie singt „Aus Liebe sterben..."
17.	7.	Ausdrückliche Ankündigung ihrer posthumen Sendung („Ich will meinen Himmel damit verbringen, auf Erden Gutes zu tun").
20.	7.	Die rechte Lunge ist zerstört, mehrere Kavernen.
25.	7.	Sie steht noch täglich für zwei Stunden auf.
28.	7.	Beginn der „großen Leiden".
30.	7.	Ununterbrochenes Blutspucken, Erstickungsanfälle. Man glaubt, sie werde die Nacht nicht überleben. *Um 18 Uhr empfängt sie* aus den Händen von Herrn Maupas *die Letzte Ölung* und das Viatikum.
31.	7.	Theresia scherzt über die Vorbereitungen für ihr eigenes Begräbnis.

August

3.	8.	Starke körperliche und seelische Leiden; letzter Zettel an Schwester Genoveva: „Der gute Hirte" (B 262).
4.	8.	Nächtliche Alpträume und Schweißausbrüche; heftige Schmerzen in der Seite. Man bringt ihr eine Weizenähre.
5.	8.	Aufhören des Blutspuckens. Das Heilige Antlitz aus dem Chor wird in der Krankenwärterei aufgestellt.

6. 8.   Fest der Verklärung. — Theresia erwartet die ganze Nacht hindurch den Tod; Versuchungen gegen den Glauben.

8. 8.   Der Zustand wird stationär. Dr. de Cornière verreist für seine Ferien.

10. 8. Theresia betrachtet ihre Photographie als Jeanne d'Arc.
Letzter Brief an Hochwürden Bellière (B 263).
Sie verbreitet sich mehr als gewöhnlich über ihre Versuchungen.

15. 8. Mariä Himmelfahrt. — Verschlechterung: Wendepunkt im Verlauf der Krankheit.

16. 8. Sehr intensiver Schmerz in der linken Seite. **Sie beruhigt sich,** nachdem Schwester Genoveva die geweihte Kerze angezündet hat.

17. 8. Besuch von Dr. La Néele; rechte Lunge vollständig verloren; linke Lunge zu einem Drittel befallen.

19. 8. *Letzte Kommunion.* Während der vorausgehenden Rezitation des *Miserere* wird Theresia fast ohnmächtig. Sie opfert diese Kommunion für P. Hyacinthe Loyson auf.

22. 8. Anfang der Schmerzen in den Eingeweiden. Tag ununterbrochener Leiden. Man befürchtet Gangrän.

23. 8. „Die bisher schlimmste Nacht." Theresia versteht, daß man sich selbst töten kann, wenn man so leidet ...

24. 8. Schmerzen zum Schreien in den Eingeweiden. Die Kranke leidet heftig bei jedem Atemzug.

28. 8. Nachlassen der Schmerzen in den Eingeweiden. Theresias Bett wird in die Mitte der Krankenwärterei gestellt.

30. 8. Friedliche Nacht. Theresia wird auf einem Bett in den Kreuzgang gerollt und photographiert.

31. 8. Äußerste Schwäche. Theresia kann nicht mehr das Kreuzzeichen machen; heftige Hungergefühle. Wünsche einer Kranken.

September

Anfang September
  Sie bittet um einen Schokoladenéclair.

5. 9. Vierter und letzter Besuch von Dr. La Néele.

6. 9. Sie weint, als man ihr eine Reliquie von Théophane Vénard bringt.

8. 9. Siebter Profeßtag Theresias. Sie schreibt ihre letzte Unterschrift auf das Bild der Heiligen Jungfrau.

11. 9. Sie macht zwei Kränze aus Kornblumen für die Jungfrau.

12. 9. Die Füße schwellen an.

14. 9. Theresia entblättert eine Rose über ihrem Kruzifix.

18. 9. Am Vormittag glaubt man, sie wird sterben.

19.	9.	Erste Messe von Hochwürden Denis im Karmel. Theresia spiegelt sich in seinem Kelch.
24.	9.	Siebter Jahrestag ihres Schleierfestes.
27.	9.	Die Leiden haben den äußersten Grad erreicht.
28.	9.	Der Atem ist sehr kurz. Theresia spricht kaum mehr.
29.	9.	Fest Sankt Michael. Seit dem Morgen scheint Theresia im Todeskampf zu sein. Die Kommunität rezitiert in der Krankenwärterei die Gebete für die Sterbenden. Beichte bei Hochwürden Faucon.
30.	*9.*	*Donnerstag.* Schwester Maria vom Heiligen Herzen und Schwester Genoveva wachen in der Nacht bei Theresia. Während der Messe bleiben ihre drei Schwestern bei ihr. Den ganzen Tag hindurch unbeschreibliche Angstzustände. Am Nachmittag lebt die Kranke etwas auf, sie richtet sich im Bett auf; um 15 Uhr breitet sie die Arme im Kreuz aus. Gegen 16.30 Uhr Anzeichen des nahenden Endes. Gegen 17 Uhr schreckliches Röcheln, das zwei Stunden dauern wird. Die Kommunität versammelt sich in der Krankenwärterei. Um 18 Uhr Angelusläuten, Theresia betrachtet die Statue der Heiligen Jungfrau. Gegen 19 Uhr fällt ihr Kopf auf das Kopfkissen zurück. Die bereits entlassene Kommunität wird eilig wieder zusammengerufen. Gegen 19.20 Uhr richtet Theresia den Blick für den Zeitraum eines *Credo* zum Himmel, Schwester Maria von der Eucharistie hält eine brennende Kerze vor ihre Augen. Theresia schließt selber ihre Augen, stößt ein paar Seufzer aus und stirbt.

Oktober

1. 10 Aufnahme von Theresia als Tote.

4. 10. Beerdigung im Friedhof von Lisieux.

Eigennamenverzeichnis

Acard, August (1864—1931): Von 1889 bis 1912 Gärtner, Sakristan und Arbeiter im Karmel von Lisieux.
Agnes von Jesus, Mutter (1861—1951): Pauline Martin. Schwester und „Mütterchen" Theresias.
Amata von Jesus, Schwester (1851—1930): trug die kranke Theresia und half bei den Vorbereitungen für Theresias Begräbnis.
Alexis (Prou), Pater (1844—1914): Franziskaner; hielt 1891 Exerzitien im Karmel, bei denen Theresia wichtige Gnaden zuteil wurden (vgl. Ms A in SS S. 177).
Anna von Jesus, Selige (1545—1621): Ana de Lobera, spanische Karmelitin, Gefährtin der heiligen Teresa von Avila. Theresia sah sie in einem tröstlichen Traum (vgl. Ms B in SS S. 195—197).
Belliére, Moritz (1874—1907): Weißer Vater, als Seminarist 1895 von Mutter Agnes von Jesus Theresia zum geistlichen Bruder gegeben.
De Cornière, Alexander (1841—1922): Hausarzt des Karmels von 1886 bis 1920; behandelte Theresia während ihrer letzten Krankheit.
De Cornière, Joseph, Priester (1874—1939): ältester Sohn von Dr. de Cornière; verbrachte 1893—1894 Ferien in La Musse.
Denis de Maroy, Joseph, Priester (1871—1962): am 18. September in Bayeux geweiht; feierte seine erste Messe im Karmel am 19. September 1897.
Ducellier, Alcide, Priester (1849—1916): hörte Theresias erste Beichte gegen 1880.
Elisabeth (Maria), Schwester (1860—1935): Pförtnerin; blieb mehrmals während der Konventualmesse bei Theresia in der Krankenwärterei, besonders am letzten Sonntag im September.
Faucon, Pierre, Priester (1842—1918): hörte Theresias letzte Beichte am 29. September 1897.
Fournet, Elisa (1816—1901): Mutter Frau Guérins, wurde „bonne—maman" genannt.
Genoveva von der heiligen Teresa, Schwester (1869—1959): Céline Martin, Theresias Schwester und Novizin.

Genoveva von der heiligen Teresa, Mutter (1805—1891): Gründete 1838 den Karmel von Lisieux. Theresia sah sie in der Krankenwärterei im selben Bett sterben, in dem sie 1897 liegen wird (vgl. Ms A in SS S. 173).

Guèrin, Céline, geborene Fournet (1847—1900): Theresias Tante.

Guèrin, Isidor, (1841—1909): Theresias Onkel.

Herz Jesu (Hermance vom), Mutter (1833—1898): chronisch krank; die Krankenwärterinnen beklagen sich über ihre Ansprüche; sie schätzte Theresia sehr.

Hugonin, Flavien (1823—1898): Bischof von Bayeux und Lisieux während Theresias Lebzeiten.

La Nèele, Franz (1858—1916): gelegentlich Theresias Arzt, durch Heirat ihr Vetter; er behandelte sie aushilfsweise 1894 bis 1896 und besuchte sie viermal in der Klausur im August-September 1897.

La Nèele, Johanna, geborene Guérin (1858—1938): Theresias leibliche Base.

Magdalena vom heiligen Sakrament, Schwester (1817—1892): Laienschwester; während der Grippeepidemie fand Theresia sie tot vor (vgl. Ms A in SS S. 175).

Marguerite (Maria-) Macê, Mutter (1848—1927): leibliche Base von Herrn Guérin und Frau Martin, Generaloberin der **Auxiliatrices.**

Maria von Gonzaga, Mutter (1834—1904): Priorin des Karmel von Lisieux.

Maria von der Dreifaltigkeit, Schwester (1874—1944): Theresias Novizin.

Maria von der Eucharistie, Schwester (1870—1905): Marie Guérin, Theresias leibliche Base und Novizin.

Maria von der Menschwerdung, Schwester (1828—1911): Laienschwester, eine der „freundlichen Heuerinnen" (vgl. Ms C in SS S. 241).

Maria vom heiligen Joseph, Schwester (1858—1936): schwierige, krankhafte Veranlagung. Theresia, die von ihr sehr geliebt wurde, bat 1896, ihr im Wäscheamt helfen zu dürfen.

Maria von den Engeln, Schwester (1845—1924): zu Theresias Zeit Novizenmeisterin.

Maria vom Heiligen Herzen, Schwester (1860—1940): Marie Martin, älteste Schwester und Patin Theresias.

Maria-Philomena, Schwester (1839—1924): Mitnovizin Theresias.

Martha von Jesus, Schwester (1865—1916): Laienschwester, Mitnovizin Theresias.

Martin, Léonie (1863—1941): Schwester Theresias. Tritt 1899 endgültig in das Kloster der Heimsuchung in Caen ein, wo sie den Namen Franziska-Theresia erhält.

Maupas, Karl, Kanonikus (1850—1920): Pfarrer von St. Jakob in Lisieux; Superior des Karmel seit 1895; er wird von den Schwestern mit „Unser Vater" angesprochen. Er spendet Theresia am 30. Juli 1897 die Letzte Ölung.

Mazel, Friedrich, Pater (1871—1897): Missionar, Studienkamerad von P. Roulland; wurde am 1. April 1897 in China ermordet.

Pichon, Almire, Pater (1843—1919): Jesuit, Seelenführer Theresias und vor allem ihrer Schwestern.

Pottier, Céline, geborene Maudelonde (1873—1949): Nichte Frau Guérins, Kindheitsfreundin Theresias.

Roulland, Adolf, Pater (1870—1934): der Auslandsmissionen von Paris, von Mutter Maria von Gonzaga 1896 Theresia zum geistlichen Bruder gegeben.

Sankt Johannes vom Kreuz, Schwester (1851—1906): stattete Theresia in der Krankenwärterei häufig schweigende Besuche ab.

Sankt Raphael, Schwester (1840—1918): Theresia war bei ihr, als sie Pförtnerin war, Gehilfin (1893—1896).

Sankt Stanislas, Schwester (1824—1914): Seniorin der Kommunität; im Jahr 1897 Theresias Krankenwärterin.

Sankt Vinzenz von Paul, Schwester (1841—1905): Laienschwester; fragte sich, was die Mutter Priorin wohl nach Theresias Tod über diese schreiben sollte.

Theresia vom heiligen Augustin, Schwester (1856—1929): hegte eine große Zuneigung zu Theresia, die ihrerseits gegen sie Abneigung empfand, sich diese aber nie anmerken ließ (vgl. Ms C in SS S. 234—236).

Tostain, René (1858—1936): Gemahl von Marguerite Marie Maudelonde, der Nichte Frau Guérins.

Troude, Paul, Priester (1873—1900): Studienkamerad von Abbé Bellière, Neffe von Schwester Maria-Philomena.

Vènard, Théophane (1829—1861): Märtyrer, junger Priester der Auslandsmissionen von Paris, in der Festung von Hanoi enthauptet.

Youf, Ludwig, Priester (1842—1897): Hausgeistlicher des Karmel seit 1873. Er war der ordentliche Beichtvater Theresias während ihres ganzen Ordenslebens.

Anmerkungen

Zur Einleitung

1 Brief Theresias an ihre Tante Fr. Guérin, vom 20. Juli 1895 (B 178).
2 **Derniers Entretiens,** édition critique dite du Centenaire, Cerf-Desclée De Brouwer 1971. 922 S. mit seinem Band **Annexes** 504 Seiten.
3 Siehe die Erläuterungen zur vorliegenden Ausgabe S. 23.
4 Für die wichtigsten Auszüge aus diesen Berichten siehe S. 295 f.
5 Vgl. die Einleitung und das medizinische Tagebuch der Kritischen Ausgabe sowie unseren auf sämtlichen Dokumenten basierenden Versuch einer Synthese: **La passion de Thérèse de Lisieux,** Cerf-Desclée De Brouwer, 1972, 260 Seiten.
6 Der damaligen Auffassung entsprechend verwenden wir den Ausdruck „Letzte Ölung" anstelle des heute gebräuchlichen Ausdrucks „Krankenölung" (Anmerkung der Übersetzung).
7 Über das Problem des historischen Wertes der Notizen von Mutter Agnes vgl. S. 22.
8 Vgl. Manuskript C in **Selbstbiographische Schriften** S. 221.

Zur Herstellung der vorliegenden Ausgabe

1 **Derniers Entretiens** avec ses soeurs et témoignages divers, Edition du Centenaire, édition critique d'après tous les documents originau des derniers entretiens de la sainte: versions inédites, notes et correspondances des témoins, procès, témoignages oraux, éditions antérieures, etc. Tome I, 922 Seiten — Tome II **(Annexes):** 504 Seiten (Edition du Cerf et Desclée De Brouwer, Paris 1971).
2 Der interessierte und des Französischen kundige Leser sei auf die eingehende Untersuchung dieser Probleme auf Seite 57—101 und besonders Seite 105—129 der kritischen Ausgabe der **Derniers Entretiens** hingewiesen; vgl. auch **Derniers Entretiens,** t II **Annexes,** Seite 7—11.

Das „Gelbe Heft"

Für Eigennamen siehe Verzeichnis S. 332.

April

1 Vgl. Lk 10, 39—40.
2 Eph 6, 17. Zitiert nach der Karmelsregel.
3 Im Dezember 1896, vgl. Ms C in SS S. 233.
4 Die mit der Leitung der Wirtschaft betraute Schwester, damals Mutter Agnes von Jesus.
5 Die Schwester, welche die Dispensatorin begleitete.
6 Mutter Agnes von Jesus starb am 28. Juli 1951.

Mai

1 Pater Mazel; vgl. S. 334.
2 Vgl. S. 334.
3 Außerordentlicher Rekreationstag, an dem es den Schwestern erlaubt ist, sich zu gewissen Zeiten des Tages in den Zellen frei zu unterhalten und zu singen.
4 Von Theresia am 21. 1. 1897 für Mutter Agnes von Jesus verfaßtes Gedicht.
5 Offb 22, 12.
6 Mt 11, 29.
7 Die Novizinnen.
8 In den 1895 vom Karmel in Saigon gegründeten Karmel.
9 Offizium, das damals nach den Bestimmungen der Konstitutionen beim Ableben jeder Karmelitin zu beten war.
10 Freizeit zwischen Komplet und Matutin, damals zwischen 8 und 9 Uhr abends.
11 Vgl. S. 334.
12 In den 1861 vom Karmel Lisieux in Saigon gegründeten Karmel. (Cochinchina: Sammelname für die drei ehemaligen französischen Besitzungen in Hinterindien: Laos, Kambodscha und Vietnam [Anmerkung der Übersetzung]).
13 Vgl. S. 332.
14 Mt 25, 40.
15 Vgl. Lk 11, 5—8.

16 Die seit Ostern 1896 andauernde Glaubensprüfung (vgl. Ms C in SS S. 222/3: „es ist kein Schleier mehr für mich, es ist eine bis zum Himmel ragende Mauer").
17 Joh 3, 34.
18 Die Bittprozession.
19 Vgl. Ms B in SS S. 195/6 und S. 332.
20 Kurze Lebensbeschreibung, die nach dem Tod jeder Schwester an alle Klöster des Ordens gesandt wird.
21 Die Heilige hat an dieser Stelle eine französische Redensart verwendet: „faire jabot", das heißt das Spitzenjabot seines Hemdes herausziehen, um zu prunken. Im übertragenen Sinn: „Es sich zur Ehre machen" (Littré).
22 Herrn Martins Geisteskrankheit.
23 1896.
24 Mk 16, 6.

Juni

1 Gedicht „Mein liebster Jesus denke daran" vom 21. 10. 1895.
2 Vgl. Heilige **Teresa von Avila: Weg der Vollkommenheit,** 3. Hauptstück.
3 Mutter Agnes von Jesus war, abgesehen von einer Unterbrechung von 18 Monaten zwischen 1908—1909, von 1902 bis zu ihrem Tod (1951) Priorin.
4 Jeanne d'Arc accomplissant sa mission", 21. 1. 1895.
5 Diese Einzelheit konnte Theresia in dem Buch **Jeanne d'Arc** von **H. Wallon** gelesen haben.
6 Vgl. Ms A in SS S. 73.
7 Vgl. S. 335.
8 Mutter Maria von Gonzaga, Priorin.
9 Ps 90 (91) 11—12.
10 Vgl. S. 332.
11 Lk 22, 69.
12 Lk 23, 43.
13 Pfingstsonntag, in Wirklichkeit 6. Juni.
14 Stelle aus einem Hymnus der damaligen Zeit: „Wir dich vergessen liebste Mutter?"
15 Vgl. Mt 23, 37.
16 Pfingstsonntag, 27. Mai 1887; vgl. Ms A in SS S. 107—108.
17 Vgl. Mt 24, 43—44.

18 Vgl. Anmerkung 16 von Monat Mai.
19 Gedicht „Warum ich dich liebe, o Maria".
20 Das Manuskript C, der Schluß ihrer **Geschichte einer Seele.**
21 Vgl. S. 279, eine Aussage von Schwester Maria vom Heiligen Herzen beim Ordinariatsprozeß.
22 Joh 14, 3.
23 Vgl. M C in SS S. 231 ff.
24 Der von Herrn Martin benützte Krankenwagen, den man später dem Karmel überlassen hat.
25 Heilige **Teresa von Avila: Leben,** 40. Hauptstück, S. 412.
26 Vgl. Lk 17, 10.
27 Heiliger der Ostkirche, der viele Jahre auf einer Säule stehend gelebt hat, daher sein Name.
28 Vgl. Ms A in SS S. 30.

Juli

1 Jeanne-Marie Primois.
2 Vgl. Ms A in SS S. 177 und S. 332.
3 Vgl. Ms A in SS S. 154 und S. 334.
4 Abbé Youf.
5 Vgl. S. 332.
6 Vgl. Nachfolge Christi, 2, 9.
7 Statue, welche die zehnjährige schwerkranke Theresia am 13. Mai 1883 lächeln sah. Vgl. Ms A in SS S. 185 ff.
8 Am 9. Juni 1895; vgl. Ms A in SS S. 185 ff.
9 Ib 13, 15, nach der Übersetzung der Vulgata.
10 Vgl. S. 297—298.
11 Herrn Martins Krankheit.
12 „Das hatte Papa manchmal gesagt, es war ein bekanntes Wort", wie Mutter Agnes von Jesus anmerkt.
13 Vgl. Ms A in SS S. 129.
14 Vgl. Lk 2, 19, 51.
15 Offb 21, 4.
16 Vgl. Dtn 3, 51 ff.
17 Abbé Bellière und P. Roulland; vgl. S. 334.
18 Wortspiel mit der doppelten Bedeutung von „bière", nämlich „Sarg" und „Bier" (Anmerkung der Übersetzung).

19 „Hochzeit halten" — Redensart für „lustig sein, sich amüsieren" (Anmerkung der Übersetzung).
20 Kanonikus Maupas; vgl. S. 334 (Als Superior des Karmel wurde Kanonikus Maupas von den Schwestern mit „Unser Vater" angesprochen [Anmerkung der Übersetzung]).
21 Die Kunst, „Listen anzuwenden", erklärt Mutter Agnes von Jesus an anderer Stelle.
22 Unter dem ersten Priorat von Mutter Agnes von Jesus (1893—1896) führte man im Karmel von Lisieux den Brauch ein, das Fest vom Heiligen Antlitz Christi am Tag der Verklärung zu feiern.
23 Wortspiel mit „dattes" (Datteln) und „dates" (Daten. Beides wird im Französischen gleich ausgesprochen: „dat" (Anmerkung der Übersetzung).
24 Vgl. Mt 26, 35.
25 Die **Geschichte einr Seele.**
26 Theresia muß eine Diät mit „maternisierter" Milch machen, die sie schlecht verträgt.
27 Im Karmel war es Brauch, zur Erinnerung an den Tod Christi um 15 Uhr die Glocken zu läuten. Dabei küßte jede Schwester ihr Kreuz.
28 Ihren Anfall von Blutbrechen.
29 Gedicht „Warum ich Dich liebe, o Maria".
30 Ps 141 (142), 5 (nach den Worten der Heiligen übersetzt [Anmerkung der Übersetzung]).
31 Vgl. **Heilige Teresa von Avila, Seelenburg,** 6, 5.
32 Eine Einsiedelei im Garten des Karmel.
33 Vgl. Heilige **Teresa von Avila, Weg der Vollkommenheit,** 32. Hauptstück.
34 Vgl. Ms A in SS S. 154 und Ms C in SS S. 275.
35 Vgl. Joh 3, 8.
36 Vgl. S. 333.
37 Nach der Lauretanischen Litanei.
38 Ein stärkender Weih.
39 Vgl. Mt 26, 29.
40 Ps 91 (92), 5 (nach den Worten der Heiligen übersetzt [Anmerkung der Übersetzung]).
41 Die drei dem Aschermittwoch vorausgehenden Tage.
42 In Wirklichkeit im Juni 1893.

43 Vgl. Anmerkung 5 zum Monat April.
44 Vgl. Neh 4, 11.
45 Gedicht „Jesus, mein Vielgeliebter, denk' daran".
46 Ein Blutbrechen.
47 Abbé Troude, vgl. S. 334.
48 Vgl. Ms A in SS S. 180 ff.
49 Es folgen drei durchgestrichene, unleserliche Zeilen.
50 Vgl. Offb 10, 6.
51 Vgl. Joh 18, 38.
52 Fromme Bruderschaften.
53 Im Juni 1888; vgl. Ms A in SS S. 162.
54 Vgl. S. 333.
55 8. September 1890.
56 „Auf Dich, Herr, setze ich meine Hoffnung"; vgl. Ps 70 (71), 1.
57 Statue, mit deren Schmückung sie ihr ganzes Ordensleben hindurch betraut war.
58 Man reicht die Füße zum Kuß.
59 Karmel in der **avenue de Messine,** Paris, heute in Boulogne-sur-Seine.
60 „Antworte mir".
61 Hld 5, 7 und 3, 4
62 Donnerstag, 10. Januar 1889.
63 Kanonikus Maupas.
64 **Lebendige Liebesflamme,** 1. Str. V. 6.
65 Ebenda, 1. Str. Erklärung zu V. 6.
66 Für: „Sie sind wirklich nicht scharfsinnig!"
67 Nach einem Gedicht, das sie als Kind gelernt hatte; vgl. Ms A in SS S. 25.
68 Es handelte sich um eine Spieldose.
69 Schwester Maria von der Dreifaltigkeit ist am 16. Juni 1894 in den Karmel eingetreten.
70 Vom 9. Juni 1895; vgl. Ms A in SS S. 186 ff.
71 Vgl. Mt 25, 40.
72 Vgl. S. 332.
73 Vgl. Mk 3, 7.
74 Kleiner irdener Teller, der ihr als Spucknapf diente.
75 Anspielung auf die Szene in Gethsemani; vgl. Mt 26, 36—46.
76 Vgl. Nachfolge Christi, 3, 26.

August

1 Im Juni 1887 in der St. Peterskathedrale; vgl. Ms A in SS S. 97.
2 Vgl. Joh 14, 2.
3 P. Roulland: vgl. B. 221 (und [LC 171]).
4 Heilige **Teresa von Avila: Gedicht-Auslegung.**
5 Gedicht „Meine Freude!" (deutsche Übersetzung nach H. Urs von Balthasar: Schwestern im Geist, S. 307).
6 Vgl. Gen 2, 17 (nach den Worten der Heiligen übersetzt).
7 Vgl. Ms B in SS S. 198—9.
8 Ps 108 (109) 23 (nach den Worten der Heiligen übersetzt).
9 Vgl. Ijob 7, 4 (nach den Worten der Heiligen übersetzt).
10 Jes 53, 1—2.
11 Lied von L. Amat.
12 Vgl. Ps 141 (142), 5 (nach den Worten der Heiligen übersetzt).
13 **Lebendige Liebesflamme, 2. Str. V. 6.**
14 Die Schwester, die jeweils eine Woche lang das führende Amt beim Chorgebet innehat.
15 Vgl. Ms B in SS S. 203.
16 Schwester Maria vom heiligen Joseph.
17 Vgl. Ms A in SS S. 108.
18 Vgl. Mt 26, 69—75.
19 Vgl. Lk 22, 32.
20 Ihre Weihe als Schlachtopfer der Barmherzigen Liebe am 9. Juni 1895.
21 1886. Über die Bedeutung dieser Gnade vgl. Ms A in SS S. 95 ff.
22 Vgl. Jdt 15, 11 nach der Vulgata.
23 Lk 12, 37.
24 Eph 6, 17 nach dem Zitat in der Karmelsregel.
25 Vgl. Heiliger **Johannes vom Kreuz, Lebendige Liebesflamme**, Erklärung zur 1. Str. V. 6.
26 Brief an die Römer, IV, 1.
27 In ihren „Vorbereitenden Notizen für den Apostolischen Prozeß" erklärt Mutter Agnes von Jesus Theresias Prüfung gegen den Glauben. Vgl. S. 273—274.
28 Joh 12, 24—25.
29 Winter 1891—1892; vgl. Ms A in SS S. 175—6.

30 Anspielung auf 1 Kön 14, wo erzählt wird, daß sich die Frau des Jeroboam verkleidete, um den Propheten Achija zu konsultieren.
31 Vgl. Joh 3, 8.
32 Heiliger **Johannes vom Kreuz, Lebendige Liebesflamme,** 1. Str. V. 6.
33 Stunde des Stillschweigens von 12 bis 13 Uhr, die die Karmelitinnen benützen konnten, um sich auszuruhen.
34 Schwester Genoveva schlief in einer neben der Krankenwärterei gelegenen kleinen Zelle.
35 Auszug aus dem „Credo" des **Herculanum,** eines Werkes von F. David.
36 Ohne Zweifel der Brief von Abbé Bellière vom 17. August [(LC 194)].
37 Kindlicher Beiname, mit dem Theresia Schwester Genoveva in der Krankenwärterei anredete.
38 Vgl. Mt 25, 36 (nach den Worten der Heiligen übersetzt).
39 Ps 50 (51), 10.
40 Mutter Genovevas Taufname war Klara.
41 Vgl. Ms C in SS S. 255.
42 Vgl. Lk 2, 35.
43 Vgl. Lk 2, 50.
44 Vgl. Lk 2, 33 (nach den Worten der Heiligen übersetzt).
45 „die frei sind", schreibt Mutter Agnes von Jesus an anderer Stelle.
46 Anspielung auf die gewundenen Posen, in denen die Ikonographie die Heilige häufig darstellt.
47 Gedicht „Warum ich Dich liebe, o Maria".
48 Ebenda.
49 Vgl. Mk 15, 29.
50 Ps 119, 5 (Vulgata).
51 Schwester Genoveva berichtet diese Szene am 16. August, vgl. S. 247.
52 Vgl. S. 320.
53 Reisigbündel aus dem dünnsten und schlechtesten Holz. (Wortspiel mit der doppelten Bedeutung von „Bourrée": „vollgestopft" und „Reisigbündel" [Anmerkung der Übersetzung]).
54 Die Jungfrau vom Lächeln.
55 Lk 10, 30—37.

56 Vgl. S. 289, eine von Schwester Maria von den Engeln aufgezeichnete Erinnerung.
57 **Lebendige Liebesflamme,** 1 Str., Erklärung von V. 6.

September

1 Ihre Novizenmeisterin; vgl. Ms A in SS S. 155.
2 Heiliger **Johannes vom Kreuz, Lebendige Liebesflamme,** 1. Str. V. 6.
3 Mutter Hermance vom Herzen Jesu.
4 Schwester St. Stanislas war taub. Theresia dankte ihr, indem sie ihr die Hand streichelte.
5 Die in dieser Litanei genannten Personen lassen sich leicht identifizieren: Schwester Genoveva, Mutter Agnes von Jesus, Schwester Maria vom Heiligen Herzen, Léonie Martin, Schwester Maria von der Eucharistie, Herr und Frau Guérin, Frau La Néele und Dr. La Néele, Abbé Bellière und P. Roulland.
6 Heilige **Teresa von Avila, Gedicht-Auslegung.**
7 Ohne Zweifel die durch die Diagnose von Dr. La Néele verursachte Enttäuschung.
8 Auguste Acard; vgl. S. 332.
9 Mt 6, 24—33.
10 Schwester Maria vom heiligen Joseph.
11 Gedicht „Blumenstreuen".
12 Gedicht „Aus Liebe leben".
13 Vgl. Thess 4, 13; (vgl. das Zeugnis von Schwester Maria vom Heiligen Herzen, DE **Annexes,** S. 479).
14 Bei der Audienz vom 20. November 1887; vgl. Ms A in SS S. 138.
15 Mutter Agnes von Jesus mußte an zwei Tagen Geschirr waschen und konnte deshalb die Rekreation nicht mit ihrer Schwester verbringen.
16 Wortspiel mit „à la terre" — „der Erde" und dem Namen des Arbeiters „Alaterre".
17 Dr. de Cornière ist am 25. Juni 1922 im Alter von 80 Jahren gestorben.
18 Vgl. Jes 6, 3.
19 Weish 6, 7 (Vulgata).
20 Ps 75 (76), 10.
21 Mutter Agnes von Jesus.

Letzte Gespräche mit Céline

Für Eigennamen siehe Verzeichnis S. 332.

1 „Selig der Leib, der dich getragen" (Lk 11, 27).
2 Vgl. Mt 20, 23.
3 Ps 118 (119), 56.
4 Wortspiel mit „Bon Sauveur" („Guter Erlöser"), dem Namen der Klinik in Caen, in der Herr Martin sich aufgehalten hat.
5 Schwester Genoveva hat die vier Worte „**pour faire aimer l'Amour**" (um die Liebe lieben zu lehren) durchgestrichen und hinzugefügt: „(das steht nicht in der Handschrift)". Die Handschrift verweist auf den Brief vom 22. Juli; vgl. S. 310 (Siehe ferner die kritische Ausgabe der **Derniers Entretiens** tome 1, S. 721—723.
6 Kleine irdene Schüssel, die ihr als Spucknapf diente.
7 Gedicht von Victor Hugo.
8 Wortspiel mit „sans elle" (ohne sie) und „deux ailes" (zwei Flügel). Elle und ailes wird el ausgesprochen (Anmerkung der Übersetzung).
9 Mt 24, 41.
10 Mt 24, 42.
11 Vgl. Ms B in SS S. 204—205.
12 Wortspiel mit „non" (Non) und „nonne" (Nonne). Beides wird non ausgesprochen. (Anmerkung der Übersetzung).
13 Für die Veröffentlichung der **Geschichte einer Seele.**
14 „Kleines Notizheft" schreibt Schwester Genoveva an anderer Stelle.
15 Joh 16, 22.
16 Gemeint ist „auf den Knien des lieben Gottes".

Letzte Worte an Schwester Maria vom heiligen Herzen

1 Vgl. **Gelbes Heft** 9. Juni S. 64.
2 Vgl. 1 Kor 9, 22.
3 In Wirklichkeit am 12. August.
4 Mt 25, 36.

Andere Worte Theresias

Mit Angabe sämtlicher Quellen

1 In den **Grünen Heften** erscheinen dieser Text und die beiden folgenden unter dem 21. bzw. 26. Mai. Vgl. DE, **Annexes,** S. 38 und 40.
2 PA, 2337 (DE, S. 438).
2 bis. DE, S. 451.
3 NPPA Espérance du Ciel (DE, **Annexes,** S. 448).
4 Vgl. **Die letzten Worte der Theresia Martin,** S. 56.
5 NPPA, **Son épreuve contre la Foi** (DE, S. 525).
6 NPPA, **Tempérance** (DE, S. 537).
7 **Grüne Hefte,** am 30. August (DE, **Annexes,** S. 348).
8 NPPA, **Humilité,** Ein Beispiel für ihre Geringschätzung der eigenen Person (DE, S. 661).
9 PO, 1029.
10 PO, 2740 (DE, S. 619, varia 4).
11 Für die Quellen dieser und der folgenden sechs Texte vgl. DE, S. 588, Varia 3 und 5 (Texte S. 616 ff.).
12 CMG II, S. 73 (DE, **Annexes,** S. 482).
13 Vgl. DE, S. 635, Varia 2 (Texte S. 649).
14 PO, 1647 (DE, S. 440).
15 NPPO 1908, S. 14 (DE, S. 659).
16 PA, 2339 (DE, S. 651, Varia 3).
17 Vgl. DE, S. 777 f.
18 NPPA (Carnet rouge, S. 21—22; vgl. DE, S. 785).
19 Zettel von Schwester Maria von der Dreifaltigkeit an Mutter Agnes von Jesus am 17. Januar 1935.
20 Brief vom 27. November 1934 an Mutter Agnes von Jesus (DE, S. 780).
21 **Geschichte einer Seele** 1936, S. 345 (DE, S. 781).
22 NPPA (Carnet rouge, S. 48); DE, S. 781.
23 Brief an Mutter Agnes von Jesus vom Karfreitag 1906 (DE, S. 782).
24 NPPA (Carnet rouge, S. 102); DE, S. 582.
25 Eine Muschel, deren sich Theresia bei ihren Malarbeiten bediente. Sie hatte ihrer Novizin Schwester Maria von der Dreifaltigkeit befohlen, jedes Mal, wenn sie Lust hatte zu weinen, ihre Tränen darin zu sammeln.

26 „Ratschläge und Erinnerungen" in „Geschichte einer Seele", 1947, S. 264 (DE, S. 783).
27 PO, 2793—4 (DE, **Annexes**, S. 486).
28 **Souvenirs d'une sainte amitié**, S. 12, DE, S. 788.
29 Ebenda (DE, S. 421).
30 PO, 2016 (DE, S. 791).
31 Lose Blätter zu NPPA (DN, S. 545).
32 Aus dem Nachruf von Schwester Amata von Jesus, 17. Januar 1930; vgl. PO, 2222 und PA 2455 (DE, S. 561). 561).
33 „**Conseils et souvenirs**" de l' Histoire d'une âme, 1953, S. 248).

Briefe über die Krankheit

Mit Angabe sämtlicher Quellen

1 Am 2. Juni.
2 Fr. Guérin.
3 Über diese Diagnose Dr. de Cornières vgl. **Guy Gaucher, La passion de Thérèse de Lisieux,** Cerf—DDB 1972, S. 218 ff.
4 Kanonikus Maupas.
5 Die **Grünen Hefte** stellen dazu fest: „Ihr Fieber ist nie gemessen worden, aber nach der lebhaften Farbe ihres von Natur aus sehr blassen Gesichtes zu schließen, mußte es seit April 1897 ziemlich hoch gewesen sein. Sie konnte sich kaum aufrecht halten, sie glühte und schien erschöpft" (CV, I. S. 4).
6 Joh 16, 7.
7 Vgl. LT 25, **Correspondance Générale,** tome 1, S. 235.
8 Gemeinde an der Peripherie von Lisieux, wo die Familie Guérin einen Besitz hatte.
9 Im Hinblick auf ihre Kommunion am 16. Juli.
10 Vgl. B. 255.
11 Vgl. Anmerkung 5 von **Letzte Gespräche mit Céline,** S. 345.
12 Ps 91, 5 (Vulgata).

13 Gedichte „Meine Freude" (in der deutschen Übersetzung von Hans Urs von Balthasar in „Schwestern im Geist", S. 307).
14 Frau Fournet, Mutter Frau Guérins.
15 Schwester Maria von der Eucharistie.
16 Am 18. August.
17 Mutter Agnes von Jesus.
18 Er starb am 7. Oktober.

Inhaltsübersicht

Zum Geleit 7

Vorwort 10

Einleitung 12
   Die letzten Gespräche 13
   Das Testament eines Lebens 16

Zur Herstellung der vorliegenden Ausgabe . . 22
   Die Texte 23
   1. Letzte Gespräche mit ihren drei Schwestern 23
   2. Andere Worte 25
   3. Briefe 25
   Transkription 26
   Anmerkungen und Anhang 26

Zur Übersetzung 28
   Karmelitanische Ausdrücke 29

Abkürzungsverzeichnis 30

Das „Gelbe Heft" von Mutter Agnes 33
   April 35
   Mai 40
   Juni 56
   Juli 74
   August 136
   September 197
   Anhang 232

Letzte Gespräche Theresias mit Céline	233
Letzte Worte Sr. Theresias vom Kinde Jesus (gesammelt von Sr. Maria vom Heiligen Herzen)	257
Andere Worte Theresias	269
Mutter Agnes von Jesus	271
Schwester Genoveva	276
Schwester Maria vom heiligen Herzen	279
Schwester Maria von der Eucharistie	281
Schwester Maria von der Dreifaltigkeit	283
Schwester Theresia vom heiligen Augustin	289
Schwester Maria von den Engeln	289
Schwester Amata von Jesus	290
Anonym	291
Briefe über Theresias Krankheit (Auszüge)	293
Chronologie	325
Eigennamenverzeichnis	332
Anmerkungen	336

Schriften von und über die heilige Therese von Lisieux
im *Johannes-Verlag Leutesdorf* (Auswahl)

Geschichte einer Seele
Die Heilige von Lisieux erzählt aus ihrem Leben
2000. 339.–342. Tausend. 248 Seiten. 4 Fotos

Briefe der heiligen Therese von Lisieux
Deutsche authentische Ausgabe
1983. Dritte Auflage. 464 Seiten. Dünndruckpapier

Gedichte der heiligen Theresia von Lisieux
Herausgegeben von Maximilian Breig
1997. Zweite Auflage. 188 Seiten. Heftformat

Briefe der Mutter der heiligen Therese von Lisieux
Von Zélie Martin
1985. Zweite Auflage. 404 Seiten. Dünndruckpapier

Meine Berufung ist die Liebe
Die Botschaft der heiligen Theresia von Lisieux
Von Maria-Eugen Grialou OCD
2000. Vierte Auflage. 208 Seiten

Meditationen mit Therese von Lisieux
Von Maximilian Breig SJ
1998. Vierte Auflage. 336 Seiten. Dünndruckpapier

Nur die Liebe zählt
Die Mission der Theresia Martin, ein Weg für alle
Von Ernst Gutting
2001. Zehnte Auflage. 176 Seiten

Ich besinge, was ich glauben will
Die Gedichte der heiligen Theresia von Lisieux
Von Andreas Wollbold
1995. 76 Seiten

Das Abenteuer einer großen Liebe
Therese von Lisieux (1873–1897)
Ein Jugendbuch nicht nur für junge Leute
Von Monika-Maria Stöcker
2001. 3. durchgesehene Auflage. 232 Seiten. Bebildert

Therese von Lisieux
Schriften und Aufzeichnungen
Herausgegeben vom Theresienwerk e.V., Augsburg
2001. 2. Auflage. 124 Seiten

Therese von Lisieux – Gebete
Herausgegeben vom Theresienwerk e.V., Augsburg
Eingeleitet und übersetzt von Andreas Wollbold
1999. 112 Seiten. Format 19 x 11,7 cm

Therese von Lisieux – Theaterstücke
Herausgegeben vom Theresienwerk e.V., Augsburg
Eingeführt von Andreas Wollbold
Übersetzt von Anja Schulze
2002. 240 Seiten. Format 19 x 11,7 cm

Zu beziehen durch die *KSM*
Katholische Schriften-Mission, D-56599 Leutesdorf